The Global Achievement Gap
Tony Wagner

トニー・ワグナー 著
陳玉玲 訳

未来の学校

テスト教育は限界か

玉川大学出版部

First published in the United States by Basic Books, an imprint of Perseus Books,
a division of PBG Publishing, LLC, a subsidiary of Hachette Book Group, Inc.
Japanese translation rights arranged with Perseus Books, a division of PBG Publishing,
LLC, a subsidiary of Hachette Book Group, Inc., Boston, Massachusetts
through Tuttle-Mori Agency, Inc., Tokyo

応援者であり、コーチであり、批評家であり、
そして親友である妻のPJへ

目次

想像は知識より重要である。
知識には限界があるが、
想像は世界を包み込み、
進歩を促し、
進化を生み出す。

――アルバート・アインシュタイン

謝辞

本書は、多くの人々の支援をいただいて出版されたものです。真っ先にお礼を申し上げたいのは、本書で名前を挙げているのはほんの一部の方たちにすぎないのですが、ときには一時間、あるいはそれ以上の時間を費やして私のインタビューに答えてくださった数えきれない方々です。そして、第2章で取り上げた三つの学校の匿名のリーダーの方々に対して、とくに彼らの勇気と誠実さに感謝したいと思います。また、第6章で重要なことを教えてくださった先生方、生徒たち、管理職の方々にもお礼を申し上げます。

そして次の方々にも感謝の意を表したいと思います。私の評論家であり、友人であり、思いやりのあるパートナーでもあるカースティン・オルソンは、本書の構想の種を播いてくれたといってよく、すべての原稿を読み、コメントしてくれました。私の著作権代理人のエスモンド・ハームズワースと、ザカリー・シュスター・ハームズワース代理店でエスモンドと一緒に働いたジョアン・ワイコフにも感謝します。エスモンドは最初からこの本を支持してくれ、ジョアンと一緒に本書の構想と各章の下書きの展開を大いに助けてくれました。ベーシック・ブックス出版社のアマンダ・ムーン編集長にも大変感謝しています。彼女のおかげで、自分の考えをより明確に本書に表すことができました。また、彼女の有能なアシスタントのホイットニー・カッセは、このプロジェクトをうまく調整してくれました。クリスティン・アーデンは、原稿をきれいに編集してくれました。ドワイト・ガーツとスタン・シャレンソンは、本書のいくつかのアイデアを一緒に考え、最初の章の下書きを読んでくれました。リチャード・ハーシュは、貴重な提案をしてくれた大切なパートナーでした。パートナーシップ・フォー・21ｓｔセンチュリー・スキル所長のケン・ケイは、インタビューする方々に連絡をとってくれ、大いに助かりました。パブリック・アジェンダ財団のジャン・ジョンソンとルース・ウードンも同じです。変革リーダーシップ・グループ研究所の同僚であるボブ・キーガン、リサ・レイヒ、デボラ・ヘルシング、リチャード・レモンズ、ケイティ・リビングストンにも感謝します。さらに、〈小さな学校プロジェクト〉(Small Schools Project)の同僚のリック・リア、ジュード・ガルニエ、ハリエット・ラスムセン、およびビル&メリンダ・ゲイツ財団のカイル・ミラーとスティーブ・セレズノにもお礼を申し上げたいと思います。定期的に打ち合わせの会を開き、常に皆と一緒に本書のプロジェクトを進行させることによって、新しい考えと建設的な批判を得ることができました。

最後に、最初の読者であり、強力な支持者であり、また最良の友である妻のＰＪ・ブランケンホーンにも感謝します。二年前に、彼女は私にトーマス・フリードマンの著書『フラット化する世界』(日本経済新聞出版社、二〇〇八年)を、読むべき図書として勧めてくれました。いつものように、彼女は正しかったのです。それ以来、私は原稿の執筆と研究のために多くの週末を費やし、約束した休暇も延期したり中止したりしましたが、ＰＪは何一つ文句を言わずに付き合ってくれました。最も重要なことは、本書の核となるアイデアを明確にし、それらを表現するより良い方法を見つけるのを手伝ってくれたことです。本書を彼女に捧げます。

序文

私は十数年、英語と社会科の専任教員としてハイスクールに勤め、その後二年間の校長の経験と非営利団体での六年間の勤務という経験を経て、博士号を取得するために一九八八年にハーバード大学に戻った。それから一年以上の時間をかけて私立一校と公立二校、合計三つの学校で授業や教員らの会議を観察して調査を行った。これらの学校はどれも教育改革に取り組んでいる最中であったけれども、公立学校の教員が、教育長の決めた学際的研究、チームによる指導、および協同学習といった新しい教育改革に対して、十分に理解せずに取り組んでいたことに私は驚いた。結果として、大半の挑戦は中途半端に終わった。公立学校の教員は長年の経験から、新たに違う改革を行う次の教育長が来るまで、現在の教育長が実施している教育改革がおそらく続かないことをよくわかっていたのである。実際、一〇年後に、同じ学校を調べてみると、同じことが繰り返されていた。「日替わり料理」ならぬ「日替わり教育改革」が、私たちの学校で起きているのである。

博士号を取得してからこれまでの一六年間、私は大学教員として教員養成に携わり、また学校と地域との連携といった学校改革をアドバイスする非営利団体の長としての役割を担う一方、この八年間は、ハーバード大学の〈変革リーダーシップ・グループ〉（Change Leadership Group）研究所の所長として、実践力のある教育改革リーダーシップとは何かを考えながら、教育専門家による改革への取り組みを支援してきた。加えて、私は二〇年以上、ビル&メリンダ・ゲイツ財団（Bill & Melinda Gates Foundation）のシニア・アドバイザーとして、助成金、戦略、また「社会との連携」と呼ばれている改革を通して、教員、保護者、および地域の人々を学校改革の議論に取り込むための相談に関わってきた。また、財団のプログラム担当者や、財団から補助金を受ける側の者に対しても、相談に乗ってきた。どのような肩書きであっても、私の願いは変わらず同じである。すなわち、学校と地域を支援し、学習と教育と指導力を向上させ、改革の障害とそれを克服する効果的な戦略を理解し、そして、自分の経験を文字だけではなく、言葉を通じて他の人たちと分かち合うことである。

過去二〇年間、私は毎月のようにアメリカ、あるいは他の国の学校や授業を見学し、何が改革につながり、何がつながらないかについて多くを学んできた。私の大きな懸念の一つは、大半のハイスクールの教員たちは急激に変化する世界から孤立しており、またそのときどきの教育の流行がやがては廃れてしまうことに慣れてしまったために、教育改革が急務であると認識していないことである。その結果、学校のカリキュラムと教育実践は、五〇年前とあまり変わっていない。私が博士論文に取り組んでいたときと同じように、大半の教員は、「どうして変える必要がありますか」という質問に対して、新しい州の標準テストに生徒たちを合格させるプレッシャーという以外の答えを見出せないままである。一方、パブリック・アジェンダ財団（Public Agenda Foundation）が行った世論調査によると、教員の70％は学校で行うテストが多すぎであり、また「落ちこぼれ防止法」（No Child Left Behind Act, NCLB）［訳注＝ブッシュ政権の下、初等中等教育法の二〇〇二年の改定によって制定された法律。生徒の学力格差をなくし、落ちこぼれをつくらないために各州の責任が強化された］は悪影響が大であると感じている。(1)

私がこれまで話をしてきたビジネス界のリーダーたちは、公立学校とそこで働く人々についてますます不満を感じている。彼らの一部は、公教育の責任をより明確にすべきとの信念に基づき、落ちこぼれ防止法と新しい州の教育法案を強く支持してきたが、公教育においてほとんど改善は認められていないことが明らかだという。また、生徒たちが十分な準備をもって就職しているという証拠もないという。能力のない教員を守る教員組合と、教員の終身雇用制度のせいであると多くの人は非難する。より多くのチャーター・スクール［従来の公立学校では改善ができない低学力をはじめとするさまざまな子どもの教育問題に取り組むため、保護者や教員、地域団体などが公費で自主的に運営する、州や学区の特別認可を受けた初等中等学校］や「教育受講券」の導入を主張する人もいる。私がこれまで行った研究によれば、どの戦略にも教育の効果を著しく向上させる明確な証拠はない。しかしながら、ビジネス界のリーダーたちは、より良い結果に導く何かを確認したいようである。

一方、多くの生徒の保護者たちは、新しい教育改革についていけないし、教育専門家やビジネスリーダーと教育問題について話す機会もほとんどない。私たちは自分と子どもの忙しい生活にどうにかして対応するだけである。そして、子どもが生きる未来の世界は私たちが育った世界よりも競争が厳しくなるのではないかと非常に不安を感じている。また、自分の子どもに優秀ではない教員が割り当てられたと動揺したりする。そのようなことが思った以上によくあるからである。しかし、大半の人々は、教員についての不平不満を校長に訴えることはできても、一般的に学校はどうあるべきかについてはほとんど知らない。一方で、今日の学校での授業の多くは「テストのための授業」であり、内容が豊かで高度な学習よりも、模擬テストで高得点をとるためのテクニックに重点を置いている、という心配は大きくなるばかりである。

学校は、とくにハイスクールは変わっていない。その理由の一つは、どのような改革が必要か、それはうまく機能するか、という点について意見が一致しないだけでなく、改革の必要性がないという考えもあるからである。ビジネス界のリーダー（驚くかもしれないが、教育改革の主たる提唱者である）、教員、および保護者は、対話の機会がほとんどなく、共通の土台もほとんど、あるいはまったくない。インドの有名な寓話さながらに、まるで各グループが目隠しをして、それぞれに真相の一部を触っているようなものである。私は、教員、ビジネス界のリーダー、および保護者の三者間で、ハイスクールの卒業生たちが何を知り、何をできるようになってほしいかについて話し合う機会を提供できたらとの思いでこの本を書いた。

この問題が急務であることに気づいたのは、目まぐるしく変化する二一世紀にあって、学校と生徒たちがどんどん未来から取り残されているという危機感を持ち始めたからである。どの職場でもコンピュータやインターネットが必要不可欠な道具になっているにもかかわらず、学校現場では、生徒の学習においてそのようなテクノロジーをほとんど使っていないことがわかった。生徒と教員は孤立した形で学習と勤務を続けていたが、この数十年で世の中の他の仕事はチームで取り組むように組織化されてきた。

二〇〇六年の初めに、私はトーマス・フリードマンの著書『フラット化する世界』を読んだ。彼は、「ホワイトカラーやブルーカラーのすべての仕事は、ルーティン作業に細分化され、どの国にでもアウトソーシングできる。しかも、アメリカ人労働者と比較にならないほど安い賃金で仕事を引き受ける質の高い『知識労働者』が急増している」と主張する。この著書から、私はこの急激なテクノロジーと経済の変革がアメリカの経済と子どもたちの未来に及ぼす深刻な影響について深く理解することができた。フリードマンが述べているのは、今日すでに国内から消滅しつつある製造業の仕事についてだけではない。エンジニア、建築家、プログラマー、技術サポートの専門家、顧客サービス窓口、会計士などといった専門的な職業についてもである。これらの仕事も、その他のすべての仕事も、データと情報を扱うスキルにいっそう依存するようになっている。そしてその情報は、世界のどこにいても瞬時に送ったり、受け取ったり、処理したりできるのである。

私は最近、コンピュータの問題で、デル社のカスタマーサービスセンターに何度か電話をした。また、料金請求の件でAT&T電信会社と「クィックン」という会計ソフトのカスタマーサポートセンターにも電話をしたことがある。電話に出た若い男性に勤めている場所を聞くと、インドのバンガロールだと教えてくれた。別の若い女性はフィリピンであった。この数年、カスタマーサービスセンターや技術サポートセンターで対応してくれるほとんどの担当者は、もはやアメリカを本拠地としていないことに気づいた。私の息子は、ある市の警察署で技術サポートの仕事に就いている。彼の仕事もいつかは外国へアウトソーシングされることになるのだろうか。

コンピュータや情報処理の能力があり、かつミドルクラスに憧れる若き大学卒業生が多くの国で輩出されていることを、私は理解するようになった。要するに、アメリカの若者は、いわゆる「良きミドルクラスのホワイトカラー」といった伝統的な仕事をめぐって、開発途上国の若者と競争しなければならないのである。アメリカの学生にも情報やデータの解析と操作スキルを学ぶ者はいるが、外国では非常に多くの学生がそのようなスキルを学んでおり、しかも非常に少ない給料で働こうとしている。この事実は、アメリカの学生を厳しい競争に追い込むだろう。アメリカの学生が、このような仕事を首尾良く獲得するために知らなければならないことは何か。今日、仕事で最も重要なスキルとは何か。これから数十年先、アメリカの若い世代にとって、「良い仕事」を獲得し、また維持していくためには何が必要なのだろうか。

一方、トップニュースでは地球温暖化やイラクでの内戦の局面が毎日のように報道されている。9・11以来、私たちの多くは、安全に対してだけではなく、世界におけるアメリカの地位の低下や地球環境の危機といった状況に不安を感じている。こうした中で、学校という世界と、「現実の世界」との断絶はかつてないほど大きくなっている。しかし、私が見学した学校の教室でこういった問題が議論されているところを見たことがない。生徒とこのような問題について話したいと思っても、教員はさまざまなテストに合格させるべく教科内容をカバーするために授業時間を使わなければならないという責任を感じている。また、保護者からこのような問題を教室で取り上げることに対して苦情が出ることを恐れているのである。

教員を不安にさせるのは、時事問題だけではない。生徒の職業技能にもっと重点を置くべきという議論にもイライラしていた。なぜならば、多くの教員は、学校が企業に歓迎される労働者を育成するということは、子どもたちを命令に従順なロボットにするような「職業教育」でしかないと考えているからである。それは本当なのか。とくに、生徒に社会に出るための準備を施すことと、彼らに良き市民としての役割を教えることとの間に矛盾はないのか。教員は、ハイスクールの生徒を良き市民に育てることを当然のことと考えている。だが、私は、一般的な必修科目を修得し、ハイスクールを卒業すれば、すぐに良き市民になれるということには疑問を感じている。生徒に「アメリカの大統領・副大統領選挙人団」を選出する選挙人の歴史を教えても、彼らがしっかりと考えることのできる有権者になるとはかぎらないからであり、また、自ら投票したいと思うとはかぎらないからである。では今日の世界で、積極性と必要な知識を備えた市民とはどのようなことを意味するのか。また、民主主義社会はどのようにして市民を教育すればよいのだろうか。

同様に重要なことは、すべての生徒に必要とされている「取り組みがいのある、厳しいカリキュラム」を編成するためには何が求められているのかということである。今日、「厳しさ」とは何を意味し、どのように授業に取り込めばよいのか。ハイスクールの生徒は、大学準備コースとアドバンスト・プレースメント・コース（Advanced Placement Course）〔優秀なハイスクール生が履修可能な大学レベルの科目〕をより多く履修するように求められているけれども、彼らは卒業してすぐに陪審員になることができるのか。事実と意見を見分けたり、証拠を評価したり、理性と心の両方で人の話に耳を傾けたり、正義と慈悲の衝突に葛藤したり、他の陪審員と一緒に真実を求めたりすることができるだろうか。二〇〇六年に私が書いた「公判における厳しさ」という記事にはきわめて多くの人たちから反応があった。この中で、私は上記のような疑問を提起したが、このとき「厳しさ」の本当の意味について大きな混乱があることがわかったのである。[2] 教育長から教員、保護者に至る多くの人から、より詳しい情報が欲しいとのメールがあった。私は自問した。二一世紀の「厳しさ」はどのように定義され、どのように授業に反映されるのか。生徒に思考力を教える学校と質問者たちをつなぐことはできるだろうか。私はより良い答えを見つけるために、本書の出版に取りかかった。

ここまで私自身について述べてきたのは、読者が私の知的な遍歴、すなわち、どんな先入観を持ち、何に突き動かされ、何を最も恐れているか、といったことのすべてが本書『未来の学校』を書く動機になったことを知ってほしいからである。本書は、教員や保護者はもとより、ビジネス界、地域、および政治のリーダーたちにも読んでもらいたいと考えた。また私の三人の子どもたちのような若者やその配偶者、つまり未来のリーダーたちにも興味を持ってほしい。次の世代をどう教育すべきかに関心を持つ人のために、また、積極的に難しい質問を投げかけ、自らの意見を語る人のためにも本書は書かれている。本書は私の単なる知的トレーニングのためにあるのではなく、同じことを読者諸氏にも期待する。何よりも、『未来の学校』は実践を求める。

まえがき

問題を解決するよりも、問題を設定することのほうが重要である。――アインシュタイン

受け止めなければならない事実

- アメリカのハイスクール卒業率は約70％である。デンマークの96％や日本の93％に比べると、はるかに低い。ポーランドでも92％、イタリアでは79％である。[1]
- 今日、アメリカではハイスクール卒業生の約3分の1しか大学に進学しない。この数字は貧困層やマイノリティの生徒ではさらに小さくなる。また、大学に入学した全学生の40％は補習コースを履修しなければならない。[2] 確かなデータは入手できないが、大学に入学した学生のうち2人に1人は学位を取得していないと推測される。

- 大学教授の65％は、ハイスクールの授業は大学進学への準備になっていないと報告している。主な理由として、ハイスクールの教育を評価する州のテストが9年生か、あるいは10年生レベルの知識を問うものであることを挙げている。多肢選択式のテストでは、生徒の論理的思考力や知識の応用力（大学で成功するための重要なスキルなのだが）がほとんど求められないため、教員も生徒も大学準備に役立つフィードバックを得ることができない[3]。

- 今日の経済状況において、大半の生徒が卒業後に適正な賃金を得るためには、少なくとも何らかの中等後教育が必要である。実際、今日の職業の約85％、また最も急速に成長し、かつ最も収入の良い職業の約90％では、中等後教育が必要とされる。製造業の分野でも、中等後教育と技能を求めることがほとんどである[4]。『アメリカの危機 *America's Perfect Storm*』の著者によれば、「これから25年の間に伸びると予想される仕事の約半分は、大学以上の教育および技能レベルを要求するようになるという。これは、数千万人の学生や大人が収入の良い仕事に就く資格を失うことを意味する。彼らは互いに、また数百万人の新たな移民と競争するだけでなく、物価が安く低賃金の国々にいる同等のスキルを備えた（あるいはより優秀な）人々と競争することになるだろう[5]」

- 現在、アメリカにおける25歳から44歳までの成人の大学卒業率は、先進国の中で10位である[6]。

- ハイスクールと大学を卒業した学生でも、就職への準備はできていない。近年、四〇〇名以上の雇用主に対して行われた調査では、四年制大学の新卒者は「優れた」知識と応用力を備えている、と回答した割合は4分の1に満たなかった。ハイスクールを卒業して間もない若者を採用した雇用主の約50%は、彼らの実行能力は全般的に「不十分」であると答えた(7)。

- 34歳から74歳の成人の70%が直近の大統領選挙に投票した。それに対して、18歳から24歳の投票率は47%にすぎない(8)。

従来の考え方からすると、以上のデータは、根本的な問題の原因を単に学校のせいにするであろう。共和党からも民主党からも、マスコミを通じて学者や政治評論家からも、このような物言いが聞かれる。私たちは聞き慣れて、常識として受け入れるようになった。しかし、私がアメリカ中のハイスクールの教室で見たものによると、異なる結論になる。私が見たものは、三五年前に教員を始めた頃、あるいは私自身がハイスクールの生徒だった頃の経験とあまり変わらないものであった。良くも悪くも変わっていなかった。ただ、以前よりテストとテスト対策のための授業が増えていただけである。

先に挙げた数々の数字は、アメリカの教育にとって新しい、またほとんど理解されていない課題を提示しているように思われる。今日のような競争的、かつグローバルな「知識経済」の時代にあって、すべての生徒は大学入学のため、就職のため、そして市民として生活するために、新たなスキルを必要としているということである。すべての生徒が新しいスキルを修得しなければ、今日の若い世代、そして私たちの国は、競争においてきわめて不利な立場に追い込まれるだろう。学校は変わっていない。だが、世界は変わりつつある。学校が役に立たないというのではない。そうではなく、学校は、テストで良い成績を出しているところでさえも、時代遅れなのである。異なる解決を必要とする、これまでにない課題が存在する。

新しいスキルとは何か。どうして重要なのか。最も優秀な学校でもそれを教えたり、テストしたりしないのはなぜか。いかにして学校はその責任を担えるのか。新しい課題に応じて、教員たちをどのように養成し、サポートしたらよいのか。今日、次世代に向けて向上しようという気持ちを学生からどう引き出すのか。これらの課題に対応し、劇的に良い結果につながる模範的な学校はどういう学校なのか。市民の一員として、私たちは広がりつつあるグローバルな学力ギャップのために何かできるのか。本書が取り上げるのは、このような問題である。

学校教育が置かれている新しい状況

五〇数年前、ルドルフ・フレッシュは『なぜジョニーは読めないのか？ *Why Johnny Can't Read*』という本を書いた。この本は「読解力戦争」を引き起こし、今日まで、生徒たちにとって最良な読解力の学習法とは何かについて、激しく、かつイデオロギー的な議論がなされてきた。議論の中身はともかく、重要なのは読解力である。二〇世紀では、学校でも家庭でも読み・書き・計算を基本的能力とみなし、重視してきた。大半の生徒にとって、「厳しい」カリキュラムとは、たくさんの語彙を暗記し、夜にたくさんの数学の問題を解くことを意味する。教員と保護者は、さまざまなスキルの最も優れた教え方については議論をしても、それらのスキルの重要性についての議論はなかった。トーマス・ジェファーソンは、読み書き能力は市民にとって重要であると初めて宣言した大統領である。二〇世紀に入って、次第に「3Rs（読み・書き・計算）」は職場においても不可欠な能力になった。

しかし、二一世紀に入ると、読み書き計算といった基本技能だけでは足りなくなる。第1章でも述べるように、ブルーカラーであろうとホワイトカラーであろうと、最低賃金以上の報酬を得ようとするすべての労働者には、知識上および技術上の問題を解決する能力が求められている。加えて私たちは、容易に手に入れることができ、日々急速に増えて変化する情報と新しいテクノロジーの問題や、地球温暖化のような複雑な社会問題に直面している。したがって、二一世紀の時代に働き、学び、市民として生活するには、理論的に考え、分析し、説得力のある証拠を集め、問題を解決できる能力と高いコミュニケーション能力とが求められている。これらの能力は、もはやエリートだけに必要なのではない。生き残るためのスキルとして、私たち全員が必要としているのである。

この一〇年余り、私が見たきわめて優秀な公立学校のいくつかは、いまなお最小限の読み書き能力を教えていたが、生徒は考え方を学ぶことや読む内容には注意を払うことがなく、また、考えを口頭で、あるいは文章で明確に伝えることを学んでいない。彼らは歴史に出てくる名前や年代を丸暗記するが、歴史的な出来事についてその意味の重大さを説明することはできない。足し算、引き算、掛け算を学ぶが、数字についてどのように考えるかを理解してはいない。統計やゲージ理論の使い方を知らないので、多くの生徒は毎日のように新聞に出てくるグラフやチャートも理解できないだろう。彼らは広範囲にわたる科学的な事実を暗記する（大抵すぐ忘れる）ことを求められる。仮説を立て、それを検証し、さらに結果を分析するという科学的な方法を応用できる生徒はほとんどいないが、それはさまざまな問題の分析や研究にとってきわめて重要なのである。最終的に、私は子どもたちが長く学校に通えば通うほど、やる気をなくしてしまっていることに気づいた。このあとみるように、優れたコミュニケーション能力、探究心、そして論理的思考力は、リベラルアーツ教育［文系と理系を明確に分けず、人文・社会・自然科学をバランスよく学習する教養教育］の成果として期待される以上に大切なものなのである。二一世紀に生きる人々にとって、これらの能力と資質は不可欠であろう。

授業における低いレベルの学習とやる気のなさをわかりやすく言うと、きわめて優秀なハイスクールですら、すべての生徒が考える力を養うようにはデザインされていないということである。公立学校制度は変化の時期を迎えている。歴史的に伝統のある大学進学準備コースの少数の生徒だけが、論理的思考力や問題解決能力を必要とするという思い込みがあるが、全体からすればそのような生徒の比率は小さい。少数の生徒がたまたまそのような能力を学習したとしても、それは計画されたものというよりは偶然にそうなったということだろう。なぜならば、教員は生徒に考える力を教える訓練を受けていないからである。私たちが昔使用した教科書と受けたテストは、論理的思考力や分析能力を学ぶようにデザインされてはいない。それは今日も同じである。

人類の歴史を振り返ると、最近まで、大半の人々は頭ではなく手を使って働いていたため、日常生活の中で分析する能力を必要としなかった。優秀な生徒の多くは、授業ではなく、夕食時の親との会話や家族旅行を通じて考える力を学習した。彼らは入学したときはすでに賢く、意欲的で、卒業するときも同じであった。少なくとも公立学校の場合、教員が彼らに「付加価値」を提供したとすれば、偶然に優秀な結果につながっただけのことである。一方、私立学校はエリート養成のために設立された。彼らは常により多くの生徒を求めているが、私立ハイスクールに通う生徒の比率は全ハイスクール生徒の５％以下でしかない。

もしも私が公立学校で観察したものを疑うのであれば、公立学校に通ったことのある人は自分に聞いてみてほしい。読み書きの授業で、暗記や復習ではなく真剣に考えることを生徒に求めたハイスクール教員は何人いただろうか。一つの文学作品や歴史的な出来事を論理的に考えて解釈するような論文を書くよう求められたこと、科学の授業で仮説を立てて検証したこと、難しい数学問題の解き方を説明したこと、あるいは教員から「何々についてどう思うか？」と尋ねられたことはどれだけあるだろうか。たまにではなく、毎日のように質問をされたかということである。多くの私立学校でも、生徒にこのような質問を投げかけることはあまりないと思われる。

本書の読者の多くはおそらく大学を卒業しているか、あるいはハイスクールで優秀だった人たちであろうと思われるので、大多数の生徒が受けている教育を理解できないかもしれない。学力の低い生徒は、その多くが貧困層やマイノリティの出身であり、この種の知的挑戦の機会がほとんど与えられていない。今日でもこれが現実である。ハイスクールの落ちこぼれの原因は、昔と変わらず退屈な授業である。この問題はあとで深く検討する。

すべての生徒の考える力と探究心を育てるということは、教員が責任を問われる技術的な要素を超えた問題である。教員の研修や、より良い教科書とテストは必要であるが、それだけでは解決策として不十分だろう。より深い問題として、学校教育の目的と学校における経験があり、ハイスクールの卒業生に身につけてほしいものは何か、ということが存在する。学校に通う子どもを持つ年齢の人ならば、一連の学校経験から学校教育のあるべき姿というものを定義するだろう。ほとんどの場合、私たちは過去の経験から学校についての考えを形成している。このような先入観は、新しい世紀に育つ子どもたちが、自分たちとは異なるどのような学校教育経験を持つべきかという理解を難しくする。続く章では、すべての生徒が知らなければならないこととは何かを一緒に考えてみたい。すなわち、二一世紀における教養のある大人とは何を意味するのか、良い教育とはどのようなものか、そして生徒が学んでいることをどう評価したらよいか、である。

以上の問題を考えるのは、哲学の研鑽のためではなく、私たちが、そして子どもたちが経済的に生き残るための新しい答えが必要であるからである。トーマス・フリードマン、ダニエル・ピンクをはじめ多くの人々が述べているように、私たちの子どもたちは教育を受けた世界中の若者と仕事の上で競い合わなければならないのである。[9] テクノロジーは、ブルーカラーとホワイトカラーの日常業務の多くをアウトソーシングしたり自動化したりすることを可能にした。この変化は、すべての若者が良い仕事を得るにはどのような教育が必要なのかを再考することを求めている。

二一世紀の教育目標を見直す必要があるのは、経済的に生き残るためだけではない。このような新しい現実にすべての学校が順応するための方法をよく理解するにあたり、非常に短い期間に起きた次の三つの根本的な社会変化を検討する必要がある。

- 急速に進化した新しいグローバルな「知識経済」は、すべての仕事に大きな影響を及ぼしている。

• 情報は、「入手量と（入手）可能性に限界のあるもの」から、「流動的で氾濫するもの」へと急激かつ劇的に変化した。

• メディアとテクノロジーが、若者の学習方法や、彼ら同士の関わり方と世界との関わり方に大きな影響を与えている。

こうした変革の一つひとつが、私たちの教育システムに重大な課題を提起している。総合すれば、これらの変革により、私たちは、子どもは何を学習すべきか、学習はどのように行われるべきかというこれまでの前提に根本的な再考を迫られている。本書において、私はこの三つの変化の力について検討し、授業、テスト、学校教育、教員養成、および今日の生徒の学習意欲との関連について述べてみたい。

まず第1章では、労働の世界の変化と、その変化によってもたらされた、人々が今日のようなグローバルな「知識経済」の中で仕事をし、学習し、市民として生活するために重要となる「生き残るための七つのスキル」について述べる。第2章では、新世代の労働の世界と、時代遅れの学校、すなわち半世紀もの間まったく変化していない学校の世界とを対比する。ここでは、優秀な公立学校の教室を訪問し、生き残るための新しいスキルがどのように教えられているかを調査した結果をみていく。第3章では、生徒たちが受けなければならない標準化されたテスト、いわゆる多肢選択式テストを分析し、なぜこのようなテストが標準化され、今日の教育にどのような影響を与えているかを探求する。

また、最も重要なスキルに対して学校が責任を担うことを可能にするような新しい評価方法について考える。

第4章では、未来の教員はいままでとは異なる養成教育を受ける必要があること、また、仕事の上でも新しいサポートが必要になることを取り上げる。第5章では、いままでとはまるで異なる世界に育った「ネット世代」の形成と、未来社会の担い手としての生徒のやる気を起こすための方法を探求する。第6章では、アメリカでも屈指のハイスクール三校を取り上げて、「生き残るための七つのスキル」がどのように教えられているか、それは新しい教育展望にどのようにつながるかをみていく。そして結論として、二一世紀の教育、学習、およびテストをめぐる新しい対話を始めるために何ができるかという、私への質問であり、あなたへの質問でもある問いかけについて考える。

本書では、今日、「優秀で才能のある生徒」だけではなく、すべての生徒に考える能力を身につけさせなければならないとの観点から議論を始めている。そして、この目標を達成するために解決すべきいくつかの課題について考察する。アメリカの生徒たちが論理的思考力と問題解決能力を修得するために、教育システムをどう変えるべきか。教員は、何をすれば生徒の想像力を育むことができるのか。この大きな目標に向けて、生徒にはどのようなテストを与えればよいのか。このような課題への解答を見つけることは重要である。だが、アインシュタインの名言を借りれば、「課題の設定」のほうがより重要といえよう。

「問題」を端的にいえば、経済の未来、民主主義の力、そして地球の生態系は今後の世代の教育にかかっており、その教育は私たちの多くが受けた学校教育とはきわめて異なるものになる、ということである。本書では、社会が求める学力と学校が育てている学力との間に存在する学力のギャップをグローバルな学力ギャップとして理解するだけではなく、教育に対する新たな考え方と、二一世紀におけるすべての学生、職業人、および市民を養成する学校教育のあり方を希求する。

第1章 労働の新しい世界と生き残るための七つのスキル

新しい世界の「先住者」との出会い

二〇〇六年の四月、私は教育関係者の会合で講演をするために、ミネアポリスの郊外に向かっていた。飛行機では、たまたまビーオーシー・エドワーズ社の化学管理部門のクレー・パーカー社長の隣に座った。同社は、シリコン半導体やフラットパネル・ディスプレイなどのマイクロエレクトロニクス・デバイスの製造に必要な機械や、化学薬品を製造している。彼には三人の子どもがいて、教育問題にも強い関心を抱いていることがわかった。また、最高経営責任者（CEO）として、積極的に新しい社員の採用に関わっていた。私はそれまでの数年間、労働の世界が急速に変化し、ハイスクールの授業は生徒たちの就職準備という点で不十分であるという懸念がますます強まっている、と書かれたものをよく目にしていた。そこで私は、雇用側が今日の若者を採用するにあたってどのようなスキルを求めているのかを聞いてみようと思い、パーカー社長に、将来性のある新入社員にどのような資質を求めるかと尋ねてみた。彼はエンジニアになるための訓練を受けてきた人なので、求めるものとして専門的な技術をリストアップするのではないかと思ったが、まったくの見当違いであった。

パーカー社長は、「まずは的を射た質問ができることです」と答えた。「ビジネスは常に変化しており、エンジニアに求められる技術も急速に進化しています。専門的なことは我々が教えられますが、自ら問題解決をする、あるいは新しいことを学ぶために、彼らはどんな質問をすべきかを知っていなくてはなりません。良い質問をする方法や考える力は、教えることができません。的を射た質問をする能力が最も大事だと思います」

すぐに専門知識に関する話題に移るのではと期待しながら、私は「ほかにどのような能力を求めていますか」と尋ねた。

「しっかりと私の目を見て、対等に議論のできる若者が望まれます」という答えが返ってきた。私は「それはどういうことですか」と尋ねた。「すべての仕事はチームで行っています。他の人と一緒にうまく働くことを知らなければならないのです。また、顧客のニーズを見出すために、彼らとうまく付き合わなければなりません。他人とうまく付き合うことができなければ、何を知らなければいけないかもわからないでしょう」

私は彼の言ったことがよくわからなかった。彼はエンジンニア出身者として、かつ産業技術ビジネスの重鎮として、的を射た質問ができ、他人とうまく付き合える若者を雇いたいと言った。私は驚きながらも少し疑う気持ちにもなった。厳しいハイテクの業界にありながら「ソフト」なスキルを強調する点において、私がイメージしていた最高経営責任者の、あるいはエンジニアの姿とは一致しなかった。

その後、互いの子どもたちや彼らの学校の話になった。パーカー社長は、子どもの一人が学校に通い始めた難しい時期に教員に反論したことを口にした。保護者と教員は何度も率直な会話を交わし、その教員が、パーカー氏の子どもは問題児ではないという結論に至るまでに数カ月もかかったという。「企業を経営する最高責任者は、的を射た質問をすることに最も価値を置いている。けれども、彼の子どもは、教員に質問をしたことでトラブルになった」ということが私の心に残った。生徒が教員の言うことに反論し、トラブルになった話を聞いたのは初めてではない。だが、彼の話を聞いて、私は嫌な気持ちになった。

パーカー社長と彼の妻にとって、子どもが通う学校についての一番の心配事は何かと私は尋ねた。「妻と私は、『落ちこぼれ防止法』に掲げられている目標を全面的に支持しています」と彼は言った。学力格差をなくすため、二〇〇二年に成立した画期的なこの教育法案は、テストを増やして学校に責任を負わせているという話にもなった。「しかし、私たちの子どもの教員たちは、テストが始まる一カ月前からテストに出てきそうな内容の資料を使って、教えたり、復習したりしています。彼らは内容についてより深く理解させるよりも、むしろテストについて教えているのです」

テストのために一カ月しか使わないのか、と私は思った。彼は知ってはいなかった。彼の子どもたちは郊外の高級住宅地にある学校に通っているが、経済的に恵まれていない子どもたちが通っている学校は、テストを教えるカリキュラムしか提供していない。一カ月だけではなく、一年を通してそれをやっているのである。しかし、私にとってより重要な点は、彼が中国やインドの企業と直接競争をするアメリカの企業の社長であること、それは若者に良い仕事を生み出してくれる成長途上の企業であること、そして従業員にどのようなスキルが必要なのかをよく知っているということ、である。ミドルクラスと貧困層の子どもたちとの学力格差をなくそうとする教育改革の取り組みが、すべての生徒が的を射た質問ができるようになるという結果を導くとはかぎらないことを彼は十分に理解していた。パーカー氏は、今後連絡を取り合うことを約束してくれた。今日の労働の世界に対する私の思い込みに一石を投じてくれた新しい世界の「先住者」であるパーカー氏との興味深い会話に刺激されながら、私は講演会に向かった。

長年にわたって、私はコンサルタントの仕事やワークショップの開催、講演などで全国の学校や会合を訪ねて飛び回っていた。教員、校長、また保護者向けの話では、授業のビデオを一五分ほど見せ、その授業を採点するようにお願いしている。しかし、どのビデオでも、AからDまでの評価が出る。つまり、ベテランの教育者でさえ、同じ授業についての評価がまったく異なることがわかった（その理由については第4章で検討する）。ミネアポリスの会合でも、出席者にある授業のビデオを見せたところ、AからFまでの評価が出た。私は失望した。多くの場で同じような結果をみてきたが、優れた授業についての理解は皆それぞれなのである。これではまるで、バケツで海水を汲み出そうとするようなものである。私はクレー・パーカー社長との会話を思い出した。子どもに的を射た質問をする能力や考える力を教えることがいかに大事であるか、という彼の考えを教育者や保護者にも聞いてほしかった。多肢選択式テストの準備をし、教科書の内容をカバーするだけとは相対する考えを持ってほしかった。彼の話を聞けば、良い授業とはどのようなものであるかについて意見が一致しやすかったであろう。しかし、私はただ一人の意見を聞いただけであり、今日の若者にとっての最も重要なスキルについてのパーカー社長の見解は、他のビジネスリーダーの考えとは一致していないかもしれない。

私はボストンに戻ってすぐに、シーメンス・ヒヤリング・インスツルメンツ社の最高経営責任者（CEO）であるクリスティ・ペドラ社長を訪ねた。同社は世界有数の補聴器メーカーの一つで、非常に多様性のある企業であり、世界に四七万人の社員がいる。自動化制御のためのテクノロジーの開発と製造を含め、通信、電力、医療機器等の事業を展開している。テクノロジーの革新を追究するシーメンスは、高度なスキルを備えた社員を必要としており、我が国が若者に就いてほしい、また続けてほしい種類の仕事を提供している。そんなわけで、私はペドラ社長にこの業界がどのようなスキルを最も必要としているのかを聞きたいと考えた。

ペドラ社長がすべての社員に必要とされる核となる能力を説明しているところで、驚いたことに、彼女は「私は質問をすることで仕事をしていますよ」と言った。数週間前にパーカー社長から聞いたのと同じことを言ったのである。

ペドラ社長の話は続いた。「この会社で、長年セールスの業務に携わってきました。セールスやマーケティングでは、顧客を理解することが大事です。人を理解するには質問をすることが最良の方法だと気づきました。私は一日中質問をしています。的を射た質問をすれば、さまざまな面において、成功につながる情報が得られます。顧客と多く話をすれば、仕事はよりうまくいきます。なぜなら、彼らのビジネスやニーズについて理解できるからです。解決しなければならない問題に対する彼らの考え方も理解できるでしょう。社員に対して質問をするときも同じで、彼らがどのように考え、問題の解決にあたってどのように捉えてどのように対応してきたか、ということを理解します」

「子どもたちは聞きたくないかもしれませんが、私が長い間に身につけた『質問についてのテクニック』は三人の子育てにも非常に役立ちました。子どもたちは私をＣＩＡ、「子ども取調べ協会」（Child Interrogation Association）の長官と呼んでいます。私が本物のＣＩＡやＦＢＩと関係がないにもかかわらず、質問し続けていると言っています。『今年の歴史の授業は去年のとどう違った？　良かった点は？　悪かった点は？』といったように」とペドラ社長は詳しく説明してくれた。

子どもたちや学校の授業についても話してくれたので、私は彼女の子どもが通う公立学校をどう評価しているかを尋ねた。彼女が住んでいる地域の学校はアメリカでも最優秀であると評価が高いゆえに、私は高い評価を期待していた。

「学校はＭＣＡＳテストへの準備に費やす時間が長すぎます」（マサチューセッツ州総合評価システム〔Massachusetts Comprehensive Assessment System〕のことで、新しい州テストの中でも最も厳しいと評価されている）。「学校は何も正しく評価していません。もし、若者に科学者になるように仕向けるならば、どれだけ覚えているかではなく、どのくらい探究できるかということが大切です。それは次にどんな質問をするかということにもなります。どんなことでも調べることはできますが、追究や探究をしないかぎりは次のレベルにいけません。若者にそれを学んでほしいのです。質問するのをとめないでほしいと思っています」

パーカー社長と同じように、ペドラ社長も的を射た質問をする能力や他の人とうまく付き合うことが今日の労働にとってきわめて重要であると信じていた。二人は、彼らの子どもたちが通う郊外の公立学校の教育に対しても同じことを心配していた。多くの人がこの国で最も優秀と考えている学校が、考える力を育てることに時間を使わずに、テストへの準備や暗記に時間をかけすぎているという。

とくに数学や科学の分野において、より多くの優秀かつ有能な生徒を育てなければ、最良の仕事は十分に教育された生徒のいる発展途上国に流れていくのではないかと恐れて、テストのための教育を強調するようになっているように思われる。ビジネス界のリーダーや教育政策者は、すべての学年でテストに重点を置くようになり、数学や科学のコースをより難しい内容にして、ハイスクールに「アドバンスト・プレースメント・コース」〔優秀なハイスクールの生徒が履修可能な大学レベルの科目〕を普及させようとしているのだ。しかし、パーカー社長やペドラ社長は、彼らの会社で働く上で最も重要なことは専門的なスキルや知識よりも考える力を身につけていることであり、したがって彼らは、学校が生徒の考える力を養成するよりも、テストへの準備やより多くの知識を暗記させることに多くの時間かけているのではないかと心配しているのである。

だれが正しかったのだろうか。真の科学者は何と言うだろうか。私はマサチューセッツ工科大学（MIT）で大学生や大学院生に生物学のコースを教えている、世界的に有名な分子生物学者のジョナサン・キング教授をインタビューすることにした。彼はMITにある研究所のリーダーでもあり、五〇年余りにわたってアメリカの大学や一流のバイオテクノロジー研究所で働こうとする未来の科学者の育成に携わっている。

　キング教授は、二人の息子をマサチューセッツ州ケンブリッジ市にある評判の良い公立学校に通わせていた。しかし次男が4年生になったとき、困った変化に気づいたという。キング教授は言った。「彼らは同じ学校に通っていたので、同じ教員に教わっていました。上の息子は貴重な経験をしました。授業でマウント・アーバンセメタリーに行き、池の泥からサンプルを採取して学校に持ち帰り、それを調べました。さまざまな生き物を発見したのですが、その中には私が見たことのないものもありました。体験型サイエンスは素晴らしい。息子のやる気を引き出したのです」

「しかし、下の子はまったく異なる体験をしました。いまでは、すべての子どもがＭＣＡＳテストを受けなければなりません。教員は〝楽しい教材〟に費やす時間がないと感じていました。彼らは泥の採取や調査をするための時間はないと思っていたのです。子どもたち全員がテストへの準備をしなければならないからです」

「この国の科学の将来を心配しています」と彼はこの話のあとで言った。「科学好きの子どもを育てるには、まず彼らの手を汚させることです。テキストに書かれている事実を暗記するのではなく、物事を深く学び、観察の方法を学ぶ実験室が必要です。現在、実験入門コースを履修する学生はハイスクールのアドバンスト・プレースメント・コースで高得点を取得した生徒たちですが、彼らは〝観察する〟ことを知りません。顕微鏡の中に何が見えるかと質問をしても、彼らは何を見つけなければならないのかを知りたい、つまり、正しい答えを知りたいだけなのです」

　このようなインタビューを手始めに、私はビジネス界、ＮＰＯ、慈善団体、教育界の指導者、最高経営責任者（CEO）、大学教授、州の教育委員会教育長、学校長、教員といった人たちと数百回にのぼる会話を交わした。アップル社やユニリーバ社の上級役員、ハイテクビジネスや小売りビジネス、基幹製造業、アメリカ陸軍といったさまざまな分野のリーダーたちとも話をした。広範囲にわたる会社のシニア・コンサルタントたちを対象にしたインタビューも行った。さらに、数多くのハイスクール生、大学生、若者を対象としたインタビューも実施し、「就職への準備」という観点からこれまで行われた調査の検討を行った。一方で、毎週のように学校を訪ね、授業を観察し続けた。その結果、私はこの国の未来には非常に憂慮すべきことが予想されると言わざるを得なくなったのである。

グローバルな学力ギャップ

今日のアメリカの教育システムには、二つの大きな学力格差が認められる。他の国々においても同じであろう。一つは、過去一〇年余りにおける教育改革に対する取り組みの焦点としてよく知られ、議論されているもので、アメリカのミドルクラスの子どもたちと貧困層やマイノリティ出身の子どもたちとの学力格差である。二つ目の格差は、私は「グローバルな」学力ギャップと呼んでいるのだが、都市、郊外、そして地方の最も優秀とされる公立学校が教え、テストしていることと、今日のようなグローバルな「知識経済」の中で働き、学び、そして市民として生活するために必要と思われる能力とのギャップである。国をあげて、貧困層の子どもが通う学校をミドルクラスの子どもが通う学校のレベルに上げるためにテストを増やし、「成績責任」［生徒の成績で学校の資金や教員の給料の配分が左右される制度」を追求し、格差をなくすための努力が払われてきた。一方、「優秀な」学校でさえも、二一世紀の生徒に最も必要とされているスキルを学ばせていないことが明らかになってきている。私たちの公教育制度、すなわち学校のカリキュラム、授業方法、生徒の受けるテストは、過去の時代のニーズのためにつくられたもので、いまでは非常に時代遅れとなっている。

多くの人にはこのグローバルな学力ギャップがみえない。その一つの原因として、経済、社会、政治、そしてテクノロジーの根本的な変化は過去二〇年の間にきわめて急速に進行したため、私たちの未来に大きく関わる変化といった意識が持てず、むしろ、いまの生活の中では変化がないように思えることが挙げられる。ところが、この変化は強大である。二一世紀の若者にとって何が必要かを理解し、再考し、そして最良の教育を考えなければ、国家として私たちの将来は不安定なものになるだろう。トーマス・フリードマンの言葉を借りれば、「この新たにフラットになった世界」において、子どもたちは革新的かつ急速に進化したテクノロジーの変化の中で、また中国、インド、タイ、フィリピン、その他の国々の驚異的な経済成長の中で、競争し、成功しなければならないのである。同様に、アメリカ同時多発テロ事件以来、我々の民主主義は脅威にさらされてきている。地球温暖化も、この惑星の生態系を脅かすことにもなるかもしれない。

こうした避けられない課題に対応するために、生徒たちには未来に向けて新しい教育を受けさせる必要がある。一九八三年に発表された「危機に立つ国家 *A Nation at Risk*」は、公教育システムの「凡庸性の増長」を非難する有名な教育レポートである。今日の状況ははるかに深刻であるが、大半の人はそれを認識できていない。善かれと思われた落ちこぼれ防止法の施行も、生徒が学び、働き、市民として生き残るために必要なスキルを獲得するということからかけ離れたものになってしまっている。

若者が労働の世界への準備をするために必要な能力について研究するうちに、私はグローバルな学力ギャップという概念を理解するようになった。今日、ハイスクールの新卒者が最低賃金以上の報酬を得られる仕事で成功するためには何を知らなければならないのかを探ろうと思った。雇用主はハイスクールや大学の新卒者と他の国で教育を受けた若者とを比べてどのように評価するのかを知りたかった。多くの教育者が考えるように、職場のニーズに順応する能力と、一人の「考え深い人間」および「望ましい市民」であることとは一致しないのではないか、という点についても興味があった。民主主義社会において、すべての生徒を積極性と必要な知識を備えた市民として教育することを犠牲にして、労働への準備のための教育をしたとしても、国として得るものはほとんどないと信じていたし、いまもその考えは変わらない。両方を重視すべきである。

一九八八年、私は変化する労働と教育への影響についての初期の研究の一つであるデイビッド・カーンズとデニス・ドイルの著書『知性レースに勝つ *Winning the Brain Race*』を読んだ。この本には、今日の労働者が仕事で成功するスキルと方法がともに変化してきていることが書かれている。その後、このテーマについての記事や研究論文を調べてきたが、本書のために調査を始めるまでは、労働の世界がこれほど大きく変わったことに私は気づかなかったのである。

ウィリアム・ホワイトは一九五〇年代の民間企業における労働について研究し、著書『組織のなかの人間――オーガニゼーション・マン』（東京創元社、一九五九年）の中で、コンピュータやインターネットの導入は別として、仕事を成し遂げる方法と職場の文化はあまり変わっていないと述べている。

同書は、職場の文化についての最も重要な研究であるとされ、今日でも広く読まれている。ホワイトはアメリカの企業、およびその他の大組織による圧力と、確立された権威に対する忠誠心への圧力を憂慮していた。また、企業が教育に及ぼす影響についても気にかけていた。企業は会計や数学といった実用的な技術を身につけた大学卒業生を必要としているため、リベラルアーツを専攻する学生がいなくなってしまうのではないか、と心配したのである。ホワイトは、現代の会社組織を成功に導き、存続させてきたものはある種の権威に対する服従であり、そのことがアメリカの成功の背景にある個人主義を脅かしているのではないかという結論を出した。雑誌『フォーチュン』の編集者としては意外な提案であるが、彼の解決策は、権威に対して「選択的に」チャレンジせよ、というものであった。それがどのようなことかは説明していないのだが。

ジョン・ホルト、ポール・グッドマン、ジョナサン・コゾルなどの一九六〇年代の教育評論家は、公立学校が、会社組織に順応しやすいように考える力のない従順な生徒たちを大量生産する組立ラインのようにデザインされていると批判した。このような批判の一つの結果は、いわゆる「フリー・スクール」であった。これらの学校は一九六〇年代の後半に多く誕生し、生徒は教員をファーストネームで呼び、勉強したいものを自由に選択できた。しかし、フリー・スクールの推進者は生徒たちの自立して考える能力の育成よりも、権威への反抗に重点を置いた。当時の教育改革者は、具体的な学問的および知的技能について、あるいは結果に対する責任についてはほとんど議論することがなく、自己表現やクリエイティブなプロセスといったことに焦点が当てられたのであった。

まもなく、保護者や教育行政担当者から、生徒が学校のルールを尊重しない、さらに文法のルールさえ守らないといった批判が噴出した。そのような状況で、一九七〇年代には「基本に戻ろう」運動が全国の学校に広がった。一九八〇年代を迎える頃には、多くの教育批評家は、ＳＡＴ（大学進学適性試験、Scholastic Assessment Test）の平均点のとまらない下落の原因を一九六〇年代の学校批判のせいにした（のちの研究でこれは不当であることがわかった）。

一九八三年に「危機に立つ国家」が発表されてから、ビジネスリーダーや政治家は、教育の結果に対する学校や教員の責任に注目するようになった。一九九〇年代に入ると「学力標準化運動」が起こった。これは、すべての生徒がマスターしなければならない学習内容を規定し、テストしようとする動きである。落ちこぼれ防止法の結果として「結果重視」のテストが増えると、良い面として教育者たちはテスト成績の最も悪い生徒に注意を向けるようになったが、このあと詳述するように、標準テストの平均点を上げることが学校にとって大きな問題となっている。テストの増加に不安を感じている教員や保護者が増えているという明らかな証拠があるが、多くの人はこの先何を提唱すればよいのかわからないのである。今日、アメリカの教育について議論されていることは、落ちこぼれ防止法を部分的に修正するかどうかということだけである［その後、オバマ政権の下、二〇一五年に高い基準、「成績責任システム」などを目標とするより柔軟性のある「すべての生徒が成功する法（Every Student Succeeds Act）」が落ちこぼれ防止法の代わりに施行されている］。生徒に何が教えられ、どのように教えられているかということへの疑問はあまり出されていない。保護者や政治家も高いテストの成績が最大の関心事で、それこそが学校システムの最も信頼できる評価軸だと信じている。したがって、テストの成績はいまでも学区の価値を評価する最も重要な決め手になっている。

しかし、この数年間、教育と政治の世界では、二〇年前と比べてアメリカの若者は仕事に就く準備ができていないという研究が増えている。アメリカの新入社員は、他国の若者に比べて十分な教育を受けていないことがわかっている。まえがきでも述べたように、今日のアメリカのハイスクール卒業率は70%であり、他の先進国に比べて低い。[1] また、卒業生のうち、大学で成功するスキルを持ち、最低賃金以上の報酬を得られる仕事に就いているのは半分にも満たない。他の研究によると、落ちこぼれ防止法の実施によって生徒の達成度が大きく向上したわけではないという。実際、二〇〇五年におけるハイスクール3年生の読解力の成績(読解力に関するデータ)は、一九九二年よりも低くなっている。文章力に関しては、一九九八年と二〇〇二年(全国文章力テスト実施年)とではほとんど変わらなかった。[2] この調査結果は広く知られてはいないため、いまも私たちの多くは施行された教育法案や地域での改革がうまくいくようにと願い続けている。

講演会で教育関係者に最新のビジネスに関する本を読んだかと聞いても、だれも手を挙げないことが多い。彼らの大半は、マスコミから少しずつ情報を拾い集め、企業のリーダーたちは今日の新卒者の就職への準備は不十分であると主張している、と不信感を抱いている。アメリカの経済は世界の羨望の的であり続けてきたにもかかわらず、経済競争が激しくなり、「もう未来がない」と二〇年以上も聞かされてきた。一九五〇年代のウィリアム・ホワイトのように、多くの教育者は、学校教育が生徒の就職準備をするということは、実用的な技術や雇用主への盲目的な従順のみを教えることになると懸念している。多くの教員の気がかりは、数多くのテストに向けて全生徒に準備をさせることである。彼らには生徒の就職準備といったことを心配する時間はない。教員は、学校や学区が「一年間の適切な向上」と呼ばれる指標で非難されること、すなわち「失敗」であると認定されることを非常に気にかけている。

一方、教育者も含め、私たちは、ミドルクラスの家庭の子どもたちが通う学校の授業の実態をほとんど知らない。その原因はあとで探求する。ミドルクラスの子弟が大多数を占める小学校の授業での子どもたちの相互作用に関する一つの研究を除いて[3]、成功モデルとされる郊外の優秀な学校で何が教えられているのかについては実際のデータがない。失敗している都市部の学校についての恐ろしい話だけが語られ続けている。学習内容を教え、テストすることへの偏重が、実際にこの国の日々の授業にどのような影響を与えているかということについての系統的な理解は見当たらない。

このような歴史を知ると、なぜグローバルな学力のギャップがほとんど注目されないかが理解できるだろう。毎日、優秀な学校の生徒が有能な教員に教えられていることと、社会が生徒たちに求めているものとのギャップを知るためには、相当の時間を費やして、教室の「古き世界」と労働の「新しい世界」の両方で起きていることを理解しなければならない。

この二つの世界を見ると、今日の労働、生涯にわたり学び続ける姿勢、積極的な市民生活のどの側面にも共通する、生き残るためのスキルがあることがわかる。それらは、最も優秀な学校においてさえ、教えられたことも、テストされたこともない。最低賃金以上の報酬を得る仕事に就きたいという若者が私の指摘する生き残るための新しいスキルを身につけないで卒業するなら、彼らは一生不自由な思いをすることになる。彼らは積極的で情報に通じた市民としての準備もなければ、新しい情報やアイデアに刺激を受け続けることのできる大人への準備もできていない。これらの新しいスキルに興味のない保護者や教師は、生徒を仕事に就くことのできない、学習のできない、社会に積極的に貢献できない大人になる危険にさらすことになる。オピニオン・リーダーや政治家が生き残るための新しいスキルの教育やテストについて理解しないのであれば、彼らは国が国際競争における優位性を失うという無意識の謀略に加担することになるであろう。残念ながら、落ちこぼれ防止法が我々を救うだろうという考えは、すでに失敗に終わっているのである。

大げさだろうか？　判断はあなたに任せよう。それでは「労働の新しい世界」の代表たちの話を聞き、二一世紀に「生き残るための七つのスキル」を見つけ出そう。

生き残るための第一のスキル――論理的思考力と問題解決能力

どのような形にせよ、的を射た質問をする能力は、今日の仕事で成功するための核となる能力であり技能である、と私は繰り返し述べてきた。論理的思考力や問題解決能力を育むためには、的を射た質問をする習慣が不可欠である。的を射た質問をする能力と論理的思考力、そして問題解決能力は、雇用主や経営コンサルタントとの親和性が高く、新しいグローバルな「知識経済」を生き抜くための第一のスキルである。同様に重要なことは、これらは子どもたちが民主主義社会に効果的に関わっていくためにも必要なスキルだということである。

カレン・ブルエットは、デル・コンピュータ・コーポレーションでK－12〔日本の教育制度は6・3・3制を基本としているが、アメリカでは州によって学校区分が異なるため、幼稚園〔K〕の5歳児からハイスクール最終学年〔12〕までの公教育期間をこう呼ぶことが多い〕の教育に関する戦略的事業を推進している。以前は非営利団体〈パートナーシップ・フォー・21ｓｔセンチュリー・スキル〉（Partnership for 21st Century Skills, P21）の会長を務めていた。Ｐ21は「知識経済」における「厳格さ」の再定義を先導する組織である。対話の中で、私は、今日の職場において論理的思考力と問題解決能力がいかに不可欠な能力であるかを理解するようになった。

「この二〇年余り、企業の仕事の仕方は劇的に変化しました」とブルエット氏は説明した。「かつては大半の企業は大きな階層組織になっていて、経営スタイルもきわめてトップダウン方式でした。さらに、従業員には専門の職務が当てがわれていました。現在のやり方を見ますと、どの企業の組織もフラットになりましたね。仕事も個別のプロジェクトに合わせて、部門の枠を超えたチームのネットワークによって構成されています。仕事はもはや専門性によってではなく、チームが解決するべき問題、あるいは最終目標によって定義されているのです。チームは解決方法を指示されることがなく、自分たちで最良の方法を決めなければなりません。第一線にいる従業員にとって最大の課題は、チーム内で効率よく働くために、論理的思考力と問題解決能力を備えなければならないということです。だれも指示してくれないので、自分たちで考えなければならないのです」

ブルエット氏との会談後、シスコシステムズ社のタレント・マネージメント会社副社長アンマリー・ニールと長い時間話をする機会があった。同社はインターネットのネットワーク運営と、ネットワーク設備の提供で世界的に有名である。彼女もブルエット氏と同じで、企業にとって最も重要な能力は論理的思考力と問題解決能力であると語った。だが、彼女のそれらのスキルの意味についての考えは少し違っていた。

「今日、『学習する組織』（Learning Organization）というピーター・センゲの概念は大きな影響力を持っています。なぜならば、今日の企業はすべての情報の流れに対応しなければならないからです〈センゲの著書『最強組織の法則』〈徳間書店、一九九五年〉には、変化に対応する企業にとっては、継続的な学習とシステム思考が重要であると書かれている〉。企業の従業員は、大量の情報を重要なものとそうではないものとにふるい分けなくてはなりません。これをこなすには、論理的思考力が必要なのです」

長い間、学校は「論理的思考力」を流行語のように扱ってきた。教育関係者はその重要性を口先だけで支持しており、この言葉がどのような意味を持ち、どのように教えられ、どのようにテストされるのかについて説明のできる人は少なかった。一つの理由として、ＳＡＴやＡＣＴ（The American College Testing Program）といった大学進学適性試験や州の新しい標準テストでは、論理的思考力はテストされないからである。したがって、私はニール副社長の「論理的思考力」の定義を知りたかった。この用語についてこれまで話をした教員たちよりも、ニール副社長のほうが明確な「操作的定義」を持っているのかもしれないと興味があったからである。

彼女の回答は印象的であった。「課題、状況、および問題を受け止め、その根本を探り、それらの問題がどのように発展してきたかを理解し、額面どおりではなくシステマティックな展望から考える力です」

「物事がどのようになっているのかに興味を持ち、ある事柄がなぜ重要であるのかを考えることができる、ということを意味します」。そして、ニール副社長は質問を並べた。「これを理解するには何が必要なのでしょうか。これの歴史は何なのでしょうか。他の人はどのように思っているのでしょうか。どうしたら団結できるでしょうか。さまざまな切り口でこれを理解するにはどのような枠組みやモデルを使えばよいのでしょうか。それによってどのような異なる結論にたどり着くでしょうか」

「今日、アメリカの企業が直面している最大の問題は、問題に対する私たちの考え方が変わってきていることです。これまでの見方に対して、『フラットな世界』の見方で問題を理解しようとしているのです。つまり、私たちは、『知っている人』ではなく『学習者』として問題や課題に取り組むことが必要です。答えを知りつつも、好奇心を持ち続ける必要があります。昨日の解決法が明日の問題に使えるとはかぎらないからです」

ニール副社長はこれまでいくつかの大学で教えたことがあるというので、学生をどのように評価するのか、また、学生は彼女が思ったとおりに思考することができるのかを聞いてみた。

「学校は、生徒にどうやって論理的に思考するのかということをまったく教えていないと思っています」と彼女は熱心に答えてくれた。「大学で教えたとき、学生が論理的に考えることができないことに気づきました。それを一学期だけで学ぶことはできません。私は訓練を受けて、心理学者になりました。児童発達の授業を通じて、論理的思考力は、子どもが抽象的思考を始める時点から教えなければならないことはわかっていました。一〇年も同じレベルの思考を続けて大学へ進学した学生に、異なる思考を求めるのは本当に難しい。学校は、テストにパスするための勉強よりも、生徒のやる気を引き出すことを重視すべきです。物事を調べ、知るという過程を学ぶことが必要です」

「ハイスクールの教員へのアドバイスはありませんか」と私は尋ねた。

ニール副社長はまたも明確に答えてくれた。「教科書を捨てること！　答えは教科書の中ではなく、教科書の外にあります。問題は常に変わりますから、問題への取り組みも変える必要があります。生徒の成績によって学校の財源や教員給与の配分が左右されるシステムを考え直さなければなりません。評価というものが行われてはいますが、間違ったものを評価しているのです」

これは、企業のリーダーたちが話した従業員のスキルや職場での能力と見事に一致している。というのも、話を聞いた人々は皆ハイテクの分野の人たちであった。私が多くのテクノロジー分野のリーダーたちをあえて選んだのは、これらが最先端を行く企業であると信じているからである。テクノロジーを扱うからというだけではなく、急速に成長し、かつ新しい仕事を生み出している分野だという考えからでもある。どの分野の仕事でもよいのではない。これらの企業はより高い給料の仕事を生み出しており、私たちの子どもたちのためにこの国に留まってほしい企業である。これらの企業が若者に求めるスキルは、とくに重要であると判断したからである。

もちろん、すべての若者がハイテク企業で働くわけではない。したがって、私の研究では、他の職業にとって今日重要なスキルは何かということも含めて広く考えようとした。

マーク・マドックスは、ユニリーバ・フーズ・ノース・アメリカ社の人事部長を務めている。ユニリーバは食品以外に家庭用品やパーソナルケア用品も製造する世界的に知られた一流企業である。二〇〇六年一一月六日、マドックス人事部長はケンタッキー州デービス郡の地域教育連合が開催した、雇用主が若者の就職準備について語るパネルディスカッションに参加していた。彼はブルーカラーの組立ライン作業における仕事のあり方の変化について話したが、そこにはこの数十年で仕事がどのように変化したかというデル社のブルエット氏の話と顕著な類似点があった。

「二五年前、マネージメントは仕事の16％、管理運営支援は12％を占めていましたが、今日ではマネージメントは5％、管理運営支援は3％に減少しました。私たちは一九九一年、『継続的な改善』の取り組みを始めました。以前は、従業員が出勤するとスーパーバイザーは彼らに指示を出していましたが、それ以降、管理者層は置かれなくなりました。これこそ本当の改革でした。財政上、効率上などたくさんの理由がありました。経営や管理運営の支援は間接労働であって、製造プロセスの一部ではありません。直接労働は製品に付加価値を与えることですので、思考力や業務遂行能力を備える人たちにすべての仕事をさせればよいのです。これが、私たちが、そして多くの産業が向かっている方向です。今日、私たちは自発的に、継続的に、かつチームワークで改善を図っています」

「これらの変化によって、仕事に必要とされるスキルは変わりました」とマドックス人事部長は続けた。「生産担当者や技術者、そして時間給労働者においても、問題解決能力を持つ人を、あるいは自分で考えて難しい課題を創造的に解決できる自己決定力のある人を必要としています。管理するためのスーパーバイザーは必要ありません。したがって、数年前から異なるタイプの従業員を求めるようになりました。それは論理的思考力、創造力を持ち、機械に強く、新しいアイデアを熱心に取り入れることができる人たちです。これが今日のグローバルな環境の中でビジネスを成功させるために必要な労働力です。私たちは隣の町と競争しているのではありません。インドのバンガロールと競争しているのです。グローバルな競争です。私たち全員がこの課題に直面しています」

マドックス人事部長は企業、地域、教育といったさまざまな分野の指導者たちに向かって話したのだが、大半のハイスクール卒業者が論理的な思考力や問題解決能力を欠いているとはとくに言わなかった。だが、ユニリーバ社では組立ラインの仕事に、中等後教育の学歴、すなわち大学学士、修士などの学位を持つ者の雇用が増えていると言った。

私は、小売業界で働く二人のシニア経営者の話も聞いた。彼らは、会社が新人を対象とした革新的な教育訓練を開発しているため競争企業に知られたくないとの理由から、匿名を希望した。彼らの仕事にとって最も必要なスキルは、他の人たちが語ったことと見事に一致していた。今日、経営者としてどのような能力が必要なのかという質問に、スーザン（仮名）という女性は、「この五年間は思考能力やEQ（Emotional Intelligence Quotient）〔感情指数。自分の感情をコントロールする指数〕を重視してきました。人とうまく付き合えるか。新しいアイデアを生み出すことができるか。そして、そのアイデアを提案し仲間と一緒に仕事に取り組むことができるかどうか」と答えた。

「思考能力を備えた人とはどのような人ですか」と私は尋ねた。

「過去、現在、そして未来を見ることができる人です。未来を予想し、点から線へと体系的に考えることのできる人です」とスーザンは説明してくれた。「あまり直線的思考をしない、データを概念化してまとめることのできる人を求めています」

今日最も必要とされているスキルについてのスーザンの話から、私は直近の全国調査を思い出した。〈パートナーシップ・フォー・21ｓｔセンチュリー・スキル〉ほか三つの全国企業団体の支援による、四〇〇名以上の雇用主を対象とした新入社員の就職準備についての調査である。調査では、ハイスクール、短大、大学の卒業生に求める知識やスキルの内容について尋ね、また、最も重要なスキルは何か、その修得の度合いをどのように査定しているのかという質問もした。とくに興味深いものは、この五年間に注目してきたスキルについての質問である。調査から得られた重要な結論の一つは、回答した雇用主のほぼ8割が、この五年間について言えばハイスクールの卒業者に必要なものは「論理的思考力と問題解決能力」であると答えたという事実に基づいている。そして、ほぼ7割の雇用主は、採用したハイスクール卒業生がこのスキルにおいて不十分であると評した。[4]

エレン・クマタはカンブリア・アソシエイツ社の経営パートナーとして、全米上位二〇〇社（フォーチュン誌の企業ランキングに載る大企業）のシニア経営者の顧問を務めている人である。彼女は、どんな製品を作っているか、あるいはサービスを提供しているかにかかわらず、今日ではすべてのリーダーが並外れのプレッシャーを感じていることを説明してくれた。「依頼人と話すとき、私は次のようなことを問いかけます。いままでに経験のないことはどうやりますか。基本的なやり方を見直し、考え直し、あるいは変えなくてはならない場合、もはや徐々に改善することはできません。それではうまくいかないのです。マーケットも環境も、あまりにも急激に変化しています」

「全米上位二〇〇社は、グローバル化や人材確保などさまざまな課題に日々直面しています」とクマタ顧問は続けた。「一人のシニア・リーダーがすべての答えを持ち、解決できるという考えは完全に消えています。何をするべきかを見きわめるために、リーダーたちは従業員からの支援を期待しています。仕事の中心にいる人には高い分析能力が求められ、自らに厳しくならないといけません。つまり、仮説を検証し、物事を額面どおりに受け取ったり先入観を持って決め込んだりしないことです」

私がインタビューした多くの人々と同じように、クマタ顧問も論理的思考力を的を射た質問をする能力として認識していた。「次の的を射た質問をするためには時間を費やさなければなりません。どのような質問が的を射た質問であり、直感に頼らない質問をするとはどういうことか。このようなことがあなたを次のレベルへと導いてくれるのです」

ロブ・ゴードンとの話からは、軍隊においても徐々に論理的思考力が重要になっていることがわかった。ゴードン氏は、青少年が地域社会への奉仕活動を行う〈シティ・イヤー〉（City Year）という全国青少年サービス組織で働くため、二〇〇六年に陸軍を退役した。野戦砲兵隊の士官としてドイツで勤務したのち、プリンストン大学の大学院に学び、ジョージ・ブッシュ大統領とクリントン大統領時代に、政府のホワイトハウス・フェローとして二度の研修を受けたことがある。退役前の八年間は、大佐としてウェスト・ポイント陸軍士官学校で、アメリカの政治プログラムのディレクターとして勤務した。私はゴードン氏に、一九七九年にウェスト・ポイント陸軍士官学校を卒業してから陸軍士官の教育はどのように変わったかを尋ねた。

「環境は変わりました。さらに陸軍の仕事は復興、緊急事態などへの対応へと広がりました。世界は不安定で、変化していると考えています。ウェスト・ポイント陸軍士官学校のリーダーシップは、このような認識を根底に置くことを前提としています。軍のリーダーたちは、グローバリゼーション、距離と反応時間の短縮、異文化の中での任務、新しい核保有国、文明の衝突といったダイナミックに変化する環境の中でうまくやっていかなければなりません。このような変化はウェスト・ポイント陸軍士官学校のリーダーの教育方法を大きく変え、より適応能力のあるリーダーシップモデルが考案されるようになりました。士官候補生がより適応性のある思考、論理的思考力、および批判力を育成できるように、工学関連のコースを減らし、社会科学、人文科学、言語といったコースを加えました」

私はゴードン氏に、彼が言う論理的思考力とはどういう意味なのかと尋ねた。彼の定義はシスコシステムズ社のニール副社長の定義と似ているが、面白いひねりを効かせている。「思考力には、抽象的知識を問題解決に役立て、解決策を組み立て、それを実施するという能力も含まれています。いわゆる、より深く、また、広く考える能力です。問題の前提や事実を識別し、情報を収集し、解決策の選択肢を考えることのできる力です。論理的思考力についてもう一つ大切なことは、最良の解決策にたどり着く手助けをしてくれそうな異なる意見を持つ人を自分の周りに持つことです。つまり、『チームベース・リーダーシップ』です」

「チームベース・リーダーシップ」という表現は一度も聞いたことがなく、私は興味を持った。私が話を聞いた人たちは、チームとして働くことができることは重要な能力だと強調している。もちろん、チームワークというアイデアは新しいものではない。その重要性についてはいつも聞かされており、実際のところ、今日のアメリカのあらゆる仕事の形態は、ある程度チームを土台にしたものになっている。ただし教育の場を除いては、である。しかしながら、チームワーク、コラボレーション、新しいリーダーシップのニーズについての話を聞いていくと、二つ目の生き残るためのスキルが見えてきた。

生き残るための第二のスキル——ネットワークによる協力と影響力によるリーダーシップ

シーメンス社のペドラ社長との会話から、私は今日のチームワークの概念が二〇年前とまったく異なることを学んだ。「テクノロジーによりバーチャルなチームというものが可能になりました」と彼女は言った。「会社でエンジニアリング・プロジェクトが立ち上がり、あなたはバーチャルなチームの一人として任命されたとします。大規模なインフラ計画を推進するチームが、アメリカ中に点在しているでしょう。また、別のプロジェクトでは、ソフトウェアの問題に取り組む世界中の人々と働くことになります。彼らと同じ部屋で仕事をすることはなく、同じオフィスには出社しません。しかし、毎週さまざまな電話会議を開き、ウェブ配信やネット会議も行います」

「七、八年前、私はニューイングランドにバーチャルなオフィスを立ち上げる実験プログラムに携わっていました。オフィスの敷地と面積を減らし、従業員には出先からも仕事ができるようなテクノロジーを提供しました。一つの教訓として、最も変えるのが難しいのは従業員の態度であることがすぐにわかりました。彼らは単独で働くことや遠方にいる人たちと協働することを知らなかったので、メールや電話会議を通じたコミュニケーションの方法について指導したり、相談に乗ったりしなければならなかったのです」

ペドラ社長はさらに、バーチャル・オフィスの設立やコンピュータを通じたコミュニケーションは、チームの信頼の育成にとって重大な挑戦であると説明してくれた。「信頼は、交流の合計回数を好意的な交流の回数で割ったものになると読んだことがあります。好意的な交流回数が多ければ多いほど、信頼度は高くなるのです。人と直接会うことがなく、朝にコートを脱ぐときも、机を整えるときも、コーヒーを飲むときも、相手と顔を合わせることはないとわかっている場合、信頼を育成する交流のチャンスはどのようにして提供できるでしょうか」

バーチャルでグローバルな協力という課題は、シスコシステムズ社のニール副社長との話し合いでも取り上げられた。「私たちにとって、人と協力できることは必要不可欠なスキルです」と彼女は言った。「指揮統制というリーダースタイルは、企業においては評価が次第に低くなっています。人々は、流動的に国境を越えて働くことの重要性を理解しなければなりません。企業がグローバル化すると、世界で流動的に仕事をするという能力は、競争する上で強みになるのです。世界という舞台と時差をどう活用するか、仕事に最も適した場所はどこか、その仕事に相応しい技術はどこにあるのかを、文化や訓練という視点から理解するということです」

軍隊にとっても、グローバルな視点から準備することは重要な課題である。ゴードン氏は、「今日、軍隊の人事はグローバル化ということをもっと意識しなければなりません。私たちは、地球上の多様な文化や宗教を持つ人々と交流する必要があるのです。アメリカで育った人々は、世界で何が起きているのをよく理解するためにより時間をかけるべきでしょう。将校も下士官も、このことに対するより十分な準備が必要です」と述べた。

二〇〇七年にニューヨーク・タイムズ紙のビジネス欄に掲載された「ＩＢＭの優れたアウトソースの仕方――どんな仕事を、どこで、だれがするのかを理解すべき」というトップ記事は、今日の職場において協働の性格が変化していることを伝えている。

今日、世界各国で働く社員たちは仕事の専門性を核として組織されており、高速通信回線によって結ばれている。プロジェクトマネージャーは、それぞれの仕事に合った適任者を世界中から見つけ出すことができる。（中略）ＩＢＭがテキサスで行っている公共施設プロジェクトでは、グローバルなあり方というものを垣間見ることができる。世界中に広がるチームのメンバーをみると、研究専門の科学者はニューヨーク州のヨークタウン・ハイツとテキサス州のオースティンに住み、ソフトウェア開発はインドのプネやバンガロールで行われ、エンジニアリング設備や品質管理の専門家はマイアミとニューヨークにいる。公共施設の専門家やタフト氏などのソフトウェア・デザイナーは、サンフランシスコ、ロサンゼルス、シカゴ、ノースカロライナ州ローリーなどさまざまな場所からチームに参加している。(5)

増加する多国籍企業にとって、国境や文化を超えた人々のネットワークの中で仕事をするという技量は必要不可欠なものになっている。ニール副社長やニューヨーク・タイムズ紙の記事が提言するように、重要なのは戦略的思考の能力である。それは人材やコストから判断して仕事をどこで行うのが最良なのかを判断する能力である。文化が大きく異なる人々をもって効率的な共同チームを構成することが大きな課題になるかもしれない。

非営利団体のパートナーシップ・フォー・21ｓｔセンチュリー・スキル（Ｐ21）は、多様な文化を理解する能力は重要であり、ハイスクールの卒業生全員が備えていなければならないという考えに賛同している。そこで「二一世紀に必要なスキルの枠組み」の中に「グローバル意識」を含め、この数年余り、各地の政治家や教育界の指導者たちに宣伝してきた。P21によれば、グローバル意識のある生徒は次の能力を持つという。

- 論理的思考力や問題解決能力といった二一世紀のスキルを使い、グローバルな問題を理解し対処する。
- 多様な文化、宗教、ライフスタイルを持つ人々と互いに尊重し合い、オープンに話し合う精神をもって学び、協働する。
- 英語以外の言語を使用することを含め、他の国々と文化を理解する。(6)

これはかなり明解でわかりやすい。だが、ニール副社長は、彼女が関わっている多くの企業では、このようなスキルを従業員が身につけるのはかなり難しいと説明してくれた。「アメリカに住む人がグローバルに働くのは難しいです。なぜならば、彼らは自分でコントロールできる環境に慣れているからです。他の人々に自由を与え、彼らの仕事を信用し、仕事を完成させるだけではなく結果を出すまで完全に権限を持たせること、つまり下部組織の人々に権限を与え、仕事に必要な資源を与えることは難しいのです」

さまざまな理由で「指揮管理型」のリーダーシップは企業の中から消え始めている、とニール副社長も他の人々も言った。経費を削減するため、経営管理を担当する人員が急激に減らされている。仕事の現場にいる人のほうが製品やサービスの改善に詳しいこともわかった。しかし、トップダウン型の経営を変えることは古い体制に慣れた人にとっては非常に難しい、とニール副社長は語っている。古い世代の人たちだけの問題ではない。時代遅れの学校は企業以上にいまなお「指揮命令」方式で運営されており、生徒たちは教員から指示されることに慣れている。ほとんどの生徒はチームで行動したことがない。これまでの会社役員たちの話から、今日の生徒は、チームの一員としてより協力的に行動したり、異なるタイプのリーダーシップの下で活動したりするための準備が不足していることがわかってきた。今日の会社のトップにとってみれば、チームワーク・スキルは新しいリーダーシップのあり方と連動している。一方が欠ければ、もう一方の存在もなくなるのである。

デル・コンピュータ社のグローバル人材管理担当をしているマイク・サマーズ副社長は、若者にリーダーシップ・スキルが不足していることを懸念していると語った。「新卒の生徒には、一般的なリーダーシップ・スキルや共同作業のスキルが驚くほど不足しています。彼らは指示命令に対して何らかの働きかけをする力がありません」。つまり、若者が唯一経験しているのは服従するというタイプのリーダーシップであって、これはチームやネットワークで組織されている企業が求める論理的思考や説得力による新しいリーダーシップではない。

「生徒たちは、会社という環境でどのように仕事が遂行されるかということを単純に考えています。

彼らはすべてが明確に示されて、人々から指示が与えられ、さらに、新たな指示があるまでは他のだれかが仕事をしてくれる、と考える傾向があります。彼らは会社の複雑さを理解していません。仕事の境目は流動的で、一つの仕事を仕上げるのに一つのグループだけですべてを行うことはめったにありません。自分が求めるものを持つ人間が社外や管轄外にいる場合、あるいは全体的な解決には異なる人々との共同作業が必要な場合、どのようにして問題を解決するだろうか。自分がコントロールできないことをどのようにして動かすのだろうか」

シスコシステムズ社のマーク・チャンドラー副社長兼相談役もサマーズ副社長と同じ懸念を示し、今日の企業に最も必要とされるリーダーシップについて見解を聞かせてくれた。「企業全体として最も大きな問題は、境界を越えてリーダーシップ能力を発揮できる人を探すことです」。彼が指すリーダーシップとは何かと尋ねると、「私たちの信念は、職権よりも影響力によって指導することです」と答えてくれた。

多くのリーダーたちの話を聞いて、私は、彼らが二一世紀の職場にとって重要な能力だと述べたものと、積極的で知識ある今日の市民として必要不可欠である能力との共通点を考えた。今日のすべての若者が、職業人として、市民として高いコミュニケーション能力を身につけなければならないことは、多くの人が同意するところだろう。この考えを少し広げるならば、ハイスクールの卒業生は、第二外国語を二言三言話したり、海外プログラムに参加して単位を取得するよりも、他の文化や宗教を理解する方法を知る必要があるのではないだろうか。

ハイスクールの生徒全員が近代中国史や古代宗教を履修しなければならないと言っているのではない。私が心配しているのは、どのようにして生徒たちは異文化について重要な情報を見つけ、理解するのか、ということである。現在、ハイスクール卒業生でイスラム教のスンニ派とシーア派との違いについて調べることのできる者はどれくらいいるだろう。より重要なことは、歴史上この二つの宗派の間で激しい対立が繰り広げられていることを理解し、その理解をイラクや中東の現状を知ることに応用し、さらに、アラブとイスラエルの紛争に対して我々の国は何をすべきかという考えを持つことである。多くの高齢者もこのような考えを理解することはできないかもしれないが、現在の世界は、昔に比べてより危険になっている。こうした考えを持てる市民の数が十分でなければ、将来により多くの問題を抱えることになるだろう。

影響力によってリーダーシップをとるということは、ビジネスだけではなく、社会にとっても大事なスキルの一つである。多様な集団に働きかけ、共通の目標に向かって一緒に働く協力関係をつくり出せれば、市民は自分の住む町を変えることができる。民主主義社会でより有能な市民になるために、すべての若者に身につけてほしいリーダーシップ・スキルとはこのようなものではないだろうか。

グローバル知識経済の中で働くために最も必要とされるスキルと、民主主義社会を安全かつ活気あるものにするためのスキルの間には一致するものがあるように私には思われる。ビジネスリーダーたちの話を聞いて、私は、企業には問題解決能力、論理的思考力、的を射た質問、ときには挑発的な質問をする能力を備えた若者が必要であることを学んだ。他人と効率よく働き、自分の国の文化だけではなく、世界の異文化を理解し尊重する若者である。企業は従来とはまるで異なる職権や責任の構造を持つ組織になり、階層構造が弱まり、相互作用や相互関係が強まってきている。理論的には、これらの能力はリベラルアーツ教育がめざす成果と一致している。実際、就職への準備と民主主義社会の市民としての準備は、過去でもそうであったように矛盾するものではない。

私が言いたいのは、五〇年余り前にチャールズ・ウィルソン社長が言った「ゼネラル・モーターズ（GM）にとって良いことは、国にとっても良いことである」ということではない。GMはより性能の良いSUV（スポーツ・ユーティリティ・ビークル）を生産するため、問題解決能力や論理的思考力を備えたより多くの社員を求めていたが、より多くのスポーツカーを生産することは環境に良くないと疑問視することを彼らに期待したわけではない。ヒューストンにあるエネルギー会社エンロンやその会計事務所アーサー・アンダーソンの商法に疑問を持つことは、二〇〇一年の時点では快く思われなかったかもしれない。論理的に考えることを学んだ人は、既存の常識や権威を持つ人間に対してしばしば疑問を抱くだろう。もしもより多くの若者が論理的思考力を身につけたとしたら、未来の企業でどの程度まで歓迎されるだろうか。学校で難しい技術的問題の解決を教わった世代は、難しい倫理上の疑問を投げかけ、より高潔であることを企業に要求するだろうか。若い成人への面接調査と後述の第5章からすれば、それは起こりうるのかもしれない。

より良い製品やサービスを提供できるが、同時により高度な企業責任を求める社員に対して、会社はどのように対応するだろう。論理的思考力は切り替えができて特定の問題だけに使う、というように「区分」することができるだろうか。どうもそれは疑わしいと思う。批判や疑問の声は社内で抑えられるのだろうか。それともこれらの声が徐々に企業の良心となるのだろうか。もしもGMが短期の株主還元を気にするのではなく、どのような製品を製造すべきかについて活発に議論するように働きかけていたなら、今日もっと優位な地位を確保していたであろう。トヨタは二〇〇八年にはＧＭを上回り、世界最大の自動車メーカーになると目されている。トヨタは社員が積極的かつ国際的に生産の改良に関与するようにした企業である（その方法は「トヨタ生産方式」と呼ばれている。のちほど詳しく述べる）。トヨタは利益や品質において世界のリーダーになっただけでなく、ハイブリッド車や他の「環境に優しい」技術開発においても先端を行く企業である。トヨタでは、従業員の関与が企業に対する責任感を強化しているのだろうか。

これらの問題はまたの機会に考えたい。なぜならば、地域社会や企業で的を射た質問をし、論理的に考え、問題を解決し、チームで効率よく働き、影響力によってリーダーシップをとるような多くの生徒を学校はまだ送り出していないからである。

生き残るための第三のスキル――機敏性と適応能力

これからの新しい労働の世界は複雑なものであることがわかった。何をすべきかを命ずる階層的権力組織からチームを基盤とした職場環境への移行は、急速に、かつ根底から進行している。同じように、急激な変革、データ量の増加、問題の複雑さの進行は、仕事の中で個人やチームとして組織のだれもが毎日直面しなければならない新しい挑戦である。これらの変化は、今日生き残るために不可欠な三つ目のスキルの重要性を照らし出している。すなわち、機敏性と適応能力である。どの企業のリーダーたちとの話し合いにおいても指摘されているスキルである。

クレー・パーカー社長によると、今日ビーオーシー・エドワーズ社で働く人間は、「自分で考え、柔軟で、自ら変わることを厭わず、適応力を持ち、そして新しい問題を解決するために多様な方法を用いることができなければならない」ということである。「私たちは常にやり方を変えています。この会社で働いて四年になりますが、ビジネスの変化に応じて毎年組織の基本を見直しています。人々は適応することを学ばなければなりません。いま私がある仕事のために人を雇っても、将来その仕事はなくなるかもしれません。したがって、専門的な技術よりも適応能力と学習能力のほうが重要なのです」

デル社のカレン・ブルエット氏も、パーカー社長の言う変化の速さについて同じ考えである。「仕事は急速に変化します。私はデル社のセールスやマーケティング機能部門で長年働いてきました。しかし、私がしていることは、五、六年前と比べまったく違っています。生き残るためには、柔軟性と適応力を持ち、常に学び続けなくてはなりません。したがって、私たちが従業員に身につけてほしい能力には、曖昧さに対応する能力、すぐ学習に取り組む能力、そして戦略的機敏性といったものが含まれています」。そしてブルエット氏も、学校が変わっていないことを心配していた。「今日の学校の授業は五五年前と同じです。全然ダメです」

シスコシステムズ社のアンマリー・ニール副社長は「混乱」という言葉を使い、激しく変化する新しいビジネス環境に対応できる機敏さの重要性について説明した。「シスコシステムズ社では、管理職に必要な新しい能力モデルをつくるのに苦しんでいます」と彼女は言った。「目標はリーダーとして必要なスキルです。一つは、混乱に対処できること。つまり、(1)リーダーたちは、考え方や指揮の仕方に影響を与える外的な要因にどう対応するか（同時多発テロ事件や、地球の反対側で起きていることなど）。(2)会社内部の混乱や経営の革新と変化にどのように対応するか。(3)自分たちの産業や関連産業で起きている混乱についてどのように理解するか、です」

ユニリーバ社のマーク・マドックス人事部長は、組立ラインの作業にとっても品質と生産性を改善するために機敏性と適応能力は重要であると語った。「今日の従業員は変化に適応できなければなりません。現状に満足してはいけません。きょうラインで二万個を完成させることができるなら、明日はなぜ二万一〇〇〇個をできないか。現状に対する自己満足と戦わなければなりません。だからこそ私たちは、新しいアイデアを受け入れることのできる熱意ある従業員を探しています」

ロブ・ゴードン氏はウェスト・ポイント陸軍士官学校でのことを説明してくれた。「私たちは、士官候補生が、変動的で不確かな状況でも問題解決のためのリーダーシップを発揮できるような統合的な体験を用意しました」

また、「新しい状況やさまざまな情報を理解し、不明瞭で予期できぬ状況の中で仕事をしなければなりません」とカンブリア・アソシエイツ社のエレン・クマタ氏が説明してくれた。「このような環境の中で成長し、結果を出さなければならないのです。学校システムは、正しい答えが必ずあるという考えを促進しています。正しい答えを出せば、ご褒美をくれます。しかし、新しい経済や環境とうまく関わっていこうとするなら、正しい答えが一つだけではない世界に住んでいること、そして、もし正解があったとしてもそれはその瞬間における正解でしかないことを理解しなくてはなりません。

それを怖がるようならば、物事を明確に考えることはできないでしょう」

生き残るための第四のスキル――イニシアティブと起業家精神

従業員は、優れた問題解決者やチームプレイヤーとして新しい環境やアイデアに機敏に対応し、適応する可能性を秘めている。だが、多くの企業にとって、こうした生き残るためのスキルを備えるだけでは十分とは言えない。新しい課題に直面し、積極的なリーダーシップを必要としている多くの地域社会も同じである。これまでのインタビューからは、生き残るためのスキルを駆使したり応用したりしなければならない今日の労働者に対する懸念の声が絶えず聞こえてきた。リーダーは、個人がより積極的にイニシアティブをとり、起業家精神を発揮し、新しいチャンス、考え、および戦略を追求して改善策を見出すことを望んでいるのである。

この章で取り上げた多くのインタビューでは、個人やチームとして問題を解決するためにイニシアティブを発揮することや、より良い解決法を見出すことの重要性が頻繁に述べられている。ユニリーバ社のマドックス人事部長は、「非常に難しい問題に対して創造的な解決法を見つけることのできる自律的な人を求めています」と言った。また、ブルエット氏によると、彼女の関わる教育指導グループのメンバーたちにとっては、テクノロジーに関する知識がこれまで最も重要なスキルであるとみなされてきたが、「顧客の問題、つまりこの場合は教育の問題を理解することにシフトする必要がある」という。「彼らは、教育者がテクノロジーを効果的に使えるよう支援しなくてはなりませんが、教育界の指導者たちが自分たちで気づくことも必要です」

クマタ氏によると、彼女が顧問を務める大手金融企業の重役たちは、最近になってやっと考えを変えてくれたという。「六年前、彼らと一緒に社にどのような人材が必要なのかを考えたときは、多くの抵抗がありました。うまく言えません、見ればわかります、その仕事のために人は雇えません、と古い考え方ばかりでした。そして昨日、この問題についてシニアの役員たちと一日中会議をしたのですが、彼らは自分たちが求めているスキルについてはるかに明確になっていました。それは成果志向で結果を求めるというものであり、自発的で、率先力があり、起業家精神の旺盛な人材です。彼らはそのような人材を見つけ、成長させ、さらに保持することを、役員が責任を持つパフォーマンス管理システムの一部とすることを決定しました。急速に拡大している企業の活力は、いかに効果的にこの種の人材を見つけ、保持できるかにかかっているからです」

シスコシステムズ社のチャンドラー副社長は、こうしたスキルを評価する一番の支持者であろう。「リーダーシップとは、イニシアティブをとり、自らの創造力を信じる能力です」と彼は言う。「私は社員にこう言っています。五つしか試みない人はすべてを達成しても失敗するかもしれないが、一〇を試みて、八つ達成できた人はヒーローになる、と。高めの目標を設定し、挑戦して目標を達成できなくても責められることはありません。反対に、試行することを怠ったら非難されるでしょう。大手の会社にとっては、リスクを回避しようとすることが一つの問題です。私たちの挑戦は、起業家精神にあふれた文化を大企業にどう創り出すかということです」

少し要約しておこう。今日の「組織人」は、ウィリアム・ホワイトが過去に描いた姿とはかなり異なるタイプの人間である。ホワイトカラーもブルーカラーも軍人もチームで働くことが多く、物理的あるいはバーチャルなネットワークを通じて他の人とともに問題を解決したり、優れた製品やサービスを提供する。チームをリードする最も効果的な方法は、命令を下すというよりは影響を及ぼすことである。変化が急激であるがゆえに、高度な適応力を持つ人材がますます多くの企業で求められ、起業家精神も同様である。つまり、経営学の第一人者として知られるピーター・ドラッカーが名づけた「知識労働者」を、今日の経済はますます必要としている。ドラッカーは一九五九年の著書『変貌する産業社会』（ダイヤモンド社、一九五九年）でこの表現を用いたのだが、学校以外の知識労働者にとっては必要不可欠なスキルであり、その重要性は日々増している。

生き残るための第五のスキル――口頭および文書による効果的なコミュニケーション能力

「生き残るための第二のスキル」について調査中、シーメンス社のペドラ社長は、彼女のグループが「バーチャル・オフィス」で顔を合わせることなく働くようになったことで最初に直面した問題について語ってくれた。「私たちはメールや電話会議を通じてのコミュニケーション方法について指導したり、相談に乗ったりしなければなりませんでした」と彼女は言った。実際、彼女が感じた従業員のコミュニケーション能力の不足は、インタビューに応じたほとんどの人が感じていたことである。近年の多くの研究で、生徒たちのコミュニケーション能力の不足は大学や職場における重要な問題として指摘されている。この能力は、多様な文化を背景に持つメンバーで構成されるチームにおいてはますます重要になる。民主主義社会で自分の意見を明確に表現する能力、および異文化間で効果的なコミュニケーションを図る能力は、市民としてのスキルとしても重要である。

前掲の非営利団体、パートナーシップ・フォー・21ｓｔセンチュリー・スキルが行った雇用主がハイスクール卒業生に求めるスキルに関する調査によると、「半分以上（52・7％）が、メモ、手紙、複雑なレポートなどを明確かつ効率よく書くという文書によるコミュニケーション能力は、仕事の達成のために『非常に重要』である、と回答している」。さらに、「雇用主の80・9％が、ハイスクール卒の新入社員のコミュニケーション能力は『不十分』であると報告している」。この調査は、二年制短大卒と四年制大学卒の新入社員の文書コミュニケーション能力についても評価をしており、「雇用主の46・4％が短大卒の新入社員は『不十分』であると答え、4分の1（26・2％）以上は四年制大学の新入社員でも『不十分』であると答えている。ほぼ3分の2（64・9％）の雇用主は、文章力は二年制短大卒の新入社員にとって『非常に重要』であると答え、四年制大学卒業者に対しては、ほぼ9割（89・7％）が同じように回答している」[7]

シスコシステムズ社のニール副社長も、「最も欠落しているスキルは文書や口頭を通じてのコミュニケーション能力です。私たちにとって大きな問題です」と教えてくれた。

長年、軍に勤めたゴードン氏に今日の教員へのアドバイスを尋ねたときも、次のような答えであった。「まず文章を書けるようにしてください。高いコミュニケーション能力はすべてにおいて求められています。人々は同僚と、そして外部の人々と効率よくコミュニケーションをとる必要があります。下士官でもメールを使っての効率よいコミュニケーションが必要です。二〇〇四年一月にイラクに戻ったときに、その重要さに気づきました。ある司令官に学んだことは何かと聞いたところ、彼は、リアルタイムの戦闘においては、スクリーンで見たものだけでなく、見たものをどのように解釈し、伝達するかということが大切であると話してくれたのです」

デル社のサマーズ副社長もこの点を強調した。「日常的に言葉を操る能力、文章力、プレゼンテーション技能といったコミュニケーション能力に多くの問題を抱える若者がいるという事実に驚いています。彼らには、明確で簡潔に伝えることが難しい。要点を絞り、情熱を持って伝えることが難しいようです。自分の考えを効果的に伝えることができないのです。会社役員を前にプレゼンテーションを行う際、最初の一分がうまく話せなかったら、まず聞かれることは『私に知ってほしいことは何なのかね？』です。そして彼らは、どう答えたらよいかわからないのです」

国語教員の経験者であるサマーズ副社長の言葉を聞いて、私は彼が重要視する一連のスキルに驚かされた。自らの考えを明確で簡潔に伝える能力だけではなく、集中力、活力、熱意も重要である。サマーズ副社長やさまざまな企業のリーダーたちは、学校で多くの時間を費やして教え、かつテストしている文法、句読点の付け方、あるいはスペルを正確に書く能力に必ずしも不満を述べているわけではない。正確に書くことや話すことはもちろん重要であるが、私がよく耳にした不満は、彼らの曖昧な考え方と、本当の「声」を書く能力の不足についてであった。もっとも、ビジネス界のリーダーたちは、大半の教員が文章の書き方を教える訓練を受けてこなかったことを理解していない。彼らは一日に一二〇人やそれ以上の生徒に、標準テストをパスするために単純化した定型句の書き方を教えるように要求され、他のことを教える時間がほとんどないのである。

生き残るための第六のスキル——情報にアクセスし分析する能力

二一世紀の労働者は、毎日職場に舞い込んでくる天文学的な量の情報を扱わなければならない。「たくさんの情報が手に入ります。しかし、情報が多すぎます。情報を効率よく処理しなければ、仕事は止まってしまいます」とサマーズ副社長は言った。ニール副社長は、従業員は情報の流れをどのように処理しているのかを知っていなければならない、と指摘した。彼女はまた、従業員が情報を受け取り、利用する際に論理的に考える能力が重要であることを強調した。ゴードン氏も、ハイスクールの新卒者は、さまざまな情報を入手して分析する方法を知らなければならないと言う。小売業界で働くスーザン（仮名）は、「莫大なデータを概念化するだけではなく、まとめられる人々が必要」だと教えてくれた。「まとめなければならないデータがたくさんあります。しかし、多くのレポートをまとめるだけではだめです。細部の重要な点を見つけ、『私たちがしなければならないことはこれです』と指摘できることが大切です」

一九六〇年代における知識労働者の重要性について著したドラッカーは、利用可能な情報の増加と、その情報を分析する方法を知らなければならないという状況が、より多くの従業員が「知識労働者」になることを可能にし、それを求めさえしたのである、と述べている。言いかえれば、新しい課題であるのか、それともチャンスであるのかを見分けるために情報を分析する能力は、ドラッカーの時代であってもきわめて重要であった。今日では、そのことがより明らかになってきている。短期間のうちに、インターネットが出現し、高速接続が可能になって、限られた情報を限られた人々のみが所有する社会から、だれもが氾濫する情報に接する社会になった。そして、私たちは考えられるすべてのことをコンピュータで直ちに調べることができる。

情報が大量にあるだけではなく、情報が急速に、かつ絶え間なく変化していることも課題である。たとえば、惑星の数はいくつだろうか？　一九九〇年代初期、私はハーバード大学のニール・ルーデンスタイン学長が、人文科学系の知識の半減期は一〇年、理数系は二、三年であるとスピーチしたことを憶えている。それはほんの一五年前の話である。現在だったら彼は何と言うだろう。

このような情報革命は、仕事だけではなく、市民生活や生涯学習においても広範囲に影響を及ぼしている。今日では、積極的で知識ある市民となるのに、新聞を読むだけでは不十分だろう。さまざまなソースから情報を得て、それを評価できなければならない。評価の方法を知らなければ、情報へのアクセスは価値がなく、むしろ危険でさえありうる。したがって、即時に入手できる情報にはよりいっそうの論理的思考力が求められることになる。最近、ある教員が話してくれたことは、この新しい課題の好例であると同時に、不幸にもよくある出来事を反映していた。彼女は、マーティン・ルーサー・キング・ジュニア牧師の記念日が近づいた頃に、生徒に彼についての宿題を出した。しかし、インターネットで生徒が見つけてきた内容に驚いたという。結局、白人至上主義者のグループが、この記念日に向けてインターネットの検索サイトをコントロールし、利用者がキング牧師の名前を調べると検索結果の上位五番目までに彼らの望む項目が出てくるように操作したことがわかった。彼らが用意したウェブサイトには一見正確な伝記情報が掲載されているが、さらに入っていくと人種差別論者の考えが正当であるかのように書かれていたのである。

大量の情報に簡単にアクセスできることが、今日の学校のカリキュラムに対して根本的な問題を提起している。さらにこの問題を探究する前に、もう一つの生き残るためのスキルについて考えなければならない。

生き残るための第七のスキル――好奇心と想像力

リーダーたちに今日最も重要なスキルについて尋ねると、必ず「好奇心」と「探究心」が挙げられる。創造力とイノベーションは問題解決のための大事な要素であるだけではなく、製品やサービスを新たに開発したり改善する上でも大切である。今日の従業員に対しては、論理的思考力、問題解決能力、および情報へのアクセスと評価といった「左脳」のスキルの育成に加えて、好奇心、想像力、創造力といった「右脳」のスキルの育成も必要なのである。たとえば、弁護士資格やＭＢＡ学位を持つ人々が質問のテクニックの訓練を受けるだけでは十分ではないように、会社の従業員も、以前に比べてより独創的で、より創造的な問題解決につながり、より競争に打ち勝てる製品やサービスの企画を生み出すような分析力を身につける必要がある。言いかえれば、しっかりした方法で考えることができ、尽きることのない好奇心と活気ある想像力を持ち、共感をもって人と関わることのできる新しいタイプの進化した「知識労働者」でなければならない。

パーカー社長は、単に聡明であるということ以外のスキルを持つ社員を採用することが大事であると強調した。「頭が良いというだけでは足りないのです。探究心があり、さらに世界と関わり、興味を抱いているかどうかも大事です」。また、分析能力と創造力は密接に関係しているが、同じものではないことを覚えておきたい。サマーズ副社長は、「的を射た質問の仕方と探究心を身につけた人は、現在の環境に最も機敏に対応していることになります。なぜならば、イノベーションに大きくつながるような方法で難題を解決するからです」

さらにニール副社長は、好奇心は論理的思考力の要素の一つであると言う。彼女によると、好奇心とは「課題、状況、問題を受け止め、本質を見きわめること、すなわち問題の表と裏を理解し、組織的な見方ができ、物事を表面的にみるのではなく、なぜそのようになるのかに興味を持つこと」であるという。つまり、「システム解析」を行う能力は重要であるが、そこからどうシステムを改善したり再構築したりするべきかと考えるのは、好奇心を持つ習慣があるからである。ハイスクールや大学を卒業したばかりの新入社員は、どのように問題を考え、取り組んだらよいかを知らない、とよく耳にする。好奇心旺盛でなければならないのである。

『ハイ・コンセプト――「新しいこと」を考え出す人の時代』（三笠書房、二〇〇六年）の著者ダニエル・ピンクによると、多くのホワイトカラーの仕事は自動化されるか、あるいは海外に移転されるという。このことは、私が問題にしている今日の若者が最も必要とするスキルに関わっている。彼はまた、この裕福な時代において、人々はより素晴らしい製品やサービスを求めるようになるとも考えている。当たり前のものを提供していては、今日の競争的な市場では勝つことができない。「適切な価格で十分な機能を持つ製品を開発するだけでは、もはやビジネスにとって十分とは言えない。とても美しいとか、ユニークだとか、意義深い、といったものでなければならない。豊かな時代では、合理的で、理にかなっていて、機能的ニーズに合致するだけではきわめて不十分である。技術者は、どのようにしたら製品がうまく機能するかを考えるだろう。しかし、人々の目を喜ばせ、心を動かすものでないかぎり、買おうとする人はいない。他の選択肢がたくさんあるのだから」[8]。想像力、創造力、そして共感の能力は、「ハイ・コンセプトとハイ・タッチ」が支配的になる将来には競争に勝ち残る上でますます重要になる、とピンクは指摘している。「ハイ・コンセプトは、物事におけるパターンとチャンスを見抜き、芸術や感情における美を創造し、楽しい物語をつくり、さらに、一見関係のないアイデアを結びつけ新しいものを創り出す能力である。ハイ・タッチは他人に共感し、人間関係の機微を理解し、人々の喜びを見つけ、かつ引き出し、日常を超えて目的や意味を限界まで追求する能力である[9]」

経済学・ビジネス経営学の修士課程を修了し、経済学の博士号を持つマイケル・ユング氏もピンクの考えに同意する。だが、彼は世界の多国籍企業を相手とするマッキンゼー・アンド・カンパニー社でシニア・コンサルタントとして働いた経験から、未来の分析についてはピンクをはるかに超えている。ユング氏は、企業における次世代の大きな経営変革に取り組んでおり、新しいマッキンゼー社のオフィスでこのようなプログラムの開発と実施を指導している。

ユング氏は言った。「知識経済において、製品や事業には非常に特殊な得意分野がありますが、それは企業の内部についても言えることです。最も成功している社員は、与えられた状況に適応するだけではなく、自分の経歴に合う仕事をつくり出す形で適応します。いわゆる積極的な適応能力です。

仕事は与えられていると考えがちですが、実際は人々が仕事を選んでいるのだと私は考えています」
「これまでの古い考えでは、仕事は雇用主が決め、従業員は言われるとおりに働かなければなりませんでした」とユング氏は続けた。「しかし、専門職についてはそうではありませんでした。専門職の人々は、仕事の内容と仕方について自分で決めることが相当程度できるからです。優れた人は、自分の仕事の領域を創り出すことができます。たとえば、美容院では、美容師は客に言われたとおりにカットすることになっていますが、実際には彼なりの解釈によって創造的要素を加えることで客が喜ぶようなカットにすることが期待されています。プログラマーがコードを書く場合や、誠意と信頼のために営業担当者が社の方針に自分なりのやり方を組み入れる場合にも、同じことが言えます。誠意は報われます」

チャールズ・チャップリンの無声映画『モダン・タイムス』は、古い時代のブルーカラー労働者を描いた典型的なパロディーである。チャップリンは組立ラインで作業をする労働者を演じ、いつもボスとトラブル起こし、機械の歯車に挟まれる結果になってしまう。それは、いくらでも代わりのいる仕事である。これまでに聞いた話から、私は、発展する経済の中で成功する企業は、いままでとは違った新しいタイプの社員を必要としていることを学んだ。彼らはチームで働き、製品やサービスを刷新し、それらを供給する機器をも新たにつくり替えていく人々である。私は、我々が抱くホワイトカラーやブルーカラーに対するステレオタイプの考えが非常に時代遅れであることにも気づいた。適切な教育の概念に対する我々の考え方が時代遅れであるのと同じように。そして、まったく別の時代のニーズに合わせてつくられた学校がもはや時代遅れであるのと同じように。

最近、私が開催しているセミナーの最中に、アメリカでも有数の私立学校の校長が突然こんな質問をした。「どうして子どもたちは、長く学校に通えば通うほど興味をなくしてしまうのでしょうか」。部屋は静かになった。だれも彼女の言ったことに疑問を呈しようとはしなかった。だれもそのことを説明しようともしなかった。この国のきわめて優秀な私立学校でもこのようなことが起きている。彼らに生徒の好奇心を育てることができないとすれば、どうして公立学校にそれを期待することができようか。子どもの好奇心が抑えつけられる教育とは何であり、私たちはどうすればいいのか。労働という新しい世界で「生き残るための七つのスキル」を伸ばす責任を学校が持つようにしなくてはならないのだろうか。それらのスキルはテストできるのだろうか。

これらは重大な問題である。なぜなら、本章でみてきたように、好奇心、想像力、およびその他すべてのスキルは、もはや私立学校に我が子を送ることのできる選ばれた人たちだけの問題ではないからである。古い世代にとって「3Rs（読み・書き・計算）」が重要であったように、これからの世代には「生き残るための七つのスキル」が重要となる。それは、二一世紀に働き、学び、市民として生活するための「新しい基礎学力」なのである。

第2章

時代遅れの学校

隠された「学力ギャップ」の存在に気づいたときのことはいまでも憶えている。それは、優秀な生徒が学校での学習により身につける能力と、今日の世界で成功するにあたって必要とされる能力とのギャップであり、私は「グローバルな」学力ギャップと呼ぶようになった。それは、ビル&メリンダ・ゲイツ財団が主催するいくつかの「大学体験コース」（生徒がハイスクールに在学中、コミュニティ・カレッジとの連携講座の単位を修得し、のちに大学の単位として認定するプログラム）を見学するため、そのプログラム責任者たちに同行していたときのことだった。彼らは、プログラムの「厳格さ」はどうあるべきか、財団が奨学金を給付している生徒に「大学への準備」をさせる中で奨学生の進捗をどう測ればよいのか、というアドバイスを私に求めていた。

三日間にわたり三校で合計一八のクラスを見学して、私たちは、生徒が大学で成功できるだけのスキルと学習内容を提供しているクラスは一つだけであるという結論に至った。見学が終わって、私たちは残念な思いをもって学校をあとにした。とくにあるアドバンスト・プレースメント・コース（A

Pコース、大学レベルの科目）の化学の授業で生徒たちと交わした会話に、私はひどくがっかりした。詳しく説明しよう。

　生徒は二、三のグループに分けられており、化学薬品を混ぜるようにとの指示が黒板に書かれていた。生徒たちは、化学薬品を混ぜ合わせた調合液をブンゼンバーナー（化学実験や学校の理科の授業で使用するガスバーナー）で温め始めた。黒板の指示によると、生徒は観察記録を作業票に書かなければならない。私は、ある男子生徒三人のグループの調合液からからせん状の煙が出ているのを見た。他のグループのビーカーとはまったく違う反応である。一人の生徒が振り返って黒板を見て、そして自分のノートを見た。その後三人全員が実験をやめ、教員が自分たちを助けに来るのを待っているようであった。

「液を混ぜたらどうなった？」と、私はそのグループに尋ねた。

「わからない」と一人がつぶやいた。「きっと間違って混ぜたに違いない」

「どうして煙が出てしまったのか、君たちはどんな仮説を立てたの？」

三人は互いを見つめ合い、私に話してくれていた生徒は、私を見て肩をすくめた。

「仮説の意味はわかるかな？」と私は迫った。

生徒たちは、まったく反応しなかった。やがて、「単語テストに出てきたことがあります。次がどうなるかというような考えですよね」と答えた。

　この子どもたちは、学校では学力の高い生徒たちとしてＡＰクラス、つまり大学レベルの内容とスキルを学ぶコースの履修が許されている。しかしながら、私が見たものは初級の料理教室にも及ばないものであった。生徒は、教師が黒板に書いた「レシピ」に従っているだけであった。ケーキを焼くのを失敗したら、どうしていいのかわからない。彼らは何を学習しようとしていたのだろう。課題の研究や現象の分析への科学的方法の適用を学ぼうとしていたのではないことは明らかだった――それは、すべてのハイスクール卒業生がマスターしなければならない最も重要なスキルの一つであるはずなのだが。

第1章で取り上げたマサチューセッツ工科大学（ＭＩＴ）のジョナサン・キング教授は、対話の中で、ＡＰクラス出身のＭＩＴ新入生はテストをパスする方法は知っているが、観察することを知らず、正しい答えを知りたいだけだと指摘した。彼の言うことは理解できたが、まさかそれを自ら体験することになるとは思っていなかった。彼らはインドや中国などで増え続けている十分に教育された若者とどのように競争するのか、と私は疑問に思いながらそのクラスをあとにした。

郊外の住宅地にある国内有数の公立学校で教員と生徒が実行している学習方法は、すべての生徒にとっての手本と考えられている。ビジネス界のリーダー、政治家、および教育者は、すべての生徒に「挑戦的で厳格な教育」を与えることを求めている。つまり、現在限られた生徒しか受けられない大学準備用のカリキュラムを、アメリカのすべての若者が履修すべきだというのである。週刊誌『ニューズウィーク』はアメリカにおける優秀なハイスクールのランキングを作成しているが、それは教育テストサービスのテストが課される厳格なＡＰコースを履修した生徒の割合や、国際バカロレア・プログラム（ＩＢプログラム、International Baccalaureate Programme、ヨーロッパ発祥で、規模は小さいが優等生のための教育プログラム）を履修した生徒の割合に基づくものである。ＡＰコースやＩＢコースを履修する生徒が最も多いハイスクールが最も優秀とされており、優れた大学の多くは入学者の選考にあたって、履修したAP科目の数を重視している（一方で、ハイスクールで履修したAP科目の単位を大学1年生レベルの科目の単位に変換できる大学は明らかに減ってきている）。

このニューズウィーク誌の評価基準は、すべての教員と生徒がめざすべき手本として正しいのだろうか。現在、いわゆる「厳格な」コースを履修して「生き残るための七つのスキル」を学んでいるハイスクールの生徒はどのくらいいるだろう。ジョナサン・コゾルらの著書により、長い間、多くの貧困層やマイノリティ出身の子どもたちは、学校を卒業してもほとんど読み書きができなかったことが明らかにされた。国にとって不名誉であり、悲劇的なことである。しかし、最も優秀とされている、学力レベルの高い生徒（あるいは、少なくとも十分に準備できたと考えられる生徒）はどうだろうか。彼らは、論理的思考力、問題解決能力、チームワーク・スキル、イニシアティブ、効果的なコミュニケーション能力、情報を入手し分析する能力、好奇心と想像力といった能力を学んでいるのか。これらの問題について検討する前に、まずはいくつかの教室を見学してみよう。

二都物語

「それは最良の時代でもあり、最悪の時代でもあった」というチャールズ・ディケンズの有名な小説の書き出しを憶えているだろうか。この一行は、郊外の住宅地にある有数の公立学校で視察と活動を続けた私の数年間の経験を簡潔に言い表している。郊外にある大半の公立ハイスクールにおいて、玄関を入ってまず目にするものは、さまざまなスポーツの試合や競技会で獲得したトロフィーが飾られたガラス棚である。多くのハイスクールの盛衰は、いまでもスポーツチームの成績によって左右されている。いまにも崩壊しそうな大都市の校舎とは異なり、これらの学校の校舎に入ると、清潔で手入れの行き届いた建物に思わず感心する。壁にはほとんど落書きがされていない。トイレでタバコの煙を感じることもなければ、吸殻も落ちていない。たまに床にゴミが落ちているだけである。ベルが鳴ると、服装の整った生徒たちがすばやく廊下に出て、次の授業へと移動しながら友だちと話をしたり、アイポッドで音楽を聴いたりしている。喧嘩もなく、怒鳴る声もほとんど聞こえてこない。白色のイヤホンが普及したことやファッションの変化を除いて、その光景は、一九五〇年代に逆戻りしたかのようである。

外面から判断するならば、生徒、教員、および校長にとって最良の時代である。しかし、根本的な問題は、スポーツチームがいかに優れた成績を残し、建物の手入れがいかに行き届き、生徒の素行がいかに良いかということではない。重要なのは、授業はどうなっているかである。もちろんスポーツも大切だが、なぜ「学習」の達成度を公に称賛することをしないのだろうか。保護者、地域の人々、そして教育関係者も、しばしばハイスクールの本来の目的を忘れてしまっている。すなわち、民主主義社会において有能で積極的に貢献する市民として、地域社会や職場において、問題解決能力を持ち「付加価値を提供できる」人材として、生徒たちを育成するという目的である。スポーツで優勝することがすべてではない。学校の代表選手になれるのはおよそ10%以下というごく少数の生徒で、そのうちほんのひと握りだけがスポーツのキャリアに就くという。一方、その他のすべての生徒の未来は、ハイスクールで行われている教育と学習の質に大きく影響されるのである。

教室で起きていることを知るには、多くの学校における指導と学習を観察する必要がある。ここで皆さんを、国中の学校を見学する「学習の旅」に案内しよう。これは、ある期間中に授業がどのように行われているかを調べる一つの方法である。仮に八から一〇のクラスをそれぞれ一〇分ずつ見学すれば（学区の教育長、学校長、教頭と一緒のこともある）、数時間でその学校の指導と学習についての全体的なイメージを捉えることができる。個々の教員やコース全般を評価する方法ではないが、このようなサンプリング方式から、特定の学校内の、および学校という枠を超えた一定の形態を見つけ出すことができる。観察の目的と生徒に聞く質問が明確であれば、「学習の旅」は、授業の目的や生徒が授業で学ぶスキルを正確に評価できる方法となりうる。生徒が書いたものや宿題といった手がかりや証拠があればなおさらである。

さまざまなサンプル調査と同様に、「学習の旅」は、学校のあらゆる面を評価するという点では一〇〇％信頼できる方法ではない。それでも、通常一コマが四五分の授業において、いかなる一分も貴重な時間である。授業を一〇分観察すれば、その学校での生徒の学習経験について多くを語ることができるのである。過去一〇年余り、私は、数十の学区で管理職者を対象とした「学習の旅」を一〇〇回以上実施してきた。目的は、管理者層を、指導力の向上を重視する教育指導者として養成し、彼らが各教員の力量向上のためになすべき優先事項の決定を支援することである。

授業見学の話に入る前に、その背景と基本的なルールについて説明しておこう。第一に、長らく生徒の教育に力を入れていないとされる典型的な都市部の学校は訪問しないことにした。成績が良く、理想の教育モデルとされている学校で行われていることを調べるのが目的である。選ばれたのは、州の標準テストの結果で「最も成績の良い」二つの学校である。第二に、これらの二つの学校で見たものは、やはり郊外にあるいわゆる「良い」学校で見たものと同じであった。これらの学校でどのような教育が行われているかを紹介する理由は、指導と学習において、大学進学を希望する生徒が通う優秀な公立学校の代表例と言えるからである。学校のランキングを暴露するのが目的ではないし、特定の学校を選び出すのはその学区で懸命に頑張っている教育者に不公平であるため、学校名と管理職者の名前は伏せることにした。実際、この二校が位置する学区では、管理者層はとくに指導と学習を向上させるための方策の開発に関心を持っていた。全国の多くのミドルクラスの学校と比較して、これらの学区の学校で行われている授業が特別というわけではない。むしろ、学校長たちは、学校や地域の評判が高いにもかかわらず、まだ改善する余地があることを認めていた。

最初のハイスクールは、南部の州にあるジェファーソン・ハイスクール（仮名）である。この州は、生徒の到達度の向上という問題に最初に取り組んだ州の一つであり、一九八〇年代後半から、歴代の州知事は教育改革を州の優先事項として掲げ続けている。新しいカリキュラム基準とテストの実施を率先して行った州の一つでもある。そのようなわけで、この州で最も優秀とされている学区が州テストの成績について私にアドバイスを求めてきたのである。

このアシュランド（仮名）という学区は、国内で最も優れたテストの成績を達成したこともある。もちろん、学区の人たち、とくに学校や地域の指導者たちは大喜びしたであろう。メディアからの批判や、さまざまな学区と成績を比較されることにも慣れ、アシュランド学区のような地域の教育長たちが満足にひたるのも無理はない。しかし、フランク（仮名）は多くの教育長とは異なり、成功したビジネスを辞め、より意義のあることをしようと教育長になった人である。彼にとっては初めての仕事であり、教育の分野に関わるのも初めてであった。フランクは数字の分析の訓練を受けており、それを活かして学区のテストのデータと他地区のデータを比較したところ、心配なことが見つかったという。

データによると、アシュランド学区の小学校は全国ランキングの上位に入っている。しかし、フランクは、州テストに加えて実施した5年生の読解力についての全国テストの結果を見て、5年生のほぼ3分の1が、4年生レベルかそれ以下であることに気づいた。また、アシュランド学区は80％以上のハイスクール卒業率を誇るが、大学を卒業する生徒の割合は20％にも達していなかった。

フランクは、これら二つの事実は相関していると考えた。読解力がその学年レベルに達していない小学生は、その後ハイスクールを中退する危険があり、無事にハイスクールを卒業しても大学で成功する見込みは小さいからである。しかしフランクは、それ以外にも理由があるのではと考えた。ハイスクールの教員は大学準備のための十分な教育を生徒に与えているのだろうか、と疑問を抱いたのである。

私は、この問題に取り組むあるハイスクールの校長と一緒に授業を見学した。ジェファーソン・ハイスクールは、国内の多くの学校と同じように「コース」に基づいた学級編成をしている。生徒はテストの結果や前年度の担任からの推薦といった基準によってグループ分けされている。アメリカのハイスクールには、四つか五つのグループあるいはコースを設けているところが多いが、この学校では三つしかない。一つは大学に進学しようとする生徒のためのコース、二つ目は「一般」教育が必要な生徒のためのコース（今日ではばかげた考えである）、最後は補習を必要とする生徒のためのコースである。大学の卒業率が低いという問題を考えようと、私たちは一つ目のコースを見学することにした。見学で発見した具体例をいくつか挙げることにする。

▽幾何学の上級クラス

生徒は問題シートに取り組んでいる。一人の生徒が明日までの宿題だと教えてくれた。教員は自分の席に座って採点をしている。

▽12学年の英語

生徒はグループでシェイクスピアの『マクベス』から引用したさまざまなシーンを現代の英語に翻訳している。私は生徒の一人に、今年これまでに書いた最も長いペーパーは何かと尋ねた。

「これまでに書いたのは二本です」と生徒が答えた（私たちが訪問したのは秋が深まった頃である）。「長いほうは二ページで、『論文の書き方』についてです」

「去年はどうでしたか？」と私は尋ねた。

「五ページの研究論文を書かなければなりませんでした」

▽9学年のグローバル研究
生徒は自分の席に座り、色鉛筆でヨーロッパの地図に色づけをしている。全員が教科書を開いており、その教科書の地図を参考にしていた。

▽10学年の世界文明
「アダム・スミスは自由貿易を唱えました。なぜか教えてくれる人はいますか」と教員が尋ねた。一番前の列にいる一人の生徒がほとんど聞こえない声で何かをつぶやく。

「正解です。それでは、一七〇〇年にイギリスが成功した六つの理由を挙げてみてください」と教員が言った。

手を挙げる生徒はいなかった。教員は自分で答えて、また質問する。「その時代のイギリスは、地理的にどのような利点を持っていたでしょうか」。生徒が答える前に、再び教員が答えた。似たような質問が続いたあと、生徒はそれぞれのノートパソコンに入ったワークシートを記入するように指示された。

▽12学年の経済学
生徒は、食べ物と採掘道具の不足に苦しむ西部開拓時代の探鉱者を描いた色あせた映画を見ている。テープが古いため、音声はほとんど聞き取れない。黒板に課題は書かれておらず、ノートをとる生徒もいない。

▽9学年の総合科学

生徒は電気と磁性についての中間テストを受けている。テストのコピーを一部入手してみると、すべてが多肢選択問題であった。

こうしてみると、この学校の問題は教員の授業にある、と言いたくなる。彼らは決まったことをしているが、生徒に挑戦の機会を十分に与えていない。これまで話を聞いた多くのビジネスリーダーたちは、公立学校では、強い教員組合と教員の終身雇用制度が一番の問題であると指摘する。多くの学校で授業の質がそれほど向上しない理由は、授業がまずくてもとにかく教員組合は終身雇用の教員を保護するからであるという。私は終身雇用制度の支持者ではないが、この問題については異なる見解を持っている。まず、第4章で取り上げる問題だが、教員養成の質、継続的な教員研修と指導監督がアメリカの学校では十分ではないという点である。加えて、教員が生徒に準備させる州のテストのほとんどは、コンピュータによって採点され、記憶力を測定する多肢選択問題で構成されていることである。このようなわけで、多くの教員は全力を尽くしているが、生徒が受けるテストが教科内容中心であることからその基準に従って教えるのである。私が出会う教員のほとんどは、毎日、ほんの一部の生徒だけでも「変わるように強く望みながら」仕事をしている。彼らは金儲けのために働いてはいない。

教員評価システムの大半は、教員のテクニックのチェックリストを使って校長により定期的に行われている。授業の目的や宿題の指示が黒板に書かれているか、授業で取り上げられる内容が生徒にとって明確であるか、等々である。私は、「教員」が授業で行っていることよりも、「生徒」が何をするよう求められているかに注目し、評価したい。すなわち、生徒がマスターしなければならない「スキルや知識」と、授業における「知的な挑戦」のレベルである。教員が行うことは目的ではなく、生徒が学ぶ手段なのである。

たとえば、教員が授業の中で生徒に与える質問や課題の中身に注目し、的を射た質問によって生徒の考えを引き出しているか、生徒により詳しい説明や解答を裏付ける証拠の提示を求めているかどうかを観察する。私は、教員が生徒にどのような質問をしたか、生徒の考えをどこまで説明させ、回答をどこまで詳しく述べさせるか、ということが授業の「知的厳しさ」のレベルを示す信頼できる指標であると考えてきた。質問が事実を思い出すことを求めるだけのものならば、生徒は論理的思考力、分析力、仮説を立てる能力を求められず、教えられているのは記憶するためのスキルということになる。多くのクラスでこのような授業が行われていれば、その学校の生徒が論文式のテストでどのような結果を出すか、あるいは大学への準備がどのくらいできているか、私は確実に予測することができる。

次に授業でのディスカッションについてであるが、私はどの生徒が教員の質問に答えるかに注目する。質問に対していつも手を挙げるのが一人か二人で、前の列に座る同じ生徒であれば、少数の生徒しか授業に参加していない、教員は「いつも同じ生徒」を指名する習慣がある、あるいはより悪いケースの場合、学習する意欲と能力がある生徒だけに関心を払っていることが推測される。

私は二つのことを自問自答した。

- このハイスクールの授業と、私が6年生のときの授業の違いとは何か。言いかえれば、生徒たちは学年が上がるにつれてより知的な挑戦を実践している、という証拠は見つかるだろうか。
- 先述したような授業ばかりだとしたら、生徒は大学や今日の労働に対して十分な準備ができているとどこまで信頼できるだろうか。

「学習の旅」で多くの授業を見学して、同行の校長と私がこの二つの疑問に対して出した答えは想像がつくだろう。私たちは憂慮した。見学した授業の内容は、大学に進学したジェファーソン・ハイスクールの卒業生のわずかしか大学を卒業できていないことを示唆するものである、との見解を得て私たちは学校をあとにした。生徒は、成功するために必要不可欠なスキルを教えられていなかった。これはジェファーソン・ハイスクールだけの問題ではなく、まえがきで述べたように「大学に入学した全学生の40％は、何らかの補習教育を受けなければならない[1]」のである。たしかに、生徒が大学を卒業できない理由は他にもある。人生に対して明確な目標を持っていなかったり、経済的な負担も多くの学生にとって深刻な問題である。しかし、大学で学ぶ上で必要不可欠な基本的スキル、すなわち論理的思考力、複雑な資料の読解力、新たな課題に対する知識の応用力、文章力といった能力が不足している学生があまりにも多い。これらのスキルを修得していない生徒は、自信喪失、挫折、失敗というような思いを味わうことになる。

ジェファーソン・ハイスクールの教員は、最も重要なスキルをどうして教えていないのだろうか。

彼らは、それらのスキルよりも科目の内容を教えることがより重要であると聞かされている。さらに、生徒が卒業後にうまくやっていけるよりも、州のテストをパスできるようにする責任を負わせられている。教員が生徒に準備させるテストの内容については、次章で検討する。

「学習の旅」に選ばれた二つ目の学校は、ニューイングランド地方の州にあるリンカーン・ハイスクール（仮名）である。以前から、ニューイングランド地方は優秀な公立学校があることと、テストでも最高得点を挙げていることで有名である。このハイスクールは、州内で最も優秀な学校の一つと言われ、公立ハイスクールの全米トップ五〇に入っている。学校が位置するゼニス（仮名）学区はミドルクラスの学区よりもさらに豊かな学区で、この地域における家庭の平均年収はおよそ一七万五〇〇〇ドルである。家を購入し、高額の固定資産税を納める経済的余裕のある人は、私立学校に学費を払うよりも、ゼニスのような学区を選ぶ。第1章でインタビューに応じてくれた会社重役の子どもたちは、リンカーン・ハイスクールのような学校に通っていた。リンカーン・ハイスクールの生徒は、ほぼ全員が卒業し、大学へ進学し、多くはアメリカでも有数の大学に入学する。このようなハイスクールは、自らをアメリカの未来のリーダーを育成する人材センターと考えている。

私にゼニス学区の評価を依頼してきた人物は、教育委員会教育長のグレース（仮名）である。彼女は、アドバンスト・プレースメント・コース（APコース）が学習の厳格さを示す最良の指標であるかどうかについて書いた私の記事を読んでくれていた。彼女の学区はすべての点においてすでに高い評価を受けていたが、「教員の監督者」として、グレースは授業の重要性をよく理解していた。そして、教員組合との交渉により合意された学区の教員評価システムでは、教員の授業改善のための実質的なフィードバックがなされていないことを懸念していた（あとでみるように、これはほぼどこにでもある問題である）。

グレースは、学区の校長たちや教員のリーダーたちとともに、「優れた授業」についての指標を改良し、新しい教員評価システムを作成することを私に依頼してきた。彼女が私と一緒にリンカーン・ハイスクールに行き、「学習の旅」をするという条件で私は了承した。教え方の質について、共通の「ベースライン」となるデータがほしかったからである。グレースが事前に知らせずに教室を訪問したことは一度もなく、これもまた学校教育にとって共通の問題であるが、彼女は授業観察から何が見えるのか興味津々であった。私たちは、見学する前に観察の基準について話し合い、生徒が口頭や文書で表現する論理的および批判的思考力を示す証拠を探すことにした。「優れた授業」の定義については、毎日、すべての生徒が、すべての授業において前向きに取り組んでいること、とした。見学したものを説明しよう。

▽AP英語

授業の始めに、教員は次週に行われるAPテストに向けて、文学の授業のノートを復習するように生徒に説明をした。教室にいる七人の生徒は、教員の机を半円形に囲み、だらけた感じで座っている。

教員は自分の席に座り、「ウルフは、孤立した生活と社会生活のバランスについてどのように言っていますか」と尋ねた。

生徒たちは、せわしくノートをめくる。ようやくある女子生徒が、「ミセス・ラムジーは、社会的交流に意義を見つけました」とノートを読みながら答えた。

「正解です。それでは、芸術家のリリーについてはどうですか。彼女は、どのような意義を感じたでしょうか」

「絵画を通じて」一人の生徒が顔をノートに近づけ、つぶやいた。

「ウルフは、この二人の女性の選択についてどう言っていますか。それぞれは、どのような犠牲を払ったのでしょうか」

だれも答えない。教員はため息をつき、黒板に向かい何かを書き始めた。

▽社会問題上級セミナー

生徒は『60ミニッツ』というドキュメンタリー番組を見ている。黒板には課題について何も書かれておらず、生徒には紙も配られていない。私がある生徒に小声で質問をしたら、週一回『60ミニッツ』シリーズの一つを見ていると答えてくれた。

「どうしてですか。宿題はありますか」と私は尋ねた。

「いいえ。たぶん知識を広げるためだと思います」

ビデオが終わると、教員は皆の前で発表するようにと一人の生徒を指名した。彼はカール・ローヴについて、パワーポイントで七枚のスライドを使い、三分のプレゼンテーションをした。ブッシュ政権におけるカール・ローヴの職務と経歴について、政治的な風刺画を含む内容であったが、先ほど見た『60ミニッツ』とはまったく関係のないものであった。発表が終わると、パワーポイントの内容についての討論や質問がないまま、もう一人の生徒がプレゼンテーションのために呼ばれた。

▽9学年の上級英語

一人の生徒が前に立ち、主語と動詞の一致について、二分間の発表をしている。もう一人の生徒は、主節と従属節の後に続くコンマの使い方についての発表をした。この課題の目標は、生徒が互いに文法のルールを教え合うというものであった。

▽APアメリカ政府

教員は前日に行った模擬テストの回答についての説明を終えようとしているところであった。テストは、連邦政府の組織や機能に関する八〇問の多肢選択問題である。

説明を終えると、教員は「それでは、去年のAPテストに出てきた自由回答式の問題をいくつか見てみましょう」と言った。彼はオーバーヘッド・プロジェクターのスイッチを入れ、教室の明かりを消した。そして、スライドに映されたテキストを読み始めた。「『鉄のトライアングル体制』が非民主的であると批判される理由を三つ挙げてください」

「この問題にはどのように答えますか」と教員が聞く。だれも答えない。「それでは、『鉄のトライアングル』による支配の定義を答えられる人はいますか?」

「軍産学複合体です」とある生徒が大きな声で答える。

「ＯＫ。それでは、非民主的と考えられる三つの理由を挙げてください」。教員は、前の列で手を半分挙げている生徒を指した。彼の小さな声は、プロジェクターのファンの音でよく聞き取れなかった。「よくできました。次の問題にいきましょう」。教員はスライドを替えて、「次は官僚制度についての質問です。どう答えればよいかを言っておきます」と続けた。

▽上級幾何学

教員は、近々行うテストのための復習をしている。

「三角形と多角形の類似点は何ですか」と教員が尋ねる。だれも答えようとしない。「さぁ、前に勉強しましたよね」と彼女は言う。「では『比例』の意味は何ですか」。だれも手を挙げない。しばらくして、教員は「人の体を測定するときの比例について話したのを憶えていますか。ウェスト対ヒップや、身長対体重の比率の話です」と尋ねる。

数人の生徒が頷く。「そうです」と教員が微笑む。「それが比例です。テストのことですが、多角形の合同条件を使って解く問題に加えて、三角形の合同条件を使って、三角形が合同であることを証明する問題が出るかもしれません」

▽ＡＰ化学

クラスの半分の生徒は校外学習で出かけており、残りの生徒は、うろうろしながら話をしているか、席に座っている。一部の生徒は宿題をやっているが、教員は自分の席で書類作りをしている。

▽AP環境問題

生徒たちはゆっくりと教室に入ってきて席に着く。彼らは話を続けながら、授業が始まるのを待っている。五分以上が経って、やっと教員が自分の席から立ち上がり、話を始めた。

「さて、今日からは代替エネルギーについて学びます。まずは質問です。木炭はどのようにしてつくられますか」

手を挙げる生徒はいない。

「メスキートを調べればわかります」と教員は続けた。「メスキートは何でできているでしょう。基本的に炭素です。地層に見つかる不純物の入ってない石炭です。では、私たちが言う『持続可能』とはどういう意味ですか」。返事を待たずに教員は続ける。「風力発電と太陽光発電は、持続可能ですね。ほかに何がありますか」

「筋力」とある生徒が答えた。

グレースと一緒にあと五つの授業を見学したが、前述の状況とあまり変わらなかった。それらは、すべてアドバンスト・プレースメント・コース（APコース）、あるいは上級クラスに指定された授業であった。互いの感想を聞くため、私たちは見学を中止して彼女のオフィスに向かった。ダウンタウンにあるオフィスに向かう車の中で、彼女は無言であった。

オフィスに入って座ると、やっと彼女は話し始めた。「信じられません」と彼女は首を振りながら言った。「私が評価のために事前に知らせておく訪問と、今日の見学とはまったく違います」

「『学習の旅』を始める前に決めた基準に照らすと、生徒に考えさせる授業は、見学した一二クラス中いくつありますか」と私は尋ねた。

「ゼロです」と彼女は気落ちした声で答えた。

すなわち、私たちが見学した授業の大多数では、教員には共通の目的、いわゆる「中核となる学習内容」があり、それはジェファーソン・ハイスクールの授業でも同じであった。それは「テスト準備」と呼ばれており、調査研究によると州や全国の標準テストのための教育が国中の学校に急速に広がっている、と多くの人たちが信じているし、調査研究も指摘している。このことは、生徒と彼らの論理的思考力の育成に大きな影響を及ぼしている。この問題を検討する前に、もう一つの「学習の旅」に案内しよう。

軍隊の中で

国防省は自らの学校を運営している。二〇〇二年の時点で、世界にある軍事基地の近くに設置されている学校は二〇〇校以上にのぼり、一〇万人以上の生徒が在籍している。二〇〇一年、国防省教育活動（Department of Defense Education Activity, DoDEA）の学校について大々的な調査が行われた。調査結果によると、ＤｏＤＥＡの学校は、ほとんどの学区の公立学校よりも継続的に優れた成績を残しているという。この調査が終了した時点において、ＤｏＤＥＡ学校ではマイノリティ出身の生徒が全生徒の40％を占めていた。その半数は、給食が無償か減額と優遇されていた。さらに、転校生が多く、年間の転校生の比率は35％であった。にもかかわらず、ＤｏＤＥＡ学校では97％が卒業し、その大多数が大学へ進学していた[2]。

この調査は、全米教育目標会議（The National Education Goals Panel）によって行われた。その興味深い結果の報道発表には、全米教育目標会議の議長であり、インディアナ州知事であったフランク・オバノンの次のような発言が引用されている。「国防省（ＤｏＤ）の教育方式は、これまで最も厳しく守られてきた教育界の秘密の一つです。ＤｏＤ学校のシステムは、ユニークですが、すべての学校にとって参考になることもあります。全国の教育関係者は、すべての生徒の学力向上と学力格差の縮小についての以下の提案をもっと検討すべきです[3]」

その提案は八つの望まれる教育実践からなり、すべての生徒への高い期待、小規模校、教員研修、十分な財源、一貫性のある組織運営、保護者の積極的参加、などが含まれている。続いて、多くの郊外の学区の学校と比較して、ＤｏＤＥＡ学校がどのようにして優れた成績を残してきたかを詳しく説明している。ＤｏＤＥＡ学校は、財政的に豊かで、教職員はよく訓練されており、小規模なため個々の生徒に対する世話がよくできており、校長の交代も少なく、そして最も重要なこととして、すべての生徒に大きな期待をかけている。

私はＤｏＤＥＡ学校を知り、すぐに興味を持った。彼らは、収入の低い層の生徒とミドルクラスの生徒の学力差を縮小するという点で著しい成果を挙げていた。嬉しいニュースであったが、しかし、と私は考えた。実際にはどんな授業が行われているのだろうか。従来の公立学校における授業と比べて、何か違いがあるのだろうか。

五年後、答えを出すチャンスがやってきた。[4] 国防省の学校に勤務する教員は一般市民であるが、校長は軍隊の文化に大きく影響されており、大半の学区の校長よりも継続的な学校の改善に熱心である。DoDEA学校についての研究が発表されて以後、これらの軍人の子どものための学校は五カ年計画を導入し、校長たちに「基準に基づく」教育と「データに基づく」意思決定に重点を置いた研修を実施した（これらの用語はのちほど説明する）。うち数人の校長が、私が指導するハーバード大学の夏期講習に出席したことをきっかけに、この新しい試みについて、どのように見きわめればよいのかと私のところに助けを求めてきたのである。

結局、私は外国へ飛び、アメリカの軍用基地に一週間滞在していくつかの学校を訪問し、教育指導者たちに対して、学校長を評価するために私が開発した評価ツールを使った研修を行うことになった。この評価ツールは多くの要素によって構成されているが、最も重要な要素は、授業の観察と、指導や学習の評価方法についての校長たちへのインタビューである。その週、私たちがいくつかのミドルスクールとハイスクールを見学した際に目にした授業を紹介しよう。

▽7学年の言語科目

生徒は着席したまま、ワークシートに何かを記入している。生徒の肩越しに見ると、シートの多くの文章が強調表示されており、文章に正しくコンマを入れるのが課題であることがわかった。

▽7学年の自然科学

教員は重力について教えている。「それでは、昨晩読んだ教科書を復習しましょう。アイザック・ニュートンとはだれですか」

前の列にいる一人の女子生徒が必死に手を振ると、教員は彼女を指した。「彼は重力を発見しました」と彼女は誇らしげに答える。

「そうです」と教員が返事をする。「彼はいつ生まれましたか」

だれも手を挙げない。

「教科書を調べてみてください」と教員はアドバイスする。

生徒が教科書を調べているとき、最初の質問に答えた前の列の女子生徒が、「銀河系とは何ですか。宇宙とは何ですか。星についての授業はありますか」と尋ねた。

「そろそろわかりましたか」と教員は言い、この生徒の質問を無視して他の生徒たちに尋ねた。

▽9学年のアメリカ史上級クラス

生徒は三つのグループに分かれて勉強している。生き生きとした会話から、グループの活動に熱中しているのがわかる。それぞれのグループは、指定された歴史の教科書のある章の一部について、歌、ダンス、パントマイムを使って説明するようにと黒板に指示されていた。

三人の女子生徒のグループの話によると、教科書に書かれているプレーンズ・インディアンの生活についてスキットをやるという。彼女たちは、バッファローがどのように部族の生活に役立つのか、およびカボチャをどのように栽培するのかを、パントマイムを通して表現するつもりである。私は、「この活動から何を学びますか」と生徒たちに尋ねた。

「新しいことに挑戦することです」と一人の女子生徒が答える。

「歴史については何を学びますか」

「いくつかの語彙を覚えます」と同じ生徒が答える。

「どのような語彙ですか。学んだ新しい言葉のいくつかを教えてもらえますか」

すると女子生徒は、少しためらってから「正確に言えば、新しくないです。復習みたいなものです。インディアンについては5年生のときに勉強しました」と言った。

▽11学年の世界史

どの国がいつの時代に、どの領土を植民地化したかという質問に対し、生徒たちはワークシートに答えを書き込んでいる。彼らは教科書に載っている地図を参考にしている。

▽AP美術

生徒は広々したスタジオの中で、机やイーゼルに向かいさまざまなスケッチや絵画に取り組んでいる。私はある女子生徒を選び、彼女の活動について尋ねた。彼女は、ある若い女性の肖像画を木炭で描いており、その活動はAPコースの必修課題としてポートフォリオに組み入れられるという。

「あなたは自分の作品をどうやって評価しますか。どのくらいよくできているのか、どうやってわかるのでしょう」と私は尋ねた。

彼女は戸惑った表情を見せ、しばらくして答えた。「そうですね。いま描いているもののほうが去年のものよりかなりよくなっているのがわかります」

「じゃ、この絵のどの点が去年の絵よりよくなっているかを説明してもらえますか」

彼女は少し微笑み、そして肩をすくめた。「わかりません……」

見学した授業は、ほとんどが同じパターンだった。後述するある数学の授業以外、ほとんどの授業の目的は、生徒に事実内容を暗記させるものであった。その理由は、校長たちがどのような研修を受け、「基準に基づく」教育、および「データに基づく」意思決定という用語が何を意味するかを検討する中で明らかになった。これらの用語は、五カ年計画と、すべての校長が受ける研修の鍵となる概念である。軍人の子どもが通う学校では、またアメリカの各州にある大半の教育機関でも、基準に基づく教育とは、すべての教員の授業が一定のカリキュラム基準に焦点を当てたものとなることを確保する教育、と定義されるようになっている。その内容は、研究者と教育カリキュラムの専門家によって開発された内容項目のリストから構成され、教科書に組み込まれ、教員を対象に定期的に行われる教員研修を通じて広められる。実際、全国の教育「専門家」と言われる人たちは、ハイスクールでの「厳しい」教育とは多くの学習内容を教えることである、と決め込んでいる。

このような教科内容の基準は、学年ごと、教科ごとに編成されている。たとえば、7学年の「言語科目」の教員は、生徒全員を文法と句読点の標準テストにパスさせるために、コンマの正しい使い方を教えなければならない（リンカーン・ハイスクールでは、なぜ9学年の生徒にもう一度教えていたのだろうか。なぜ12学年の英語教員は、生徒が句読点を正しく使えないと不満を言うのだろうか）。同様に、7学年の自然科学のすべての教員は、見学で見た重力の授業のように、特定の「学習単元」について教えることを求められている。上級クラスや美術の授業以外、基準に基づかない授業は考えられない。同じように、「データに基づく」意思決定の意味は、教員が求められている教科内容をどの程度教えているかを測るために、統一標準テストの結果を活用するように校長が訓練を受けることである。教員が指定された教科内容をより多く教えれば教えるほど、学校としてのテストの点数は上がるだろう。そして、校長の業績は、学校のテスト結果を着実に伸ばすことによって評価される。

軍人の子どもが通う学校、および一般の学区の学校において、すべての教員はすべての生徒に考える力について教えるべきである、という合意は存在しない。教員は、特定の教科内容だけを教えることを期待されているのである。教科内容の基準が拡大することで、教員が探究心や分析力、文章力の指導に力を入れることはより難しくなっている。加えて、教員は、論理的思考力、仮説設定力、分析力をすべての生徒が身につけるように指導する訓練を受けたことがない。大半の教員は、どうしたらそれができるのかを明らかにするような授業を見たこともない。

生徒がどのように意思を伝達し、論理的に思考し、問題を解決するかということを教科内容に基づいて教える教員はまれであり、二〇人に一人にも満たない。そうした教員の授業は、これまで見学したほとんどの授業とは非常に対照的である。私は、その週、軍の基地にある学校を訪問中にこのような授業に立ち会うチャンスに恵まれた。その授業について簡潔に述べよう。

▽代数Ⅱ

授業が始まって間もなく、教員はちょうど黒板に問題を書き終えようとしていた。互いの顔が見えるように、生徒は四つの席が正方形になるように座り、彼は生徒のほうを向いている。「こんな問題を解いたことはないでしょう」と教員は言った。「この問題を解くには、幾何学と代数学の概念を使うことが必要です。グループで最低二通りの方法を考えてみてください。すべてのグループが終わったら、それぞれのグループから一人を指名します。指名された人は、黒板に解答を書いてください。そして、自分たちのグループがどのような解き方をしたかを説明してもらいます。何か質問はありますか」

質問はない。するとグループは急いで問題に取り組もうとする。生徒たちは問題を考え、その問題を解くためのさまざまな方法についてグループで活発なディスカッションがなされる。生徒がこのようにして問題に取り組んでいる間、教員はグループの間を回っていた。生徒はときどき質問をするが、教員はそれには一度も答えない。その代わりに教員は、「〜について考えたことはありますか」とか、「どうしてそのように推測しますか」とか、あるいは単に「グループの他の人に聞きましたか」と言って対応している。

この優れた授業、すなわち、生徒が教科の内容を学びながら「生き残るための七つのスキル」の多くを学んでいる授業の優れた要素とは何だろうか。第一は、これまでの授業とは違い、複雑で、かつ複数の段階を踏む問題が生徒に与えられ、その問題を解くには、これまで学んだ幾何と代数の知識を応用しなければならないようになっていたことである。論理的思考力と問題解決能力が求められることから、単なる記憶力だけではどうにもならない。第二に、問題を解くのに、二通りの方法を見つけなければならず、何らかの自発性と想像力が求められる。正しい解答を出すだけでは十分でなく、生徒は効果的なコミュニケーション能力を使って証明しなければならない。第三に、教員は生徒に手とり足とり教えるのではなく、一連の質問によって生徒の思考力と不明確さに対する寛容の限界に挑戦するように仕向ける。最後に、教員は無差別に生徒を指名して解答を求めるけれども、その生徒のグループがどのように問題を解いたかを説明しなければならないため、各グループのすべての生徒が責任を負うことになっている。それぞれのグループは、一人や二人の生徒だけでどうにかなるのではない。教員は最初に手を挙げた生徒や声をあげた生徒を指名するのではないため、チームワークが求められるのである。

この日、学習したのはその生徒たちだけではない。この「学習の旅」で行動を共にし、校長をインタビューした教育指導者のチームにとっても、素晴らしい一週間であった。彼らは、校長たちが力不足の教員の名前を挙げることはできても、それらの教員が何をしたか、あるいはどのようにしてそのような教員を支援することができるかということについてはあまり語らないことに気づいた。彼らは有能な教員の名前も挙げられるが、どうすればそれらの教員の能力をもっと伸ばすことができるかについては考えを持っていなかった。指導者のチームは、校長たちは効果的な授業の設計に必要な要素について明確な考えを持っておらず、基準に基づく教育を強調する以外に、授業を改善するための方策も知らない、という結論を下した。この分野で校長たちがこれまでに受けた研修は、受講者の言葉を借りると、「広さは一マイルだが、深さは一インチしかない」ものでしかなかったからである。実際、この分野において十分な研修・訓練を受けた校長はアメリカのどこにもいない。教員もいない。この問題については、第4章で検討する。

軍人の子どもが通う学校の指導者たちによって認識されている最も重要な目標は、それらの学校の校長を、優れた授業がどのようなものであるかを知り、教員の継続的な向上を支援することができる指導者になるように訓練するということである。基準に基づく教育や「データに基づく」意思決定ができるだけでは不十分である。また、指導者たちは、生徒の学習を評価するためのテストの形式に対しても大きな疑問を抱いていた。コンピュータを使った採点や多肢選択式のテストは、生徒が記憶したことは測定するけれども、生徒が学んだことを新しい環境と問題に応用できるかどうかを評価するものではない。そうしたテストは、論理的思考力と分析力を評価するためにデザインされてはいないのである。本部に送られた教育指導者たちのレポートには、こうした弱点についての確固たる分析に加えて、これまでとは異なる新しい五カ年計画の要請があった。

露呈する隠された「ギャップ」

「生き残るための七つのスキル」をまとめると、次のようになる。

- 論理的思考力と問題解決能力

・ネットワークによる協力と影響力によるリーダーシップ
・機敏性と適応能力
・イニシアティブと起業家精神
・口頭および文書による効果的なコミュニケーション能力
・情報にアクセスし分析する能力
・好奇心と想像力

本章では、ハイスクールに集中して観察している。なぜならば、ハイスクールの生徒は論理的思考力を学習する準備ができており、就職や大学への準備が必要な時期でもあるからである。彼らは十分に成長し、自らの思考過程についてじっくり考え、成功する大人として必要不可欠なスキルとは何かについて理解できるようになっている。しかしながら、小学校の段階においても教えることができ、そして教えるべきことには、思考力のほかに、どのように協力し合い、好奇心を抱き、率先力を発揮するかも含まれる。では、アメリカのミドルクラスの子どもたちが通う小学校は、どのように生き残るための七つのスキルを教えているのだろうか。

ここでは、私が見学した小学校の学習の旅へ案内するよりも、近年『サイエンス』誌に掲載された、バージニア大学の研究者が行った小学校の授業に関する調査での重要な発見をまとめてみることにする[5]。これは、国立衛生研究所から資金提供された大規模な調査である。研究調査員は、主にミドルクラスの住む四〇〇の学区にある一〇〇〇以上の公立小学校の1年生、3年生、および5年生を対象に、二五〇〇以上の授業について調査を実施した。彼らが出した結論には次のようなものが含まれている。

・5年生は、授業時間の90％以上を席に座って教員の話を聞くか、あるいは一人で学習することに費やしている。グループで学習する時間は7％だけである。1年生と3年生についても同じような結果になっている。

・5年生において、60％の時間は、読み書きの基礎技能や数学の計算力の上達のために費やされている。一方、科学と社会に充てられる時間は25％以下である。

・5年生が基礎技能について受ける指導は、問題解決能力や論理的思考力に対する指導の五倍であり、1年生と3年生における比率は一〇対一となっている。

研究調査員は、観察した三つの学年の授業を次のように要約した。

授業の二〇分は、一つの手法あるいは方法を用いた典型的な指導（たとえば、語彙のワークシートを使う、教員が数学の問題を解くのを見るなど）が行われ、教員は、児童の能力を伸ばすことや代わりの解決法について話し合うことはせず、児童の正しい解答に対する一般的なフィードバックしか行わない。この調査のサンプルとなっているミドルクラスの児童にとって、学ぶ機会の質は一定しておらず、児童に期待される高い学力水準と一致するようには見えなかった。教員にとっても、大半の州の教員資格に関係する文書に記されているような高いレベルのパフォーマンスではないことが証明された。むしろ、5年生の授業は、ばらつきはあるが、問題解決能力、論理的思考力などを育てることをめざすというよりは基礎的読解力と計算能力を重視したものであった。分析力の向上を図ったり、教員とのやりとりをするために、小さなグループで学習する機会はまれである。(6)

この調査研究が対象とした小学校のほとんどの教員は、読解と数学の基礎技能を教えることに集中していた。なぜだろうか。「落ちこぼれ防止法」の施行により、児童たちは2年生以降、毎年これらのスキルについて標準テストを受けなければならなくなった。児童が二年連続で「一年間の適切な向上」に失敗すれば、「改善が必要」というラベルが貼られることになり、それを望む学校はどこにもない。実際、教育政策センター（Center on Education Policy）の調査で、落ちこぼれ防止法の影響により、国中の小中学校のカリキュラムはテスト準備に限定されるようになったことがわかった。(7) この調査グループの発見には次のものがある。

二〇〇二年以降、テストのある教科の授業時間が増えた。学区のおよそ62％が、二〇〇一－〇二年（落ちこぼれ防止法が実施された年）以降、小学校で英語と数学の学習時間が増加したと報告している。加えて、20％以上の学区が、ミドルスクール段階でもこれらの科目の授業時間が増えたと報告している。英語や数学の授業時間が増えたと報告した学区の学校の場合、二〇〇一－〇二年以降における一週間の授業時間の増加はかなりのもので、英語の教科は46％、数学は37％も増え、この二教科を合わせると42％の増加が認められた。

他の教科の時間数が減った。小学校において、増えた英語と数学の時間を確保する代わりに、一つか二つ以上の教科あるいは教育活動（社会科、理科、美術・音楽、体育、昼休みや休み時間）の時間を減らした学区は44％あった。この授業時間の減少は比較的大きなものであり、すべてを合計すると週一四一分で、一日三〇分の減少である。二〇〇一－〇二年以降、これらの教科の指導時間は平均31％減らされたことになる。

テストで問われる内容とスキルに重点を置くようになった。二〇〇一－〇二年以降、大半の学区は落ちこぼれ防止法によって実施される州のテストのための内容やスキルに重点を置くようになり、英語や数学のカリキュラムを変えてきている。小学校レベルの読解力に関して、学区の84％は、テスト内容に大きく重点を置くようになったため、カリキュラムについて「ある程度」、もしくは「相当程度」変えてきたと報告している。ミドルスクールの英語に関しては79％、ハイスクールの英語に関しては76％という報告があった。同様に、数学に関しては、学区の81％が小学校とミドルスクールでテストの内容やスキルを重視し、ハイスクールでも78％となっている。

この教育政策センターの調査結果は、私たちが学習の旅で見たものを解説するものである。今日、アメリカの公立学校には、テスト準備のためのカリキュラムしかない。より多くの生徒が高い読解力や数学の基礎を身につけるということであれば、正当と認められる改革である。だが、それを立証するのは難しい。ここに公教育における新しい現象、すなわち「バブル・チルドレン」として知られる子どもたちの存在がある。コロンビア大学のジェニファー・ブーハー・ジェニングズ教授は、テストに合格するかしないかのボーダーラインにいる生徒、いわゆる補習をすればテストに合格できる生徒を対象とした改善策について述べた最初の研究者の一人である(8)。彼女は、ある学区コンサルタントが述べた次のようなアドバイスを紹介している。

データを分析すれば、テストにパスできそうな児童、いわゆるバブル児童を特定できる。マーシャル（仮名）小学校は、それらの児童をチェックするが、一〇月以降に転入した児童のデータはその年のデータにはカウントしない。クラスの最新の基準点を出し、児童を三つのグループに分ける。安全児童、つまり確実に合格できる児童は緑色である。次に最も重要なグループ、すなわち「手当が必要な」児童を確認する。これは少しだけ補習授業を受ければテストに合格できる児童で、黄色である。今年は合格できそうにない、つまり「見込みのない」児童は赤色である。学校は、黄色の児童たち、いわゆるバブル児童たちを重点的に指導する。彼らに費やす時間には報いが返ってくるからである。

ジェニングス教授の研究結果は、近年、シカゴ大学の研究チームによって立証された。標準テストの結果から、シカゴの小学5年生に対するテストでは、学力が中間に位置する児童たちが、読解力と数学のテスト結果が最も伸びていることがわかった。しかし、最も成績の悪い児童たちは向上しないか、さらに悪くなっていた。最も優秀な児童たちは非常にむらがあり、少し手をかけても変わらない[9]。

要約すると、アメリカの公立学校では、どの学年レベルにおいても「生き残るための七つのスキル」を教えているという証拠はどこにもない。むしろ、授業はテストのためのスキルと内容に狭く限定したものである（テストの性格については次の章で探究する）。さらに悪いことに、落ちこぼれ防止法が掲げた、白人のミドルクラスの生徒と経済的に恵まれていないマイノリティの生徒の格差に対応するという問題の解決に向かって前進していないという証拠が増えている[10]。むしろ、落ちこぼれ防止法の最も重要な影響は、優秀と言われる学校で教えられ、テストされている能力と、今日の生徒が二一世紀で成功し、経済活動に関わる市民となるために必要とされる能力との間にある格差、いわゆるグローバルな学力ギャップの増大に落ちこぼれ防止法が寄与しているかもしれないということである。

競争はどうなるか

経済協力開発機構（ＯＥＣＤ）は、一九六一年に経済成長と世界貿易の推進のために設立された。二〇〇〇年には、国際学習到達度調査（Programme for International Student Assessment, PISA）を開始した。ＰＩＳＡは調査参加国の15歳の生徒四五〇〇人から一万人を対象に、読解力、数学的・科学的知識についての標準テストを開発して実施した。しかし、OECDの関係者らは、これらの科目のスキルがどの程度大人として生活するために必要なスキルへと転換されうるかを懸念した。そのため、二〇〇三年には、他の評価に加え、問題解決能力を評価する注目すべきテストをこのプログラムに参加する四一カ国を対象に実施した。その目的は「教科横断能力」の測定であり、さまざまなカリキュラムにまたがる生活能力を直接評価することであった。このテストでは、生徒の問題解決能力を次の三つの分野に分けて評価している[11]。

・制約の下で意思決定をする
・特定の状況のためのシステムを評価し、設計する
・一連の症状に基づいて、機能しない装置やシステムの問題を解決する

この調査テストを知ったとき、私は興味をそそられた。一見したところ、生き残るための一つ目のスキル、つまり論理的思考力と問題解決能力についてのテストである。テストの内容項目を目にして、私は感銘を受けた。テストは、成人が日常使わなければならない多様な問題解決能力を問う意欲的な内容によって構成されていた。たとえば、多くの要因を考慮に入れて最良の旅のルートを計画する、図書館の自動チェックアウト・システムをデザインする、灌漑システムの不具合を解決する、といったようなことである。OECDは、これまでに類を見ない初めての国際比較から何を学んだのだろうか。このテストについての成果は、次のように要約される[12]。

OECD加盟国の15歳の子どもたちのおよそ5分の1は、思慮深く、効果的なコミュニケーション能力を備えた、問題解決能力のある生徒である。彼らは、状況の分析や意思決定ができるだけでなく、問題と複雑な状況に対応することができる。また、問題に内在する諸関係を捉え、系統立てて解決し、作業内容をチェックし、話し合うことで結果を出す。参加国の中には、3分の1以上の生徒が、問題解決能力で高いレベルに達している国がある。しかし、大多数の生徒が「基本的な問題」さえ解決できず、わかりやすい情報が含まれた単一のデータしか扱えないレベルであると評価された国も存在する。

では、「アメリカの生徒たち」はどうだったか。悪い。実に悪い。合計点数は二九番目で、ロシアのすぐ下、ポルトガルの少し上である。全国教育統計センターがアメリカ教育省に提出した結果の要約によると、アメリカの生徒のほぼ4分の1は他のOECD加盟国における生徒の達成度より低く、レベル1にも達していなかった。レベル2、3の生徒の割合も、他のOECD加盟国より小さい。問題解決能力のテスト問題については、四カ国（フィンランド、香港、日本、韓国）でレベル3の生徒が30％以上であるのについて、アメリカはわずか12％である。[13]この分析によると、アメリカで最も優秀とされている生徒の学力は、まったく競争にならないことがわかった。「アメリカにおける問題解決能力の高い生徒（最も優秀とされる上位10％の生徒）よりも、他のOECD加盟国における同様の生徒のほうが優れた結果を出している。アメリカの生徒の上位10％に入るには六〇四点が必要であるが、日本では六七五点以上が必要であった[14]」

アメリカの子どもの未来について考える際に、このような発見から一つのことが推測できる。わかりやすく言えば、もし私が多国籍企業の雇用主で、問題解決能力を持つ人材が多数必要な場合、他の条件がすべて同じなら、新しい会社はアメリカではなく他の国での設立を考えるだろう。アメリカは他の国と同様な知的資本を開発していないからである。

未来のアメリカにおいて、真に優位な競争力はイノベーションを必要とする分野で発揮され、それには第1章にも述べたように、好奇心と想像力、そして生き残るための七つのスキルが求められる。だれにもその理由はわからないが、アメリカは歴史的にそれらの分野を得意としてきた。私たちのオープンな政治体制による自由な意見交換がこのようなことを促したか、あるいは起業家精神をかき立てる自由資本主義経済の持つ性格なのか。もし、これらが競争における我々の強みの源であるとしたら、表現の自由や政府による経済規制の緩和が進む国々が増えている中で、我々はあとどのくらいこの地位を維持できるだろうか。

アメリカの公立学校は、問題解決能力の育成と同様に、国家の創造性、想像力、およびイノベーションの可能性を高めることに貢献しているとは言えない。本章でこれまで述べたように、私たちは学習の旅でその証拠を見つけたのである。一方、インド、中国、シンガポールなどの国は、創造性にあふれた生徒をより多く育成する教育システムへ転換しようとしている。

たとえばトーマス・フリードマンは、インドにおけるテクノロジー分野のトップ企業の一つであるウィプロ社のアジム・プレムジ会長が言った次の言葉をコラムに引用している。「イノベーションを国の戦略とする考えをさらに奨励する必要があります」。フリードマンは、インドに拠点を置く教育関係企業、ヘイ・マスの最高経営責任者を務めるニルマラ・シャンカラン社長の言葉も紹介している。「私たちが生徒に『なぜ』という質問をさせないで、どうすればよいかを教え続けるとすれば、他者のニーズに応える複雑なやりとりや判断が必要な洗練されたビジネスではなく、外部委託のような取引しかできませんよ。この国は創造力について問題を抱えています[15]」

中国については、ミシガン州立大学にある、教育の卓越性に関する米中研究センターのヨング・ザオ所長が教育週刊誌『エデュケイション・ウィーク』に次のコメントを書いている。

中国は、国内総生産（GDP）の国際比較調査の結果や、才能を競い合うコンテストでのパフォーマンスといった点において見事な発展が認められるにもかかわらず、国は自らの教育体制について満足することなく、過去二〇年余りにわたって一連の改革を打ち出してきている。一九九九年六月一三日に、中国の最高意思決定機関である中国共産党中央委員会と国務院は、共同で「教育改革の推進と総合的EQ教育の導入」の決定を発表した。

この画期的な公文書には、中国の指導者層がテスト重視の伝統的な教育の否定的な結果について深く憂慮していることが反映されている。政策で掲げている目標はわかりやすい。要するに、テストにパスする能力や知識の暗記方法を教え込むよりも、生徒に創造力と実践力の種を播くことに重点を置くべきだというものである[16]。

同様に、シンガポールにおける教育改革運動のモットーは、「考える学校、学ぶ国家」である。シンガポールの教育省のホームページには次のように書かれている。

「考える学校」は、すべての点において学ぶための組織体である。常に仮説に挑戦し、参加、創造力、イノベーションを通じて改善策を探求する。「考える学校」は思考力のある生徒と大人の育成センターであり、この学ぶ精神は生徒が学校を離れても忘れられることはないだろう。また、「学ぶ国家」は、国民の生涯学習の普及を推進する国の文化と社会環境を構想している。職業人として、また個人として、継続して学び続けるシンガポール国民としての能力が、改革をどれだけ受け入れるかを決定するだろう。(17)

さらにシンガポールのターマン・シャンムガラトナム文部大臣は、あるスピーチで次のように説明している。「現在進行している改革を左右する重要事項の一つは、継続して学習し、実験し、革新し、リスクを負うといった能力を育成するために、若者をどのように教育するかということです。創造し、革新する能力は、未来のシンガポールにとって最も重要な資産になります(18)」

インド、中国、シンガポールにおける教育改革は、我々とは正反対の方向に向かっているようである。我々は、「グローバルな」学力ギャップが日々拡大していくリスクに注意を払わないまま、白人ミドルクラスの生徒たちと経済的に恵まれていないマイノリティの生徒たちとの学力格差を縮めるため、より多くの多肢選択式テストを求め、学校の評価や生徒の学力をそのテストの点数だけで判断しているのである。

第3章 テスト、テスト、テスト？

ハイスクールの話に戻ろう。ＨＢの鉛筆を用意して、近年に10年生が受けた州テストの中からいくつかのサンプル問題を解いてみよう。ジョージ・Ｗ・ブッシュが州知事を務めた一九九〇年代に、学力を評価するための「テキサス州標準テスト」が実施された。次の問題は、二〇〇六年の同テスト問題から選んだものである。多くの情報によると、テキサス州の学力を向上させるための知事の経験が、二〇〇二年に成立した落ちこぼれ防止法を誕生させたと言われている。では、問題を解いてみよう。

テキサス州10学年の「英語」テストサンプル問題 (1)

(商標 TM 2000として登録。不許複製・禁無断転載)

リディアはアメリカ史の授業でレポートを書いた。小グループで討論するため、レポートを読み、意見を述べるようにと指示があった。このレポートを読み、以下の問題に答えなさい。

The American Red Cross

(1) The American Red Cross is an organization that aids people all around the world.

(2) It started as a result of the efforts of a dedicated woman.

(3) That woman was named Clara Barton.

(4) It was during the Civil War that Barton began the work that lead to the establishment of the American Red Cross.

(5) She assisted on the battlefield by nursing injured soldiers and helping transport supplies.

(6) Eventually the Government of the United States selected her to serve as superintendent of nurses for the army.

(訳)

アメリカ赤十字社

(1) アメリカ赤十字社は、世界のすべての人々を助けるための組織である。

(2) それは一人の献身的な女性の努力によって始まった。

(3) その女性とは、クララ・バートンである。

(4) 彼女が活動を始めたのは南北戦争のときであり、やがてアメリカ赤十字社の設立に至った。

(5) 彼女は戦場で、負傷兵の手当や供給品の運搬を手伝った。

(6) その後、アメリカ政府は彼女を陸軍の看護師団の最高責任者として任命した。

1．文章（2）と（3）をまとめるとすれば、最もふさわしいものはどれか（丸をつけなさい）［この問題は文法上の語順を問う問題である］。

A．It started as a result of the efforts of a dedicated woman, that woman was named Clara Barton.

B．It started as a result of the efforts of a woman who was dedicated and named Clara Barton.

C．It started as a result of the efforts of a dedicated woman named Clara Barton.

D．It started as a result of the efforts of a dedicated woman she was named Clara Barton.

2．文章（4）を修正するとすれば、正しいものはどれか。

A．Change was to is （was を is に代える）

B．Insert a comma after Civil War （Civil War の後にコンマをつける）

C．Change lead to led （lead を led に代える）

D．Make no change （何も修正しない）

テキサス州10学年の「数学」テストサンプル問題 (2)

1．$y = ax^2$ の関数のグラフの形が広がっているものから狭くなっているものへと順番に並べられているものはどれか（丸をつけなさい）。

A. $y=\frac{7}{3}x^2$, $y=\frac{2}{3}x^2$, $y=\frac{1}{2}x^2$, $y=2x^2$

B. $y=\frac{1}{2}x^2$, $y=\frac{2}{3}x^2$, $y=2x^2$, $y=\frac{7}{3}x^2$

C. $y=\frac{7}{3}x^2$, $y=2x^2$, $y=\frac{1}{2}x^2$, $y=\frac{2}{3}x^2$

D. $y=2x^2$, $y=\frac{7}{3}x^2$, $y=\frac{1}{2}x^2$, $y=\frac{2}{3}x^2$

2. リー、ケリー、リンダ、マディソンは数学のテストを受けた。リンダはケリーより点数が低いが、最も低い点数ではない。最も高い点数をとった人の名前の頭文字は「リ」ではない。マディソンはケリーより点数が高い。このテストで最も低い点数をとったのはだれか（丸をつけなさい）。

A. ケリー
B. リー
C. リンダ
D. マディソン

テキサス州10学年の「社会」テストサンプル問題(3)

・バージニア州下院の議員
・第二次大陸会議の代表
・アメリカ独立宣言の起草者
・バージニア州知事

1．革命の時代におけるこの指導者はだれか（丸をつけなさい）。

A.　トマス・ジェファーソン
B.　ジョン・アダムズ
C.　ベネディクト・アーノルド
D.　アレクサンダー・ハミルトン

次の説明と社会科の知識を活用し、以下の問題に答えなさい（丸をつけなさい）。

中国はお茶の発祥地である。
↓
マルコ・ポーロはヨーロッパを出発して中国に行き、そして帰国した。
↓
紅茶はイギリスで人気の飲み物になった。

2．前述の説明が最もよく反映しているものはどれか。

A．文化の伝播
B．技術革新
C．社会主義体制
D．封建制度

「英語」と「社会」の問題はやさしい、と思ったことだろう。7年生でも正しい答えがわかりそうで、簡単な問題に驚いたかもしれない。だが、もしあなたが（私たちのほとんどがそうであるように）代数をあまり憶えておらず、使ってもいなければ、この数学の問題は解くことができないだろう。つまり、テキサス州のハイスクールを卒業できないということである。テキサス州の生徒全員がハイスクールを卒業するために11年生までに合格しなければならないテストはこのようなもので、これは実際の模擬テストである。テストを受ける機会は何度かあるが、仮に卒業するための必修科目をすべて履修しても、12年生の終わりまでに合格点をとらなければ卒業はできない。

保守的な権利擁護団体として知られるトーマス・B・フォーダム財団（Thomas B. Fordham Foundation）の研究によると、他の州と比較して、テキサス州の「成績責任」〔9頁でも言及した生徒の成績によって学校の財源や教員給与の配分が左右されるシステム〕のレベルは「中程度」である。同財団の二〇〇六年の調査報告は、全国五〇州の教育制度改革について、「チャーター・スクール法」を評価しているが、テキサス州については、「州基準の質」という指標では「C⁻」という評価が出されており、さらに「読み書き・算数の能力基準についての州の定義の厳格さ」という指標では「D⁺」という評価であった。(4) 同財団の報告においてこの二つの指標が「A」と評価されたのはどのようなテストだろうか。再びHB鉛筆を用意して、「マサチューセッツ州総合評価システム」の標準テストからいくつかの問題をやってみよう。ハイスクールの卒業証書を受け取るには、12年生の終わりまでにこのテストに合格しなければならない。

マサチューセッツ州10学年の「英語」テストサンプル問題

自分を取り巻く世界を十分に説明するには、どれくらい学べばいいのだろうか。「博学の天文学者の話を聞いたとき」という詩を読み、この質問に対する詩人の答えを考えて、以下の問題に答えなさい（解答用紙に丸をつけなさい）。

When I Heard the Learn'd Astronomer

When I heard the learn'd Astronomer 1
When the proofs, the figures,
were ranged in columns before me, 2
When I was shown the charts and diagrams,
to add, divide, and measure them, 3
When I, sitting, heard the astronomer where
he lectured with much applause in the lecture room, 4
How soon unaccountable I became tired and sick, 5
Till rising and gliding out I wander'd off myself, 6
In the mystical moist night air, and from time to time,* 7
Look'd up in perfect silence at the stars. 8

—— *Walt Whitman*[5]

* *Mystical* —— mysterious

（訳）
『博学の天文学者の話を聞いたとき』
博学の天文学者の話を聞いた。
証明や数字の列に囲まれた。
チャートやダイヤグラムを出され、それを足したり、割ったり、測ったりした。

私は、天文学者が拍手喝采の中で講義をしている部屋に座り、疲れてしまい、気分が悪くなった。
気づくと一人でぶらぶらしていた。
この湿った超常的な夜空に囲まれ、
音の一つのない静けさの中でときどき
星空を見上げた。
＊「超常的な（mystical)」は「神秘的な（mysterious)」を意味する

——ウォルト・ホイットマン

1．この詩のテーマを表現しているものは次のどれか。

A．Science cannot fully express the wonder of the world.

B．Nature is one's best source of recreation.

C．Technology causes more problems than it solves.

D．Learning causes one to become ill and fatigued.

(訳)

A．科学はこの世の不思議を十分に表現することができない。

B．自然はレクリエーションの最良の源である。

C．テクノロジーは問題を解決するよりも問題をもたらす。

D．勉強すると気分が悪くなり疲れる。

2．5行目の“tired and sick”の代わりになる表現はどれか。

A．the speaker's sorrow and loss experienced in his life

B．a sense of approaching danger

C．a sense of the speaker's poor health

D．the speaker's boredom and disappointment with the lecture

(訳)

A．語り手のこれまでの人生で経験した悲しみや喪失感

B．危険が迫り来る感覚

C．語り手の病弱な感じ

D．講義に対する語り手の退屈と失望

3．この詩の最後の行にある“perfect silence”という表現の主なねらいは何か。

A．to explain why he has to leave the lecture room

B．to convey a sense of loneliness and sorrow

C．to contrast with the sounds in the lecture room

D．to highlight the pleasure of science and learning

(訳)

A．なぜ彼が講義室を出たかを説明するため

B．寂しさと悲しみを伝えるため

C．講義室の騒音と対比するため

D．科学と学習の喜びを強調するため

4．この詩の最後の3行が意味するものは何か。

A．the importance of personal experience with nature

B．the dangers of losing track of time

C．the importance of learning about astronomy

D．the dangers of wandering off alone

(訳)

A．個人の自然経験の重要性

B．時間の経過を忘れる危険性

C．天文学を学ぶことの重要性

D．迷子になる危険性

5．この詩の1行目の“learn'd”に最も近い語はどれか。

A．aware

B．remembered

C．knowledgeable

D．invented

(訳)

A．知っている

B．記憶に残っている

C．聡明な

D．発明した

以下の問題は自由記述式です。

・問題をよく読むこと
・解答をよく説明すること
・裏付けを加えること
・解答を見直すこと

問題19の解答を「解答用紙」に書きなさい（解答用紙の裏を使っても結構です）。

19．この詩では、行番号５以降に変化がみられた。

A．変化前と変化後について説明しなさい。

B．この変化の原因について説明しなさい。

関連する具体的な情報を詩から読み取り、それを使って答えなさい。

マサチューセッツ州10学年の「数学」テストサンプル問題

問題21の解答を「解答用紙」に書きなさい（解答用紙の裏を使っても結構です）。

21．ある岩がｔ秒で落ちる距離ｄフィートは、次の式で推定することができる。

$d = 16t^2$

この式を使って、以下の問いに答えなさい。

A．岩が10秒で落ちる距離は？　解答を書きなさい。
B．岩が30秒で落ちる距離と10秒で落ちる距離の比は？　解答を書きなさい。
C．岩が144フィート落ちるには何秒かかるか。解答を書きなさい。
D．岩が80フィート落ちるのは何秒かかるか。解答を書きなさい。

マサチューセッツ州10学年の「アメリカ史」テストサンプル問題

以下に、多肢選択式問題が15問と自由記述式問題が１問ある（ここでは最初の３問だけをサンプルとして取り出した）。答えを「解答用紙」に書きなさい（あるいは丸をつけなさい）。

1．アメリカ合衆国憲法に権利章典を加えたのはなぜか。

A．外国人の権利を守るため
B．奴隷の投票権を守るため
C．州から連邦政府を守るため
D．政府の権力の濫用から市民としての個人の権利を守るため

2．証券取引所で株を購入する人たちは何に投資しているか。

A．民間企業
B．労働組合
C．政府
D．政党

3．下記の文は、フレデリック・ダグラスが1852年の独立記念日に行った演説の抜粋である。

正義、自由、繁栄、そして独立は先祖代々から受け継いだ豊かな財産であり、私のものではなく、あなたたちのものである。太陽はあなたたちに活力と癒しをもたらしてきたが、私には鞭打ちと死をもたらしてきた。この7月4日はあなたたちのもので、私のものではない。

フレデリック・ダグラス、独立記念日のスピーチ（1852）

このスピーチで、フレデリック・ダグラスが代表として話すグループはどのようなグループか。

A．追放されたアメリカ先住民
B．海外に追放されたユダヤ人
C．抑圧されたアイルランド系アメリカ人
D．奴隷にされたアフリカ系アメリカ人

このテストはどうだったろうか。少し難しいと思っただろうか。ある程度は私もそう思う。かつてハイスクールの英語の教師だった私のような者でも、前掲のホイットマンの詩に関するテスト問題に対してはいくつかの問題を提起しないわけにはいかない。一つ目の質問、すなわちこの詩のテーマについての質問が曖昧ではないかと疑問を持った。正解はAの「科学はこの世の不思議を十分に表現することができない」だと思うが、Dの「勉強すると気分が悪くなり疲れる」を選択した生徒はどれだけいるだろうか。というのも、明らかに詩の中にそれを答えにできるような証拠があるからである。このDの選択肢は、テストをパスするために、四年間もかけてこのような教材を勉強しなければならない生徒の気持ちそのものだろう。これについてはあとで検討する。

では、「超常的な」（mystical）という単語はどういう意味なのか（テストでは「神秘的な」［mysterious］と注釈がある）。辞書に出ているこの単語の意味を、頻繁に使われている順から並べてみた。

①神聖な意味を持つ——人間の理解を超えた神聖な意味を持つ。
②神秘主義の——神秘主義や神秘論者に関連し、関わり、あるいは結びつく。
③超自然的な意味を持つ——超自然的な、あるいはスピリチュアルな意味または力を持つ。
④神秘的な——不可解な、あるいは理解が難しい。

テストの出題者があまり使われていない定義を使うのはなぜなのか。最も無難だったからであろうか。ホイットマンの作品を読み、勉強したことのある人は、彼がより一般的で宗教的な言葉の意味を意識していたことに気づくだろう。出題者はなぜ「超常的な」(mystical) という単語の一番使われている定義、すなわちホイットマンの姿勢に近い定義を使わなかったのだろうか。また、なぜ生徒にこの定義を使った詩の解釈を求めなかったのだろうか。出題者がそのような問題を出さないのは、政治と金が関係するからである。のちの章で、それらが生徒たちの受けるテストとどのように関わるかについて言及する。

ところで、その他のテスト問題はどうだっただろうか。英語や歴史の問題には正しく答えられたと思うが、数学の問題には苦労したのではないだろうか。十分な時間があれば正解を得られただろうが、このようなテストではできるだけ短い時間で多くの問題を解くことが求められている。もしかして、あなたはハイスクールを卒業する資格がないのではないだろうか。二〇〇七年、マサチューセッツ州の10年生の13%がマサチューセッツ州総合評価システム(MCAS)の標準テストに合格できなかった(生徒たちは11年生や12年生になってからも再テストを受けることができるため、最終的には合格の比率は高くなる)。テストの結果は学区によってさまざまで、たとえば、ロレンス市の場合、ほぼ半数の生徒が数学のテストに合格できなかった。一方、ウェーランド市などの郊外の高級住宅地にある地区の生徒は、全員が合格している。

しかしながら、MCAS標準テストに合格する生徒の数は、実際のハイスクールの卒業率を反映していない。なぜならば、再テストを何度受けても合格しない生徒の多くは、ハイスクールを中退してしまうからである。『エデュケイション・ウィーク』誌のハイスクールについての調査特集(二〇〇七年)によると、マサチューセッツ州のハイスクールの卒業率は73%である。[6] しかし、テストに合格したからといって、大学への準備ができているとはかぎらない。ボストン・グローブ紙の記事によると、同州のハイスクール卒業生の80％が大学へ進学する。だが、州がハイスクールからの大学進学について初めて分析をしたところ、37％の新入生は大学で成功するために必要なスキルと知識を持っていないことがわかった。また、コミュニティ・カレッジに入学した学生のほぼ65％は、一科目以上の補習コースを受講しなければならなかった。[7]「大学への準備が十分である」ためには何が必要かについては、のちほどこの章で検討するとして、ここでの問題は、もしもMCAS標準テストが中退の比率を上げ、かつ合格者の点数が大学（あるいは職場）で必要とされているスキルを修得したことの信頼できる指標にならないとすれば、この標準テストの目的とは何なのだろうかということである。

落ちこぼれ防止法とハイスクールの州テストを考える

落ちこぼれ防止法と、この法律の核心とも言える州による新しいテストについては、国および地方レベルで激しい議論がなされてきた。これまで述べたように、現在、学校や学区は生徒全員が学業で成功することの責任を負わされており、これは公教育にとって新しくかつ重要な考え方である。今日では、この法律が施行された当初の効果よりも、不備を指摘する批判が次第に増えている。たとえば、⑴二〇一四年までに生徒全員の「読み書き・算数の能力」を１００％に向上させるという非現実的な目標がある、⑵テストの結果が悪い場合、生徒、教員、学校に対して非常に厳しい処置がある、⑶「一年間の適切な向上」がみられない学校はすべての援助がなくなる、⑷全教科における「スーパーティーチャー」についての定義が曖昧である、そして、最も大きな影響を及ぼしている、(5)生徒の習熟度と学校の「一年間の適切な向上」の度合いを測るのに各州が開発した多様な基準が使われている、といったことである。[8]

私はこれらの批判に同意できるが、今日、州の標準テストがハイスクールの授業にどのような影響を与えているかをみることも重要である。第2章で述べたように、見学した授業のほとんどはテストのための準備に重点を置いていた。優れたテストであれば、そのために教えることは必ずしも悪いことではないと私も認めよう。そのようなわけで、この章では、落ちこぼれ防止法と、二〇〇二年の法律制定により、すべての生徒に義務づけられた州による重要なテストに関する議論であまり掘り下げられていない次の二つの問題を検討したい。

- 州の標準テストは、働き、学び、そして市民として生活するために最も重要なスキルをどの程度評価できるのか。
- 州の標準テストのための授業は、生徒が中退せずに学習し続けるという動機づけにどのような影響を及ぼしているのか。

数学は本当に「問題解決能力」につながるのか。科学の場合はどうなのか

ビル・ゲイツのようなビジネスリーダーの多くは、今日のハイスクールの卒業生は科学と数学が十分に準備できていないと主張する。アメリカが世界で競争に勝ち残るには、より多くのエンジニアや科学者を育成しなければならないと主張するリーダーもいる。二〇〇九年から、落ちこぼれ防止法による試験科目に、小学校、ミドルスクール、ハイスクールの科学が追加されることになった。加えて、二〇〇七年八月には、アメリカ連邦議会が科学と数学の教員の採用と養成の改善に連邦補助金を支出するという新たな「競争力」法案を成立させた。ところが、ハイテク分野を含めたさまざまな分野のビジネスの雇用主たちは、今日の仕事の必要条件として数学あるいは科学に関する知識にあまり重点を置いていないように思われる。

第1章で、クレー・パーカー社長やその他の人たちは、専門的な技術知識と、問題解決能力および人間関係能力の相対的な重要性について述べている。そこで取り上げた四〇〇名の雇用主を対象とした調査でも、ハイスクール卒業生、短大卒業生、大学卒業生の新入社員に備えていてほしい重要なスキルとして、数学の専門知識はリストの上位一〇位に入っていない。実際のところ、成功するために最も必要不可欠な知識やスキルのリスト順位では、数学は科学や外国語より少し上の一四か一五番目である。この調査では、これら三つの学校の卒業生にとって最も重要な上位一〇位のスキル群を「応用力」と呼んでおり、私が提示した「生き残るための七つのスキル」と似ている。専門的技術と職業倫理、口頭および文書による効果的なコミュニケーション能力、論理的思考力と問題解決能力、チームワークとリーダーシップ、読解力、倫理と社会的責任である。これらすべては調査ランキングで科学や数学の知識よりに上位に入っている。(9)

この結果については次のように解釈できるかもしれない。すべての雇用主は問題解決能力を持つ新入社員を探しているが、「通常の」数学や科学のコースを履修し、テストに合格した学生の中から本当の問題解決能力を備えた学生は見つけることができなかった。しかしながら、我々は生徒の問題解決能力を育むために、昔と同じ内容を、同じ方法で繰り返し教え続けている。

上級数学という科目は、生活や大学に必要なことと、ハイスクールで教えられテストされていることとのミスマッチを示す最もわかりやすい例である。代数の知識は標準テストをパスするために必要である。大学入学の必要条件になっているからである。しかし、なぜそうなるのか。数学を専攻しなければ、大学で上級数学を履修する必要はなく、他の分野の専攻にとって必要なのは、統計学、確率、および基礎の計算技能である。このことは、大学卒業後によりはっきりとする。マサチューセッツ工科大学（ＭＩＴ）の卒業生を対象とした近年の調査では、この技術的に訓練された人々が仕事で最も頻繁に用いる数学について調べている。高いレベルの数学を駆使する大人がいるとしたら、それはきっとＭＩＴの卒業生であろうという仮説に基づく調査であった。ところが、少数の者はそのとおりだったが、圧倒的に多くの卒業生は計算、統計、確率以上の数学は使わないと回答しているのである。

これまでインタビューに応じてくれた人のうち、大学入試の必要条件として、確率と統計学は別として、上級数学が求められる理由を説明できる人はだれもいなかった。上級数学は、より優れた問題解決能力を身につけさせる科目であるとの推測がある。私がハイスクール生だった時代には、ラテン語は知性を養成するから勉強するようにと言われた。だが、それぞれの主張を裏付ける証拠とはどのようなものか。一部の教育者は、ハイスクールで上級数学を履修した生徒は大学でより良い成績を残しているという研究があると指摘する。しかし、その結論は、統計学の重要な原理の一つを無視するものだろう。すなわち、結果が何らかの原因と因果関係があるものなのか、それとも単に相関を示すものなのかの違いを見分けることの重要性である。微積分学の知識があるからといって大学でより成功するという証拠はどこにもなく、相関があるというだけである。もし、ギリシャ語をハイスクールの四年間の必修科目として指定するならば、きっと大学での成功との高い関連性や相関を証明できる、と私は賭けてもいい。

数学や科学は重要ではない（あるいはすべての生徒にギリシャ語を必修にすべき）、と言っているわけではない。数学や科学を教えるか教えないかということではなく、どのようにして、何を教えるかが問題なのである。今日のハイスクールの卒業生の中で、代数の問題をすらすら解けるだけでなく、問題解決の方法としての数学を理解しているという人はどのくらいいるだろうか。同様に、第2章の初めに報告したAP化学の授業からもわかるように、生物、化学、物理を含む科学を三年間履修した生徒のうち、科学的方法について知り、使える生徒はどのくらいいるのだろうか。すべての生徒には数学と科学を学ぶ時間がもっと必要であるという話はよく耳にするが、私はより「魅力的で実際的な意義のある」数学や科学の授業が必要だと思う。問題は、数学や科学を問題解決のための学問として使いこなすためにハイスクールの卒業生は何を知っていなくてはならないか、である。

経済協力開発機構（OECD）が実施した国際学習到達度調査（PISA）の結果によると、「数学的リテラシーと科学的リテラシー」の分野といった必修教科において、他の五五カ国の青少年と比較したアメリカの生徒の結果はあまりにもひどいものであった。私がとくに興味を持ったのは、これらのテストの目的が、生徒が細かな知識を単に記憶しているかどうかではなく、大人の日常生活に必要な「読解力、数学的および科学的リテラシーの広い知識やスキルをどの程度獲得しているかをみようとするもの」であったことである[10]。

ＰＩＳＡのテスト問題作成者は「科学的リテラシー」を次のように定義する。「問題を特定し、新しい知識を獲得し、科学的現象を説明し、科学に関連する問題に対して根拠に基づいた結論を得るために科学的知識を持ち活用すること、および人間の知識と疑問の一つの形としての科学の特性を理解すること、および科学とテクノロジーがどのように我々の物的、知的、文化的環境を形づくっているかを認識すること、および思慮深い市民として、科学の知識をもって科学に関連する問題に積極的に関わること」。五六カ国の生徒を対象にした科学リテラシーのテスト結果では、アメリカの生徒の成績はラトビアの生徒より高く、スロバキアの生徒より低い二五位であった[11]。

数学的リテラシーについては、ＰＩＳＡは次のように定義している。「世界で数学がどのように役立つのかを認識し理解する能力、および根拠ある判断を下す能力、および建設的、意欲的で思慮深い行動のできる市民として、生活に対応する方法で数学と付き合い活用する能力[12]」。五六カ国中、アメリカの生徒の結果は、クロアチアより高いが、ロシアより低く、三五位というかなり悪い出来であった[13]（読解力のテストは試験用紙のミスプリントという理由でアメリカでは中止になった）。

二〇〇七年一二月四日、ＰＩＳＡを実施するＯＥＣＤの教育局長および指標分析課長を務めるアンドレア・シュライヒャー博士が、ワシントン市のアメリカ記者クラブで教育者、政策者、メディアを対象に、これらのテスト結果について説明を行った。このセッションには、「競争力の喪失――アメリカの生徒はグローバル経済への準備ができているか」というタイトルがつけられていた[14]。

質疑応答の時間に、バージニア州フェアファックス郡の教育委員会委員を務めるスチュアート・ギブソン氏は、これまでアメリカの教育を支配してきた紙と鉛筆による多肢選択式テストをやめて、「実際的で信憑性のある評価」を求めるテストをめざす重要性について質問をした。シュライヒャー博士は次のように答えている。

国によって評価の仕方はさまざまです。アメリカは効率的な多肢選択式テストに重点を置いてきた国の代表です。一方、イタリア、スペイン、スウェーデンのような国では自由に答えるインタビュー式のテストがあります。この違いが結果に影響を及ぼすのです。アメリカの生徒は四つの選択肢がはっきり並べられている問題はよくできます。しかし、自由記述式の課題が与えられると非常に難しく感じるようです[15]。

言いかえれば、シュライヒャー博士は、アメリカの生徒は見たことのない新しい問題や内容に直面したときに、それまで学んだことを応用できないことがよくあると言っているのである。それが「自由記述式」の問題が求められる理由である。問題の解答をリストから拾うのではなく、それまでに学んだスキルや知識を使って解答を組み立てなければならないのである。

私たちは自らに問わなければならない。多くの国が使っている、真の思考力や深い理解力が求められるより複雑で費用のかかる自由記述式のテストに対して、この安価で「客観的な」多肢選択式テストという評価システムを大規模に導入してきたことが、この国にどのような代償と結果をもたらしただろうか。シュライヒャー博士の言うように、私たちが使っているタイプのテストは、数学や科学の国際的な評価テストの芳しくない結果にどこまで影響を及ぼしているのだろうか。この章の後半では、より良いと思われるテストについて言及する。さらに第6章で、きわめて異なった授業と評価方法を用いることにより、生徒たちが数学者、科学者、エンジニアをめざすという素晴らしい成果を上げているハイスクールを紹介する。

決まったとおりに書く

本章でみた二つのテスト問題では、少なくとも、雇用主が仕事に必要不可欠と考えている文書によるコミュニケーション能力はテストされていた。テキサス州とマサチューセッツ州の10年生の標準テストには、作文の問題が出題されている。しかし、このようなテストはまれである。この種のテストは一人ずつの答案の採点に時間と費用がかかるため、多くの州ではこのような出題を省いているからである。生徒たちの文書による効果的なコミュニケーション能力の程度をみるため、二〇〇六年に行われたマサチューセッツ州総合評価システム（ＭＣＡＳ）のテストから6点中3点と評価された作文のサンプルを見てみよう。最も厳格であると評判のこの州テストでは、平均的な答案である。

2006年マサチューセッツ州10学年の「英語」

【作文】

文学作品には、人に感動を与えたり、人を先導する人物がしばしば登場する。

学校の内外で読んだ作品を取り上げ、登場人物を特定し、その登場人物がどのように人に感動を与え、あるいは人を指導したかを述べなさい。また、その文学作品にとって、登場人物のそうした能力がなぜ重要であるかを説明しなさい。

2006年マサチューセッツ州10学年の「英語」作文
トピックと考察の発展——得点3点

この作文では基本的なトピックと考察の発展がみられる。考察は短いパラグラフにそれぞれまとめられ、さらなる展開のチャンスはあまりない。構成は明確な計画に従っている。「ハリー・ポッターは人を動かす人物である」という中心となる考えを支持するために用いられた記述は、基礎的であり展開に欠けている。

J・K・ローリングスの小説、『ハリー・ポッターと賢者の石』に登場するハリー・ポッターは、感動を与えてくれる人物です。ハリーの勇気、希望、決断力に元気づけられます。

普通の男の子の生活から魔法の生活へ転身する中で、ハリーの勇気が示されます。たとえば、彼はゴールデン・スニッチをつかまえることができるようになり、また、多くのクラスメイトに元気を与え、彼らはクィディッチ・チームとして出場する勇気を持つようになりました。

　ハリー・ポッターは賢者の石への粘り強い挑戦で、希望をみせてくれます。ハリーは悪人のボルティモア卿を打ち負かし、学校には再び平和が戻りました。

　人生の成長の過程で直面する困難を克服することで、覚悟を決めていくハリーの姿に元気づけられます。ハリーの叔父さんは彼を絶えず口汚くののしっていました。ハリーは気にしないように決心しました。ボルティモア卿に勝つのもハリーの決心によるものです。ハリーは賢者の石をあきらめない決心もしました。

　J・K・ローリングスの『ハリー・ポッターと賢者の石』のハリー・ポッターは、勇気、希望、決断力を与えてくれます。だれにとっても元気づけられる小説です。

この解答は悪くないだろう。見解ははっきりしており、句読点やスペルもほとんど問題ない。しかし、敵の名前のヴォルデモート卿をボルティモア卿、著者の名前のJ・K・ローリングをJ・K・ローリングスとしたミスから考えるに、この生徒は実際には本を読んでおらず、映画を見ただけではないかと私は思った。私がこれまでの「学習の旅」で取り上げた視点から言えば、このようなレベルの文章を書いた10年生の生徒がその二年後に大学や職場に入って行くとしたら、果たして十分な準備がなされていると私はどれほどの自信を持って言えるだろうかということである。この生徒が選んだのは6年生レベルの本であり、適切な選択とは言えない（アマゾンのウェブサイトによれば、ハリー・ポッターの本は9歳から12歳の児童を対象にしている）。J・K・ローリングの作品は非常に面白く、読書をしない多くの小学生児童を読書へと導くが、すべての生徒がハイスクールや大学で必要とする難しい読解力をほとんど必要としない。もしもこの生徒がハイスクールレベルの読解力が必要な本に出会ったら、どうなるだろう。

作文の構成はどうだろうか。残念ながら、このような作文は形式に従って書いただけのものである。順番どおりに書くようなものであり、いわゆる前置きの段落、裏付けの根拠を述べる三つの段落、そして結論の段落である。ハイスクールのすべての生徒は、小論文の課題に対応する中で、州のテストだけではなく、二〇〇五年に新たに小論文が導入されたSAT（大学進学適正試験）に合格するために、この五つの段落の形式に厳格に従うように教えられている。

ニューヨークの名門女子大学であるサラ・ローレンス大学は、この小論文が導入された新たなSAT試験を入学者選抜の選考条件から外した（現在では、七五〇以上の短大や大学が、入試選考でSATやA

CT［アメリカ大学進学適正試験、The American College Testing Program］に重点を置かなくなっている）。ニューヨーク・タイムズ紙に掲載されたサラ・ローレンス大学の決定に関する記事によると、「二〇〇五年のハイスクール卒業生からすべての入学選考標準テストが任意になったとの発表を受けて、サラ・ローレンス大学は、SATの小論文テストは我々のような文章力を重視するカリキュラムにとってあまり参考にならない、と発表した。同大学のブリッグス氏（当時の入試部長）は、そのような小論文は、学生が長期にわたって調査を行い、分析をし、討論に基づいて書くと考えられる多くの長い論文の作成に少しも寄与しないという。『学生たちはいままで見たことも聞いたこともないテーマについて、二五分で任意に書くように求められることは一度もありません(16)』と彼女はコメントした」。四年後、ボストン・グローブ紙には、「いくつかの一流大学を含めた数百の大学はSATの小論文の文章能力評価を疑問視しており、入学者選考の際、その点数を無視するか、ほとんど関心を払っていないことがわかった(17)」との記事が掲載されている。

「市民」としての準備は十分か

前述のアメリカ史のテストに出てきた問題（99―100頁）を考えたとき、市民としての準備についてはどうだろうか。アメリカ史を学習する本来の目的が市民としての準備のためではないとしても、授業の内容において、国が直面するいくつかの問題の根本を理解するように生徒に教えられているかどうかを考えるのは当然のことである。もちろん、重要問題に関する結論を自ら下すことができるように、生徒の分析力を育てなければならないことは言うまでもない[18]。近年、アメリカ入国管理局が移民が帰化する際に受けなければならない市民テストを改訂したことには注目すべきである。ニューヨーク・タイムズ紙の記事には次のように書かれていた。「市民に関するとるに足らないことを尋ねることをやめ、アメリカの政府組織や歴史と地理といった基本概念を重視しようとしている、と移民局の職員は言っている」。帰化の申請者は、もはやだれが「自由を与えよ、然らずんば死を」と言ったかとか、だれがアメリカ国歌「星条旗」を書いたか、といったことを記憶する必要はない。しかし、スーザン・B・アンソニー〔1820-1906年。女性参政権とすべての人のための平等な権利獲得のために生涯を捧げたアメリカの公民権運動の指導者〕が何をしたのかは知っていなければならない[19]。

現在行われている帰化のための市民テストや、あるいは私が知っている有能なアメリカ史の教員たちが生徒に教えていることと比べ、前掲の歴史テストのレベルは低い。たとえばその教員たちは、「権利章典（修正第一～一〇条）」を理解して説明し、その中で最も重要と思う修正条項について、その理由を歴史的事件や時事問題といった裏付けをもって小論文を書くことを生徒に課している。

たしかに、生徒が歴史の大事件について基礎知識を持ち、民主的政府の基本原理について理解することは重要である。それと同時に、積極的で知識ある市民として必要な「能力」やスキルを教え、テストすることも重要だと私は考える。9年生に英語を教えていたとき、私は関心のある問題を生徒に調査させ、それらの賛否両論をまとめたあと、地元新聞の編集者に手紙と一緒に送るよう求めた。生徒たちは思慮深く討論して賢明な投票ができるように、すなわち積極的で知識ある市民となるために必要な調査能力、コミュニケーション能力、および問題解決能力を身につけるために取り組んだのである。私は、これらのスキルを評価するために「編集者への手紙」というテストを開発した。

すべてのハイスクールの卒業生が「市民としての準備が十分である」、あるいは「陪審員としての役割を果たす準備が十分である」ためには、何が必要だろう。仮にあなたが身に覚えのない罪に問われ、裁判にかけられているとする。あなたの運命を決める陪審員たちが、州のテストをパスしたハイスクールの卒業生だったとすれば、どのくらい安心できるだろうか。彼らが、議論を分析し、証拠を熟考し、（自分と他の人々の）偏見を認識し、意見と事実を見分け、正義と慈悲の相対する原則のバランスをとることができる、といったことをどれだけ確信できるだろうか。彼らは論理性と情け深い心とをもって話を聞き、明確な意思の疎通ができるだろうか。真実を求めるため、他の人々と協力ができるだろうか。私たちの陪審制度では、陪審員がしばしば事実と意見の区別ができないために妥協することがある。市民として生活するために生徒たちを準備してやることは、彼らの就職や大学への準備と同様に重要だろう。これらのスキルを教えるために授業で模擬裁判を活用している学校について、第6章で報告する。

「生き残るための七つのスキル」は、仕事だけでなく市民生活にとっても重要である。この章で紹介した州のテストの中に、これらのスキルを評価しているという証拠はあっただろうか。サンプルのテスト問題のほとんどは、「事実」に対する生徒の知識の有無を評価しているのである。皆さんの中にも、このような事実や第2章で紹介した授業での学習内容は生徒が大学で成功するために必要だと思う人がいるかもしれない。この問題について考えてみよう。

大学への準備は十分か

数年前、ニューイングランド地方の評価の高い公立ハイスクールの管理職者たちからあるプロジェクトを手伝ってほしいという依頼があった。その学校の生徒の90％以上は大学へ進学していたが、彼らが大学で優位に学べるように英語と歴史の両科目を組み合わせたプログラムに取り組もうとしていたのである。二つの科目を同時に教えることで、ある時代の歴史と文学の両方の理解が深まると考えてのことだった。しかし、なぜこのプログラムが生徒の力を最も向上させると判断したのかと尋ねると、彼らは困惑した表情をした。彼らは、この新しい方法が生徒の助けになると推測しただけであった。

個人的には、このような合科学習の意義はよく理解できるが、変革のための時間と資源はきわめて限られていることから、学校やカリキュラムを改善するには優先順位を慎重に決めなければならない。私は、ハイスクールを卒業して三年から五年の数人の卒業生に対して、私立でも公立でもハイスクールがほとんど質問しないこと、すなわち彼らにとって、大学への準備として助けになったのは何かと尋ねてみることを提案した。この提案に彼らは快諾し、卒業生の中から冬休みで帰郷中の学生を調査対象に選び、数時間のインタビューに応じてくれるよう依頼した。

彼らは、州立大学やエリート大学に通う学生を含めたグループである。私は最初の質問で、「ハイスクールでの学習経験を振り返って、あなたが一番熱心に取り組んだ経験、あるいは役立った経験とは何ですか」と尋ねた（いまだったら、「大学への準備としてハイスクールで最も役立ったのはどのようなことですか」と聞くだろう）。いずれにしても、調査に応じた学生たちはそのテーマに関心を持ち、ハイスクールでの経験について詳しく熱心に話してくれたのである。

彼らがハイスクールで最も興味があったことのリストの上位には、部活、卒業記念アルバム作成などの課外活動が挙げられている。次は友人である。彼らによれば、小規模校であるがゆえに、徒党を組むようなグループはなく皆が仲良くなれたという。リストの上位にスポーツが入っているのは、学校が小さいので、大半の生徒が参加する時間がたくさんあったからだ。

「学業に関してはどうでしたか」と私は尋ねた。

「助けが必要なときは、ほとんどの先生は放課後に対応してくれました」とある卒業生が答えた。

何人かが相づちを打ち、部屋は静かになった。

「授業はどうでしたか」と私は迫った。

するとあるエリート大学の4年生がもどかしげに私に説明を始めた。「よろしいですか。数学以外、すべてのコースを大学でやり直さなければなりませんでした。ハイスクールで学習したことで必要なものはありません」

一緒にいた学生から同意のざわめき声が聞こえた。もう一人の学生が微笑みながら答えてくれた。「いいことですよ。どうせ、テストの一週間後には暗記したものをすべて忘れていましたから」。部屋に笑い声が起こった。

私は唖然とし、次に何を言えばいいのかわからなくなった。最後に、「大学への準備のために、どのように授業時間を有効に使うべきだと思いますか」と尋ねた。

「もっと文章を書く時間を増やしてほしかったです」と直ちに答えが返ってきた。それについて賛成する人はと尋ねると、一二名全員が手を挙げた。ところが、このハイスクールは文章を書く教育プログラムで全国的に有名なのである。

「研究調査の方法を教わりたかったです」ともう一人の学生が答えた。「ハイスクールでの研究調査プロジェクトでは、ほとんど〝カット&ペースト〟しかやっていませんでした。大学に入って、どのように論理的な研究質問を設定し、多くの資料を調べたりするのかまったくわかりませんでした」

「時間の管理もそうです。週末ではなく、学期末までにプロジェクトを終えるには、どのように進めてよいのかわかりませんでした」とテーブルの反対側に座っている学生が続いた。

「他の学生と一緒にグループで勉強する方法です」と最後の答えが返ってきた。「すべての資料を一人だけで理解するのは不可能です。グループで試験勉強ができない人はだめです」

言うまでもなく、管理職者たちに送られた私の報告は、彼らが期待したものではなかった。結果として、彼らのカリキュラムの改善に対する努力は、それまでとはまったく違うものになった。しかし、この調査プロジェクトの詳細な内容よりも、学生たちの言葉が私の心に残った。このグループだけが特別なのだろうかと私は疑問に思った。

この数年、アメリカの労働者の技能レベルを向上させるため、より多くの生徒に大学への進学を勧める傾向がある。この取り組みの一つとして、「大学への準備が十分である」とは何を意味するのかについて、新たな調査が行われた。全国州知事会議が〈達成〉（Achieve）という非営利教育団体を設立し、短大と大学で教える三〇〇人の教員を対象にインタビュー調査を実施したのである。この調査における最も印象的な発見は、これらの教員が、新入生がいかに大学教育を受ける準備が十分ではないかを語っている点である。[20]

・教員の70%は、学生は難しい文章を理解できないと述べている
・教員の66%は、学生には分析能力がないと述べている
・教員の65%は、学生には学習と研究の習慣が欠けていると述べている
・教員の62%は、学生には書く能力が不足していると述べている
・教員の59%は、学生は研究のやり方を知らないと述べている
・教員の55%は、学生は問題解決のために学習したことを応用することができないと述べている

この調査における意外な事実は、大学教員が、新入生の科目に関係する細かな知識ではなく、「能力」が欠けていることを指摘したことである。前述の調査グループの学生も同じことを言っている。デビッド・コンリーの研究はさらにこのテーマに光を当てたもので、彼は大学1年生に与えられる学習課題に着目し、学生が大学で成功するために最も必要とされるスキルと知識について調べ、それを本書で述べてきたようなハイスクールの授業や州テストについて彼が見出したものと比較している。彼の結論は明確である。

十分な準備をもって大学に入学した学生は、学習するという基本的な知性の習慣を持っていることから、さまざまな学問分野を学ぶことが可能となる。残念ながら、ハイスクールでは、卒業するためのテストをパスさせるため、あるいは生徒たちを静かにさせたり忙しくさせるために、授業の課題から離れた内容や事実に焦点を当てているので、このような基本的な知性の習慣の養成はあまり重視されていない。州の標準テストでは、生徒は断片的な情報を識別し暗記することが必要である。限られた時間の中で、学習内容を広げ深めるような行動を伴った授業は厳しく制限されている。これらのテストは、生徒が学習したものの応用を求めることはめったになく、知識のより高度な表現を求めることもない[21]。

コンリー氏が挙げている核となる「知性の習慣」とは、大学で成功するために最も重要なものである。それは「知的受容力、好奇心、分析力、論理的思考力、論証力と証明力、解釈力、的確性と正確性、問題解決力」である。彼は最も重要な包括的学問能力として、書く能力と調査する能力を挙げている。彼によれば、科目の知識はランキングリストの下から三番目である[22]。

大学入学の準備として、学問的内容をさらに学習することに繋がらないにもかかわらず、アドバンスト・プレースメント・コース（APコース、大学レベルの科目）を履修する生徒は急速に増えている。その一つの理由は、このコースがハイスクールの授業の「厳しさ」のレベルを向上させる唯一の方法であると思われているからである。今日、一部の人たちが主張しているように、APコースの履修が生徒の大学への準備を助けているならば、つまり、ハイスクール教育の「厳格さ」を示す新たな基準になるならば、ＡＰプログラム全体を注意深く見直す必要があるかもしれない（ＩＢ［国際バカロレア］プログラムも、授業と評価において生徒の思考力をより要求するということで人気が出てきているが、ＡＰほど普及していない）。

アドバンスト・プレースメント（ＡＰ）について

ＡＰコースのシラバスとテストを開発し運営するのは、大学入試センターである。これは全国的な非営利組織で、ＳＡＴを含め、いくつかの州の学力テストの運営も行っている。二〇〇六年の年次報告によると、一〇〇万人以上の生徒がＡＰ関連のテストを延べ二〇〇万回以上受けている。一九九五年に比べると、倍以上の生徒が受けたことになる。ＡＰテストは二二科目のテストを提供し、一科目につき八三ドルを払えばだれでも受けることができる。毎年、圧倒的多数の生徒がＡＰテストを受け、彼らはテストの準備をするために用意されたハイスクールのＡＰコースを履修する。[23]

本来のＡＰコースは、ハイスクールで学力の高い生徒たちが在学中に大学レベルのコースを履修できるプログラムとして、一九五〇年に考案されたものである。多くの大学はＡＰテストで高い点数を獲得した生徒に大学の単位を認定した。しかしながら、この状況はその後急速に変化した。

二〇〇六年のＵＳＡトゥデイ紙の記事によれば、ＡＰコースの履修に対して単位を与えることをしなくなった大学が増えているという。[24] ＡＰテストをパスしたにもかかわらず、大学レベルの勉強をするために必要な学力や深い理解力を持っていない生徒があまりにも多いと大学は懸念している。記事には、「APテストで良い成績を残しても大学の同程度のコースで成功するとはかぎらない」というくつかの研究結果が引用されている。

前章で多くのAPクラスの授業を見学したが、がっかりするような結果であった。APに対する賛否両論をより的確に理解するため、私は経験者ともいえる三名と話し合うことにした。そのうちの二名は、APコースを履修しテストを受けた生徒で、残りの一名は、全国の通信制テストの採点員のメンバーであり、APコースでアメリカ史を教えている教員である。

最初は、10代のジュリア（仮名、彼女は担当のAP教員への批判だと誤解されたくないという理由で本名を伏せた）である。彼女は、ハイスクールでの初めの二年間は、アメリカ北東部にある優秀な公立学校に通っていた。その後、私立学校へ転校した。ジュリアは、10年生のときにAPのアメリカ史を履修している。

「本当に難易度の高い大学レベルのコースだと聞いていました」とジュリアは言う。9年生の歴史の先生と話し合って、「APコースの勉強量に耐えられる自信がなければ、このコースを取らないこと」と言われたそうだ。「しかし、教科書であるデビッドソンの著書『国家の中の国家』の前書きと第1章についての夏休みの宿題は、あまり難しくありませんでした。けれども、各章にはメモしなければならない用語が一〇〇ぐらいあり時間がかかりました。たとえば、重要人物、年代、戦い、場所などテストに出てきそうな用語です。あまり面白い本ではなく、思考力が必要な本ではありませんでした。加えて、作者は物事を分析せずに、戦争で勝った人などの事実を並べただけです。彼は思考や行動のパターンといったものを考えていませんでした」

「今年は、三週間に一度テストを受けるか、レポートを提出しなければなりません」とジュリアは続けた。「各章に出てきた用語を暗記するだけのテストで、本当に退屈でした。レポートは面白いのですが、それについて議論する時間はほとんどありません。教科書をこなすだけのコースで、すべては教科書の範囲に限られていました。先生は素晴らしく、私たちが提出したレポートについて考えさせようとしてくれました。本当は、分析することに挑戦したかったのですが、コースが終わるまで、私たちはすべての用語を頭に詰め込まなくてはなりません。そのため、分析力を使う歴史の学習から、一転して暗記だけの勉強になります。解答になるべく多くの用語を用いることで、テストのボーナス点が加算されることを発見しました」

「このコースはあなたの歴史に関する興味にどんな影響を与えましたか」と私は尋ねた。

「歴史に対しての熱意は、減りも増えもしません。乗り越えなければいけないスピードバンプ（道路にある速度減速のための障害物）のようなものです」。ジュリアは、テストの前の三週間は病気の状態だった。しかしながら、彼女は二番目に高い評価「4」をとることができた。

次に、アレック・レズニックのAPコースの体験について話を聞いてみた。彼はマサチューセッツ工科大学（MIT）の3年生で、数学と歴史の二分野を専攻していた。彼は4年生になるはずだったが、一年休学し、ハーバード大学で人文科学分野のコースを履修した。アレックはハイスクール時代にAPアカデミーという私立学校へ編入した。その学校では、優秀な生徒たちのために、APテストのためのコースが多く提供されていた。彼はハイスクールの2年のときに、APの全一〇科目を履修し、すべてのテストで4か5という成績を収めた。私はこの体験について簡単に話してくれるように頼んだ。

「普通の授業に退屈したときには、ＡＰの授業はかなりの気分転換になりました」とアレックは答えた。「しかし一年が経つと、学習量が少ない授業と同じように、つまらない内容があまりにも多すぎて、僕はまいってしまいました。ＡＰクラスの授業は、カリキュラムの標準化によって、すべての生徒の経験と議論を皆同じようなものにしてしまったのです。このような標準カリキュラムの授業は、生徒を受け身的な知識の貯蔵庫にします。教員は事実と情報をもって一学期間この貯蔵庫を満たそうとします。2年生になって、これは僕が求めている教育ではないことに気づきました」

「ＡＰテストで良い成績をとるには何をすればいいですか」と私は尋ねた。

「ＡＰテストで良い成績をとる生徒には、教員の指示によく従う生徒、それからテスト問題を解くのに直観が働く生徒、の二つのタイプがいます。両方のタイプとも、テストの作成者が望むものを感じとるスキルを持っています。ＡＰプログラムでは、授業で多くのデータを与え、それを解釈することで、論理的思考力が養成できると言われています。しかし、それはまったくのデタラメです。実際の授業は、ほとんどがテストで高得点をとるコツについての勉強です。限られた狭い範囲内で論理的に考えようとすると、論理的思考力を育成するよりも、その範囲内のより多くの情報を得るだけで終わります。あまり学習しなくても、ＡＰテストは制覇できます。そのことに僕はひどくがっかりしました」

「ＡＰコースは大学への準備になりましたか?」と私は尋ねた。

「はい。というのは、とくに科学の分野では、大学の授業もＡＰの授業に似たようなものがあったからです。本当は、大学の授業はそうあってはならないと思います。それで、僕は物理を専攻することをやめました。多くの必修科目では、ただおとなしく授業に出席して、テストのために暗記すればよかったからです。数学はよかったです、必修科目が少なかったからです。現在、僕は大学院の選択科目をいくつか履修しています。これらはまったく違います。実際に研究をして、素晴らしい議論もしています。授業では決まり切った回答を探すのではなく、研究の問題を探究しています。ハイスクールや大学もそうなるべきです」

アレックへのインタビューで私は複雑な気持ちになった。彼はハイスクールとテストの経験にやる気を失い、科学者になる夢をあきらめたのである。現在、アレックは教員になって自分の学校を開設するのが夢である。彼は教育界に大きな貢献ができるだろう。けれども、もし、彼が異なるハイスクールの授業と大学の科学コースの授業を体験していたら、社会も彼ももっと幸せになっていたのではないかと私は思わずにいられなかった。私たちは教育者を一人得たかもしれないが、有望な若い科学者を一人失ったのである。

三人目にインタビューをしたAP専門家であるダイナ・マカードルは、教師歴一〇年のベテラン教員で、シアトルにあるバラード・ハイスクールでAPアメリカ史を五年教えている。二年前に、彼女はAPアメリカ史のテスト採点員に選ばれ、八日間をかけて採点方法と論文部分（テストの半分を占める）の採点の仕方を学んだ。ダイナにとって、自由記述式テストの採点法を勉強するのは専門能力を向上させる上で素晴らしい機会となるはずであった。彼女はこれまで一度も、他の教員と一緒に歴史の論文の採点について話し合ったことがなかった。しかし、APの指導者から訓練を受けた彼女は、次のように話した。「まず、制限期間内にたくさんの解答用紙を読むことが前提とされていました。私は八日間でおよそ一〇〇〇点の解答を採点しました。九〇分間で、二五人から五〇人の解答文を読んだことになります」

ダイナにテストの「厳格さ」をどう思うかと尋ねた。「時代遅れですよね。テストは決まり切った事実をロボットのように記憶しているかどうかを評価します。加えて、論文のトピックはさまざまですが、トピックごとの正しい答えは一つしかありません。生徒にはより多いトピックを与えて、問題を関連づけ、そのパターンを見つけ出し、時間をかけて考えを検討するための調査と分析をさせるチャンスがもっとあったらと思います」

厳しさを再定義する

三人のAP経験者・専門家は、APプログラムに関わることで何らかの価値を見出している。彼らの回答は、私がこれまでに話を聞いた人たちの意見と一致している。教員も生徒も、州テストの準備のためのコースを教えたり学んだりすることよりも、APプログラムのほうが大いにやりがいがあることに気づいている。このプログラムが「厳しさ」の基準になっていることは不思議ではない。しかしながら、研究、推論、分析に費やす時間に比べ、APテストは事実内容の学習に重点を置きすぎていると三人は思っている。APプログラムの多くは大学の学問の厳密さに通じるもので、大学の科目を真似たものであるが、ダイナが語っているように、単に旧式だというだけではなく、あきれるほど時代遅れのものとなっている。

長い間、学校でより複雑な学習内容を身につけることが「厳しいこと」であると定義されてきた。学校に「厳しさ」を求める多くの親は、我が子により多くの宿題が、つまりより多くの数学問題と暗記するべき単語が与えられることを望んでいる。厳しい教員とは、生徒に授業でより多くのことを教え、より早いペースで学習することを求める教員である。この「厳しさ」は、二〇世紀に入って、大学への入学条件として四年間の英語学習、三年間の数学と科学の学習、二年間の外国語学習といった条件、いわゆるカーネギー単位（Carnegie units）が制度化されたときに定義されたものである。（職業コースではなく）学問コースを履修するということは、より多くの学問内容をカバー（すなわち、暗記）することを意味し、ほとんどのハイスクールと大学では、この「厳しさ」の定義が一世紀以上も疑われることなく広く受け入れられてきた。

情報が氾濫する今日に比べ、当時がいかに違った時代であったかを考えてみよう。一〇〇年前と言えば、公立の図書館はわずかしかなく、ほとんどの人は百科事典を利用することもなく、ビル・ゲイツによる発明もなかった。暗記することには一定の意味があった。というのも、人々は調べに行くことができないのだし、一〇年、二〇年後にも暗記した事実が変わることはなかったからである。

しかし今日、私たちは根本的に異なる状況に置かれている。ほとんどのアメリカ人はインターネットに接続することができており、氾濫する情報が波のように押し寄せ、その情報は常に変化して急速に増え続けている。すでに述べたように、情報の性質におけるこの根本的な革命は、「知識労働者」を生み出し、労働や市民生活の面でもさまざまなスキルが必要となっている。労働、学習、そして市民として生活の「新しい世界」で最も重要なスキル、すなわち最も重要とされる「厳しさ」は、適切な質問をする能力である。「古い世界」での「厳しさ」は、正しい答えを得ることであり、それがより多ければより良いというものであった。

簡単に整理してみよう。有名なスピーチの一部分を暗記することが重要なのか、それとも力のある文章を書くことが重要なのか（ところで、書く能力を養うためには有名なスピーチの一部分を知っていなければならないことを証明する研究はない）。常に変化する周期表を暗記するほうが重要か、それとも、必要なときに必要な情報を入手でき、その情報について説明ができるほうが重要なのか。すべてを教え、テストすることはできない。現在の教員はすべてをカバーしようとしているが、それは失望と失敗のもとである。ハワイ州では、教員が5年生の児童に州が求めるカリキュラム基準の内容をすべて教えるとしたならば、どのくらいの時間が必要かという調査を実施した。結果は、時間割の三〇〇〇倍の時間が必要だというものであった[25]。したがって、教える内容の何が重要であるかを決めなければならないのである。私の考えは次のとおりである。

二一世紀にあって最も重要と思われる厳しさとは、労働、市民生活、生涯学習に必要な核となる能力を身につけていることである。学問を学ぶことは、能力を向上させる手段であって、それ自体が目標ではない。今日の世界では、もはやどのくらい知っているかではなく、知っていることで何ができるかが重要である。

もちろん、掛け算の表を覚えていれば、電算機を持ち歩くことなくレストランでチップの計算ができる。重要で暗記する価値のある事実もある。生徒たちにとって、さまざまな学問分野において知っておかなければならない核となる知識があるのと同様に、読み書きができ社会に貢献する市民となるために知っておかなければならないこともある。しかし、さまざまな学問分野がある中で、ハイスクールの卒業生にとって本当の土台となる知識とは何かということを議論し、合意を見出すための努力は、学問の細分化が進む学術界においてはほとんどなされていない。事実、今日の教員がカバーせざるを得ないと思われる圧倒的な量の「カリキュラム基準」が設定されたのは、一九九〇年代の初めに大学の教員が、多くの州のカリキュラム基準について相談に乗ってきたことも原因の一つであると思われる。これらの大学教員は、最も重要な知識は何かについて合意することができず、すべての知識が同じように重要であるということで妥協したのである。

私が州テストとAPテストを批判する目的は、テストに反対することではなく、基本的な問題を提起することである。私は教育の責任というものを信じているが、最も重要な学ぶべきことは何か、ということに人はどのような責任があるのだろうか。第1章では、最も重要とされるスキルは何かという質問に答えようとした。そして、「生き残るための七つのスキル」という真の能力を向上させることがますます重要になると考えた。しかしながら、一定の基準に達することのできない生徒がいたら、だれに責任があるのかを考えなければならない。今日、増え続けていることだが、そのような生徒たちは罰せられるべきなのか。そして、我々が最も重要と決めたことを、どのように評価したらよいのだろうか。

ビジネスリーダー、政治家、教育界の指導者は、より「厳しい」授業を求め、公教育により多くの責任を求めている。しかし、前述の問題に対しては、彼らはそれほど厳密に考えているわけではない。さらに、彼らはこれらのテストが生徒の学習意欲にどのように影響を及ぼすかを考えたこともない。インタビューをした二人の卒業生からAPコースがどのような影響を与えたかについて聞いたが、他のデータはどうだろうか。

生徒のやる気——至高の目標

これまでの会社役員へのインタビューで、若者のスキル不足とともに、職業倫理の欠如への懸念をよく耳にしてきた。ベテランの教員からも、意味のない州テストの準備をするために教えなければならないことのほかに、昔の世代と比べ、現在の生徒は学校での勉強にあまり意欲がみられない、という不満をよく聞く。このような懸念の深刻さと頻度にもかかわらず、また、この懸念がビジネスリーダーと、彼らとはあまり意見が合わない教員の双方から発されているにもかかわらず、教育改革の議論では生徒のやる気の問題の議論がきわめて少ない。生徒にやる気がなければ、テストをパスできず、ハイスクールの卒業証書をもらえないということになる。あめとムチではなく、ムチばかりの発想である。

若い世代のやる気については、第5章で詳しく検討する。ここでは、今日のハイスクールを支配する授業とテストが、生徒が楽しく学習したり、卒業まで学び続けようとする意欲に悪影響を与えている点についてみてみよう。一世代前と比べ、今日の生徒は、課外活動や選択授業のための時間がほとんどない。これまで述べたように、大半の州では、卒業するためのいわゆる学問コースに対する要求が高まっている。学区もテスト準備のための授業数を増やすことを求め、学校では、選択コースに費やす予算があまりない。その結果、カリキュラムにある美術、音楽、その他の選択コースが犠牲になる。先週ハイスクールを見学した際に、私は成績優秀で愛想の良い11年生のシエーラという生徒と話す機会があった。彼女は、いまはどの授業でもしっかりやっているが、前に通っていた学校が嫌いになり、現在のオルターナティブ・スクール［従来とは異なる特色ある教育方法・カリキュラムを持つ公立学校で、通常、生徒は一般の公立学校との間で選択することができる］に転校したことを教えてくれた。前の学校が、彼女の時間割から美術の授業を全部外したからだという。彼女は、その授業があるから楽しく学校に通うことができていたのである。

意欲と中退者の比率は関連している。この数年のハイスクール中退率の問題に関しては多くの議論がなされてきている。そのきっかけとなったのは、マンハッタン研究所（Manhattan Institute）のジェイ・グリーンをはじめとする研究者が、アメリカの公立ハイスクールの本当の卒業率は多くの州が報告している数字より低い、と断定したことだった。アメリカの公立学校の卒業証書を通常の四年間で取得し卒業できる生徒は、全体の3分の2しかいない。この数字は他の先進工業国よりもはるかに低い。(26) ハイスクールを中退する主な理由は、学習を遂行する力、とくに読み書きなどの技能が不足しているからだと思っている人が多い。多くの生徒にとって、それは事実である。だが、ビル&メリンダ・ゲイツ財団の調査によれば、読み・書き・計算という基礎技能の不足はハイスクールを中退する主な理由ではないことがわかったのである。すなわち、「技能」ではなく「意志」が最も重要な要因であった[27]。

五〇〇名の中退者を対象に行った全国調査によると、彼らの約半数は、授業が退屈で、生活や希望する職業との関連が見出せなかったと言っている。大多数は、学校がよく勉強するような動機づけを与えてくれなかったという。ハイスクールの卒業証書を手に入れることなく、二年かそれ未満で中退した生徒が半数以上であった。その88％は、学年のテストをパスすると同時に中退している。五〇〇名のうち4分の3は、もし彼らが望めば、卒業はできたと答えている[28]。

テストと暗記中心の教育によって学習意欲が影響を受けているのは中退者だけだろうか。そうではない。ほぼすべての生徒がそうである。第2章でみたように、ハイスクールのほとんどの授業は、いわゆる上級クラスの授業でも「退屈な授業」であり、私が調査した生徒たちの学校に対する主たる不満となっている。

職業人、市民、そして大学生として生活するための重要なスキルを評価できるテストはほかにないのだろうか。受ける価値のあるテストや、役に立つと生徒が思えるようなテストはないだろうか。そのようなテストは、ある。

より信頼性のある評価システムに向けて

過去五年の間に、教育評価の分野で非常に重要な研究が行われた。この研究は、いわゆる高次の思考力をテストする新しい適切な方法を提示したのである。この改革に取り組んだ最も影響力のある先駆者の一人は、リチャード・ハーシュ博士である。あるリベラルアーツ大学の学長を務めていた数年前に、彼は非常に深刻な問題があることに気づいた。

「大学行事の際、私は学生の保護者や寄付者を出迎えていました。私たちは、だれもがリベラルアーツの価値に賛同していました」とハーシュ博士は言う。「それでもときどき『ハーシュ博士、リベラルアーツ教育の本当の価値は何でしょうか。大学がそれを提供しているかどうかはどのようにしてわかりますか』と尋ねられました。いつも事前に答えを用意していますが、家に帰ってから、もっと良い答えがあればと思ったものです」

ハーシュ博士は、いくつかの大手の財団の支援を得て、ランド研究所（Rand Corporation）で働くスティーブン・クラインとロジャー・ベンジャミンの協力の下に、大学の「付加価値」を評価する可能性の研究を始めた。すなわち、大学1年から4年の間に実際どのくらい学習したかを調べるのである。最初に、大学卒業までに4年生が修得しなければならない科目内容について合意を得ようと、大学の教授たちと会った。「彼らは、学部内でも重要な科目内容についての合意ができません。まして大学全体や他大学との合意は論外です」とハーシュ博士は指摘する。「しかし彼らは、大学はすべての学生に論理的思考力、分析力、文書による効果的なコミュニケーション能力、問題解決能力という核となる能力を教えなければならないという点では全員合意しています。この合意があったので、私たちは、1年生と4年生を対象に学生の学んだ教科内容に関係のないこの四項目についての評価システムをデザインすることができました」

「人生は多肢選択式のテストではありません」とハーシュ博士は言う。現在の学生は、「大学学習評価」(Collegiate Learning Assessment, CLA) として知られているテストを受けることができる。それは、九〇分の「パフォーマンスに基づく評価」のテストで、現実の世界で起きている問題を解決できるような論理的思考力、問題解決能力、そして書く能力を提示しなければならない。サンプルテストを受けてみると(テストには少なくとも一二以上のバージョンがある)、ある犯罪率の高い町の町長に立候補している者に、最も効率的に犯罪を減らす策をいくつか提案するよう求められた。最初に、私はオンライン上に投稿された八点の資料を評価しなければならなかった。その資料は実際のケースに基づいたもので、犯罪のパターンに関する新聞記事や、警察官を増員する意義についての研究、薬物治療プログラムといったことにまでに及んだ。それらを読み、私はオンライン上に二つのメモ、すなわち、警察官の増員と特定の薬物治療プログラムの採用という二案の長所と短所の比較、および町長候補者への政策提言を書かなければならなかった。このテストは私にとって挑戦であり、そこから得たものは「生き残るための七つのスキル」について多くのことを教えてくれる[29]。

数年間にわたる開発の末、二〇〇三年にCLAは導入され、「付加価値」のためのモデル評価システムとして全国で認定されるようになった。二五〇以上の短大と大学がこのシステムを使用し、大学入学から卒業までの四年間に、学生が実際どのくらい学習したかを評価するのに役立てられている。開発者であるハーシュ博士とこのプログラムの協力者たちは、CLAをハイスクールの生徒が大学への準備と労働への準備が十分であるかどうかを評価するシステムとして応用できるかどうかを検討している。この新しいプログラムは「大学と労働への準備度評価」(College and Work Readiness

Assessment, CWRA）と呼ばれ、ホチキス、ホランド・ホール、セント・アンドリュース、ローレンスビルなど多くの有名な私立ハイスクールでは、全員にこのテストを受けさせている。教員たちは、大学で最も必要とされるスキルのテストとして最良のテストだという。加えて、CLAでは一人の生徒にかかる費用はおよそ四〇ドルで、APテストの半分以下である。したがって、大学への準備が十分であるかどうかを判断する方法として、公立ハイスクールが生徒に受けさせない理由はない。

私立学校でこのテストを実験的に受けた生徒をインタビューした。彼らの回答の一部を紹介しよう。[30]

「すごいテストだと思いました。テスト問題は魅力的で、やりがいがありました」

「ハイスクールでこれまで受けたテストの中で一番良いテストです。学習したことを本当に活用できる気がします」

「テストは独創的で刺激的です。テストというものに対する考え方が新しくて、面白いです」

「ごく一般的なことしか求めないSATのテストに比べて、このテストは、生徒の分析能力、立証能力、および書く能力を評価するところが違います」

「論理的に考え、与えられた問題を見きわめなければなりませんでした。推測するのではなく、その代わりに与えられた報告書を調べました」

「このテストでは、方法や用語を暗記する代わりに、論理的な思考力を活用することが求められました」

生徒全員にCLAのテストを受けさせたこのような小規模の私立学校のほかに、CLAを学校監査の目的で利用しているところもある。その場合、テストはすべての学生ではなく、大学の1年生と4年生の典型的なサンプルを対象に行われる。これにより、大学（または取り入れる可能性のあるハイスクールや学区）は、サンプルの学生たちが思考力とコミュニケーション能力をどの程度身につけているかがわかる。「CLAを生徒全員に受けさせて、教員が自らの指導力の成果を評価するためにも使えます」とハーシュ博士は説明した。

CLAと、連邦政府の財政支援によって実施され、サンプルの生徒たちを対象に重要な学問的スキルと選択された科目の内容をテストしている全米学力調査（National Assessment of Educational Progress, NAEP）からは、公立学校教育の成績責任システムを改善するために重要ないくつかのことを学ぶことができる。[31] 第一に、毎年新しいテストを開発し、すべての生徒に受けさせるために必要な多額な予算をすべての州に求める代わりに、実施頻度を減らし、生徒を代表するサンプルの生徒たちにテストを受けさせることで、より質の高い自由記述式の、能力を評価できるテストを開発することができる。第二に、サンプルの生徒のみをテストの対象とすることで、「成績責任の単位」は、生徒や教師という個人ではなく、学校、大学、あるいは学区といった組織となる。CLAの良い点は、教員全員にすべてのクラスを教える責任があることを前提としていることである。終わりなく続く州のテストは、個人の責任を問う上で最も有効でもなければ、最も効果的でもなく、むしろ生徒と教員のやる気を失わせている。次の章では教員の責任の問題を取り上げ、本章のこのあと、および第6章で、教員と生徒の双方が責任を持つといういくつかの学校のより優れた方法について検討する。

近年、開発されたいくつかの新しい標準テストについて述べておこう。たとえば、経済協力開発機構が開発した、学際的で問題解決型のPISAテストについては第2章で述べた。もう一つは、教育テストサービス（Educational Testing Service）が開発した「情報・コミュニケーション・テクノロジー能力評価」（Information, Communication, and Technology Literacy Assessment）、いわゆるアイスキルズ・テスト（iSkills assessment）である。このテストはオンライン上で実施され、テクノロジーについての課題を七五分間で解く。課題を解くにあたっては、オンラインで情報を入手する、特定のデータをデータベースで検索する、ある論点を立証するグラフを作成する、調査し入手した情報を使いパワーポイントでプレゼンテーション資料を作成する、といったことが生徒に求められる(32)。現時点では、このテストを取り入れている州はない。なぜならば、現在使用しているテストより費用がかかることと、より優れた評価の方法を求める公的な需要がないからである。

しかしながら、これらの評価システムは、現行の州のテストやAPテストよりも、生徒たちが「生き残るための七つのスキル」、すなわち、論理的思考力、問題解決能力、情報を入手し分析する能力、口頭および文書による効果的なコミュニケーション能力、機敏性と適応能力、を評価できる可能性がある。では、率先力、好奇心、構想力についてはどうだろうか。

ロバート・スタンバーグによると、知力には、創造力、分析力、実践力の三種類があるが、SATのようなテストは、せいぜい個人の分析能力の一部を評価するにすぎないという。したがって、スタンバーグ氏は、生徒が人生で成功するために最低限必要な創造と実践の知力を評価する方法を開発している。二〇〇六年に彼はイエール大学を辞め、タフツ大学の文理学部の学部長に就任した。現在は、大学の入学者選考にこの三つの知力を評価する方法を導入しようと力を入れている。この新しい入試へのアプローチはこれまでとは異なるタイプの志願者を呼び寄せることができると考えたスタンバーグ氏は、授業の中で学生たちが三つの知力を伸ばすことができるように教員に研修を行っている。

スタンバーグ氏の研究は画期的で、全国から注目を浴びている。だが、やっと「生き残るための七つのスキル」をすべて評価できる標準テストができる、と結論を急いではいけない。チームワーク、率先力、好奇心といったソフトなスキルを評価するためには、その生徒をよく知り、一枚のスナップ写真ではなく映画を観るように、ゆっくり時間をかけて、彼あるいは彼女の行動を観察する必要がある。常に人間の判断が関わるのであり、企業の人々も、採用や昇格を決定する際の判断は、紙と鉛筆による評価よりも人の判断に頼っていると言うだろう。もちろん、一人だけの判断に頼るのではない。多くの企業では、就職希望者が採用面接の過程で五人から一〇人の面接者と会ったり、社員のパフォーマンスを査定するために多くの同僚から評価を募る「三六〇度審査」が行われている。生徒の学業を、このような連携体制で評価したらどうなるだろうか。

ニューヨーク・パフォーマンス基準協会（The New York Performance Standards Consortium）は、複数の学校が協働して、ハイスクールの生徒にとって最も大切なハードとソフト両面のスキルを定義して評価し、互いの責任において良い結果を出そうという試みの素晴らしい一例を提供している。一九九七年に設立されたこの協会は、ハイスクール二八校をネットワークで結び、「パフォーマンス・タスク」と彼らが呼ぶものを協力して開発している。生徒はハイスクールを卒業するまでに、分析力が問われる論文、研究論文、科学実験、応用数学の概念の証明において基準を達成したことを評価する、いわば学力の「メリットバッジ（優秀章）」を入手しなければならないというものである。教員たちは、どのようにタスクを評価するべきか、また、特定の分野において優れていると認められる生徒にとっての基準はどのようなものか、といったことに協力して取り組んできた。最終的に、ハイスクールとは関係のない大学やビジネス界の専門家も、生徒の学業の評価に参加している[33]。

ここで、ネブラスカ州の評価システムの先駆的取り組みについて述べてみよう。ダグ・クリステンセンの果敢で卓越したリーダーシップの下、ネブラスカ州の教育局は、これまでの州の学業評価システムとはまったく異なる独自のシステム、すなわち「学校ベース教員主導評価報告システム」（School-based Teacher-led Assessment Reporting System, STARS）を開発した。ネブラスカ州は、多肢選択式の標準テストを実施していない唯一の州である。代わりにすべての学区には州の基準に基づき、独自の作文テストと学区が開発した評価システムがある。学区の評価システムは、州の承認が必要とされ、評価の方法として口頭によるプレゼンテーション、デモンストレーション、プロジェクトを含んでもよいことになっている。ネブラスカ州の評価システムを研究したクリス・ギャラガーによると、学区の評価システムのほとんどは地元の教員によって開発され、採点されており、ただ規則に従って行うのではなく力量と責任の文化を生み出しているという[34]。

「私たちのシステムは、ボトムアップのモデルになります」とクリステンセン氏は言う。「私たちの基準に基づいた授業から始まり、生徒たちが一〇分後には忘れてしまうような事実、数字、データをどれだけ暗記しているかではなく、どのように適切に概念を応用し、課題を解決しているかを重視するような評価へとつながっていきます[35]」

ここで取り上げた例は、教員と生徒の双方の意欲と興味を引き出すような評価システム、すなわち劇的に改善された成績責任システムのモデルがあることを立証してくれた。あまり知られていないが、実は一九九〇年代の初めに、多くの州が似たような成績責任システムと評価システムの開発をめざす教育改革の動きがあった。しかし、ネブラスカ州以外、すべての努力は失敗に終わったのである。その理由について考えるため、ケンタッキー州を例として取り上げてみよう。ケンタッキー州の教育改革は、当初は正しい方向に向かっていたが、途中でその線路から外れた。ヘレン・マウントジョイの話を聞いてみよう。

政策とテストの財政

一九八〇年、ヘレン・マウントジョイの二人の娘が地元の公立学校に通っていた頃、地元の教育委員会は、教育長を解任しようとしていた。そこでヘレンと他に二名が、改革のために教育委員会の委員に立候補した。彼女は選ばれて、八年間教育委員として務め、そのうち四年間は委員長であった。

「当時、ケンタッキー州の公立学校は、全国でも最悪の部類だったと思います」とヘレンが教えてくれた。「ハイスクール卒業率のランキングでは四八位でした。テストの成績ランキングも同じでした。私たちは子どものための予算を支出していませんでしたし、子どもに期待もしていなかったのです」

一九八五年に、六六の学区は学校の予算配分をめぐり、州を訴えた。州の最高裁判所は原告の勝訴とし、その判決理由を公表した。裁判長は、もし迅速に対応しなければ、個人の不服従罪として拘束するとまで言い渡した。その結果、一九九〇年にケンタッキー教育改革法が施行され、学校運営、予算、カリキュラム、テスト、およびその他の分野で広範囲にわたる改革を求めたのである。

この法律は、「生き残るための七つのスキル」のいくつかのスキルについてテストすることを含め、すべての生徒を対象とした、きわめて挑戦的で厳格な教育目標を示すものであった。また、この法律によってそれまでの州の教育委員会は廃止され、代わって誕生した新しい教育委員会はヘレンを委員の一人として任命した。彼女はその後一五年間にわたって委員を務め、そのうち六年間は委員長の役割を果たした。彼女の素晴らしい話の一部を紹介しよう。

「法律によると、就任後一年以内に、私たちは新しい州のテストを開発しなければいけませんでした。法律は第一にパフォーマンスに基づく評価を求めていましたが、それがどのようなことを意味するのか、だれも理解できませんでした（それは、生徒が何をできるかを示すような、行動、能力の行使、あるいは問題解決といった純然たる学習に対する評価であり、大学学習評価〔CLA〕のようなものです）。私たちは、生徒たちがチームとして協力し、いろいろな問題に取り組み、その成果を表現できる行事を用意することから始めました。けれども、そのようなことを開発して実験的に実施してみるのは非常に大変でしたし、同じことを毎年できないので変えなければならないのも大変でした。評価にからむ主観性を懸念する人たちもいました。結局、私たちは五年でやめざるを得ませんでした」

「私たちは、ある種の反対が保守的な委員からあるとはまったく予期していませんでした。たとえば、自由記述式のテストは生徒たちの価値観を評価することになる、生徒たちは〝正しく〟答えるまで学校に居続けなければならない、と言われました。さらに、『理論的な思考を教えること』は、生徒たちがあなたとあなたの教会を批判することになる、と言われました」

「いまでも州では、テストの費用と評価の客観性について議論が続いています」とヘレンは説明する。「一方には、標準（多肢選択式）テスト以外は困るという人々がいます。なぜならば、このようなテストは信頼できるからと言います。そして他方には、そのテストは『基本』技能をテストするというけれど、何の基本かはわからない、という人々がいるのです。どういう結果になるのか心配です」

ヘレンは、州の評価システムがいまなお「要求に応じて書く」ことや生徒の作文のポートフォリオを要求していることに注目している。「政策決定の場と実際の教室で起きていること、つまり教育委員会が計画することと、教員が実際に行っていることとのずれは非常に大きいのです。学校に行き、教員が文章の書き方を教えている授業を見てみればわかります。ぞっとしますよ。非常に型どおりで、生徒の心にある創造性の輝きを潰すように、信じられないほど型にはまったことを反復するのです。生徒の書いた部分がなくなってしまうまで、教員は文章の訂正を続けます」と彼女は指摘した。

「正しいことをするための計画がありました。その正しいことが行われた場所もあります。けれども、最も優秀と言われる学区でさえ、生徒の学習よりもテストの点数に焦点を当てるのです。この二つのことは必ずしも同じではないことを彼らは理解していません。ケンタッキー州で起きていること、そして落ちこぼれ防止法によって全国で起きていることは悲劇です」。ヘレンは悲しい口調で語り、私たちの会話は終わった。

このあと、ヘレンにはこれらの課題に取り組む新たな指導者の仕事が与えられた。二〇〇八年一月、ヘレン・マウントジョイはケンタッキー州の教育長官に任命された。

全国への広がり

小さな違いはあるが、ケンタッキー州での出来事は、多くの州の教育改革でもよくあることである。一九九〇年代に、たとえばバーモント州、マサチューセッツ州、ミネソタ州、オレゴン州といった多くの州が、新しいグローバル経済の中で徐々に重要になってきたスキルと知力、すなわち論理的に考える、問題を解決する、研究を行う、よく書く、チームで協働するといった能力を評価する厳格なシステムの開発に着手した。しかしながらそれ以後、すべての努力は放棄された。その理由を、ヘレンは次のように述べる。「高いテスト費用と、学習の政治問題化です。この国には、事実だけをテストすればよいのであり、それ以外は価値がないと考える人々がいます。暗記力を求めるテストの開発と採点にかかる費用は10分の1で済み、これも州の議員たちに人気がある理由です」

ニューヨーク大学スタインハート校の文化・教育および人材開発学部にある教育学習研究センター（Center for Research on Teaching and Learning）のロバート・トバイアス所長によると、落ちこぼれ防止法は州による「厳密」で信頼できる評価システムの開発にとどめを刺すようなものであったという。元数学教員で、テストの専門家になったトバイアス氏は、ニューヨークの公立学校に三三年間務め、二〇〇一年に退職するまで、評価・成績責任局の事務局長を一三年も務めている。

「（一九九〇年代初期の短い期間には）より高い学力水準、より優れた授業、その学力水準に対応した評価への関心が高まりました。すなわち、評価システムへの要求が強まっていったと思われます」と彼は話した。「テストは多肢選択式から自由記述式へと変わりました。これは真の改善です。しかし、そこに落ちこぼれ防止法が施行され、州に対する制裁措置とともに標準テストの改善の証拠を示すことを強く求めてきました。各州は、二〇一四年までにすべての子どもが学習し〝熟達〟したことを証明しようとしています。これは、彼らの頭に銃を突きつけたようなものです」

トバイアス氏は続けた。「当時の状況で、一〇〇%の生徒が目標を達成することは、統計学者ならだれでも理屈に合わないとわかります。その結果、州は当然ながら評価の難易度を下げることにしたのです。現在、テスト準備のために教えることで、だれもがこの評価システムを〝すり抜け〟ようとしています。今日、ニューヨークの生徒たちは、年間六回から一五回の標準テストを受けなければなりません。それらを〝診断〟のためのテストと主張する人もいますが、すべて模擬テストです」

最後の問題

現行の「成績責任」は、主に生徒がどれだけ暗記し、与えられた時間にどれだけ思い出せるかをテストするものである。「熟達」の意味に対して五〇州にはそれぞれ異なる基準があるが、二一世紀に働き、学び、そして市民として生活することに対応する基準は一つもない。このシステムは、「厳格な」学力に対する時代遅れの考えと、政治的かつ財政的な考慮の結果つくられたものである。これとはまったく異なる、より良い成績責任システムをつくり出す知識とモデルを私たちが持っていることは明らかだろう。それは、最も重要な能力を国と地方の双方が評価することにより、ゆっくり時間をかけて生徒の成長をみるシステムである。問題は、私たちに新しい「厳格さ」の定義を受け入れる準備ができているかどうか、すなわちハイスクールの卒業生はどのような知識を持ち、どのような能力を備えるべきかを再考できる用意があるか、ということである。どうやらアメリカの一般の人々は、すでに準備を始めているようである。パートナーシップ・フォー・21ｓｔセンチュリー・スキルの研究によると、「有権者の80％は、現在の生徒に必要な勉強は二〇年前とは違うと述べ」ており、「有権者の一〇人に九人（88％）は、二一世紀に必要なスキルはカリキュラムに組み込まれなければならないと確信して」[36]いるのである。

同様に重要な問題として、州のテスト制度や、あるいは生徒たちの未来をも人質と考えている保守派といわれる人たちに立ち向かう準備はできているか、学区で開発したシステムに加え、統一した評価システムを使ってすべての州の生徒の核となる能力の達成度をテストすることに同意できるのか、という二つの問題がある。私たちには方法と手段がある。たしかに新しい評価システムは、現行のものよりもはるかに困難で、努力が必要だろう。それでも、私たちに「政治的な意思」はあるだろうか。

第4章 教職の再考

グレッグはあるハイスクールの校長で、社会科の教員でもある。彼は大都市郊外の優秀な学校の指導者で構成された有能かつベテラン指導者チームの一員として、ハーバード大学で開催される三日間の教育政策集中プログラムに参加している。ホテルを出て、ひんやりとした秋風の中、ツタで覆われたれんが造りのケンブリッジ・キャンパスへ緊張と期待をもって向かっていた。「ついにハーバードにやって来た！」と自分に言い聞かせる。同僚たちとセミナーの教室に入ると、自分たちのチームと同じような多くの人々が丸いテーブルを囲んで座ろうとしている。

セミナーの講師は、トニー・ワグナーである。彼は各チームのメンバーに、それぞれ自己紹介をし、これから三日間にわたって取り上げる「現場の問題」を手短に説明するように求めた。それぞれのチームが取り組むのは、ベテラン教員の「責任」に対する認識不足の問題である。彼らは善良な人々だが、教育長が年間の重要課題として提案している「カリキュラムの調整」の必要性を理解していない。

ワグナーはセミナーを始めるやいなや、「もしも学区に優先事項が一〇件あったとしたら、それは一つもないのと同じです」と前置きした上で、このチームで本当に解決したい問題は何か、いますぐ取り組まなければならない最も重要な問題は何か、どういう戦略をとるか、なぜその戦略を選んだか、その戦略が使えるという証拠はあるか、それぞれの責任はだれがとるのか、すべての戦略がうまくいくためには何が必要か、といった質問を投げかけ、各々に対しより系統的な思考のための「行動の理論」を考えるように要求した。グレッグは頭をフル回転させる。なぜならば、これまで個人として、またチームとして、一度もこのような問題について考えることを求められたことがないからである。

グループ討論の間、あるグループは遠慮しながら、しばらく「カリキュラムの調整」のプロジェクトについて話していた。それは教育長が居合わせたためで、彼女がプロジェクトを誕生させたことをだれもが知っていたからである。学区には優先事項が多すぎるという点については、テーブルに座っている人のだれもがわかっているにもかかわらず、触れる人はいなかった。彼女は頭の切れる人だが、やっていることは他の学区の教育長と同じである。教員は、教育長たちの「本日の改革」、あるいは「いま流行りのクラブ」教育、とよく冗談を言う。彼らはたくさんの提案と優先事項を持ってくるが、その後、会議に出席して講演者の話を聴いては、新たな優先事項を持ち帰る。にもかかわらず、通常、彼らは三年か四年で違う学区に異動する。そして代わりに、すべての「答え」はわかっている、という新しい教育長がやって来るのである。

「学区にとって、なぜ『カリキュラムの調整』が重要で、ほかにどんな優先事項があり、それらはどのように関わっているのかを、よりわかりやすく教員に説明する必要があるかもしれません」と、かす。

グレッグは静かに提案する。すると、テーブルに座るすべての人は、教育長のほうにさっと視線を動かす。

彼女は少し顔をしかめ、断固とした態度で次のように答える。「カリキュラムの重複を減らすためです。そうすれば、州の教育内容基準の一つひとつがどの時期に教えられ、どのように州のテストに対応しているかがわかるでしょう。その結果、確実にテストの点数が向上します」。対話は終わった。この短い説明で、彼女はテスト制度に対する疑問を本当に晴らせると思っているのだろうか。

セミナーの講師であるワグナーは再び話を始める。もし、生徒の学習の向上を唯一かつ重要な目標にするならば、最初に直面する問題は、教員による授業とその指導を向上させることであると彼は断言する。その口調に迷いはない。学区の教育委員会が法律に基づいて教員評価システムをつくっているが、それはまったく時間の無駄である。毎年、教員の観察や長い文書作りに膨大な時間をかけ、一人の教員を解雇するのに数年かかることも珍しくない。輪くぐり芸の練習のようなもので終わりがなく、それをだれもがわかっている。グレッグの学区が例外なのではなく、どこの学区もほぼ同じである。教員評価システムは、教員の向上をサポートするようにはデザインされていないのである。

ワグナー講師は、「授業を改善したいならば、まず『優れた授業』とは何かという合意がなければならない」と言う。彼は、セミナーの参加者に10年生用の英語の授業のビデオを見せ、3分の1ほどでビデオを止めてAからFの基準でその授業を評価するように求める。評価は3×5インチのカードに書き込まれ、教室の前方へと手渡される。講師と彼の同僚が集計をする間、テーブルの教員たちはチームメイトとその授業内容について話している。結果は、驚いたことに授業の質について評価が一致しない。たとえば、「C^-」と評価する人がいる一方で、同じ学校から参加した副校長は「A^-」と評価する。教育長のほうをチラッと見ると、彼女は顔をしかめている。彼女がどういう評価をしたのかを知りたいが、聞く勇気もない。彼女も教えるつもりはない。

するとワグナー講師は、その授業に対するすべての評価が書かれたスライドを映し出した。人々から驚きの声が上がる。「A」から「F」までさまざまな評価があるのだ。「B^+」以上の評価を出した人と「D」以下の評価を出した人は、ほぼ同数である。講師によると、同じビデオをどの教員グループが見ても、ほぼ同じ結果になるという。なぜそうなるか。「これをどう解釈しますか」と彼は尋ねた。

「アフリカ系アメリカ人の子どもを低く評価しすぎた人がいるようです」とある女性がいらついた声で言った（ビデオに出てきた生徒は大半がアフリカ系アメリカ人である）。

「そうかもしれませんね。実は、大半が白人の生徒の授業ビデオを使ったことがあります。似たような結果でした」と講師は言う。

「私たちは同じ授業を見ていましたが、違ったものを期待していました」と部屋の反対側にいるだれかが言った。「それは私たちの経験の違いや、何を大事に思うかにもよります」

すると講師は「その仮定を検証してみましょう」と言って、「B^+」以上の評価を出した理由を三名に尋ねた。「D」以下の評価を出した三名にも同じことを求めた。

その結果は信じられないものだった。この六名は、授業について実質上同じ観点から話したのだ。彼らは皆、授業の厳しさ、生徒にとっての教育内容の妥当性、そして子どもたちとの関係に言及した。ところが、まったく違う結論になったわけである。

「実際、私たちはしばしば同じものを期待しています。しかしながら、実際には違ったものを見ているのです」と講師は語り始めた。

「皆さんの授業の評価がなぜ異なるのかについて、違った見方を説明したいと思います。教育について私たちは、学習理論や教授法などいろいろなことを話します。しかし、『教えること』に関して一緒に調査したり話し合ったりすることはありません。授業を改善したいのであれば、まずこの授業の壁を透明にすることが必要です。学校の中で一緒に『学習の旅』をして、気づいたことを話し合う。授業だけでなく、教員同士による打ち合わせなどもビデオに撮る。優れた授業の基本要素について、またすべての教員が向上できるよう支援する方策について、話し合うのです」

「優れた授業とは何かについて話し合い、考えを一致させるには、『厳しさ』を明確に定義する必要があります。教員たちで『厳しさ』の定義を決める討論をしてもかまいませんが、社会、すなわち企業と大学では、学生が知らなければならないこととできなければならないことという意味で『厳しさ』について明確な定義があります。学生には、身につけるべき一連のスキルが求められており、それらは議論の余地がないものです」。彼は、大学教授と雇用主がハイスクールの卒業生に身につけてほしいと期待するスキルについてのいくつかのデータをスライドで見せた。データは説得力があり、教員たちが考えているものとは違っていた。大学教授と雇用主は、原則的に同じスキル、いわゆる論理的思考力のようなスキルを求めていた。グレッグは自問した。論理的に考えることのできるハイスクールの卒業生が求められている？　論理的思考力を教えられる教員はどれだけいるのだろう？

参加している教員たちは、早く休憩時間にならないかと落ち着かない。内心では、講師の言葉に思い当たるふしがたくさんあることがわかっている。よし、学校に戻ったら「学習の旅」をやってみよう。教育長が賛同すれば、の話だが。それから、もっと教室にいる時間を増やさなくてはいけないな。それから……いや、しかしだ。授業や職員会議をビデオに撮られることは気が進まない。そもそも教員とは批判的な人々だし、何よりもこんな提案は嫌がるだろう。話を持ち出すことすらできないにちがいない。

講師が見せてくれたデータから、今日における厳しさとは何か、なぜ教科内容は昔ほど重要ではないのか、ということは理解できる。しかしながら、保護者とAP担当教員はすぐには賛成しないだろう。彼らは、子どもたちがハーバード大学へ入学するため、すべてのテストで「5」をとることを望んでいる。それはテストのためにすべてを暗記することを意味する。ワグナー講師は実際にはAP教員が学校を支配していることに気づいていないのだろうか。なぜ彼はハーバード大学の入試担当者に、生徒の入学許可を異なる基準、すなわちAPコースの履修数とは違う基準にすることを求めないのだろうか。

このあと、講師は戦略についてあらゆる質問をした。その答えを見つけ出す時間があるだろうか。セミナーの教員参加者は、すべての時間をメールの返事、保護者への折り返し電話、教育委員会からの書類の記入と送付、夜や週末のイベントの出席などに費やしている。これが週八〇時間労働の現実である。彼は、教員は授業の改善のための「行動理論」と戦略を持っていなければならないという。生き残るための戦略はどうなるのか。

三日間の終わりに、グレッグはこのセミナーの評価フォームに記入した。ここでの経験は、これまでの教職における知的経験の中で、最も挑戦的な体験であり、今後はより頻繁に授業見学に時間を使いたいと思う。しかし、他の教員の授業見学に何を期待し、担当教員に実際にどのように話したらいいのだろうか。グレッグは、授業見学が教員たちにどのような影響を与えるかを心配し始めた。

帰りの飛行機の中で居眠りをする頃には、グレッグはこう考えていた。彼らの提案をすべて実行しなくてもいいのではないか。なぜならば、自分の生徒は州の標準テストとAPテストの出来が良いのだから。「壊れていなければ、直す必要はない」ということわざがある。それに、この国でだれもそのようなことをやっている人はいない……。

過去八年間、私は変革リーダーシップ・グループ研究所の同僚たちと一緒に、教育のリーダーシップ改革という研究テーマに基づいてこのような三日間の「学習研究室」のセミナーを数多く開催してきた。また、全国で似たようなワークショップを数百回も開催してきている。先述のグレッグは実在の人物ではなく、プログラムに参加した多くの教員の一人として想定している。彼の考えは、私たちのいくつかのアイデアに対する、全員ではないが大多数の教員の反応を映し出している。授業の評価結果のばらつきは紛れもないものであった。私は同じことを私立学校の教員に実施してきたが、同じ結果が出ている。どうやら、公立学校の問題だけではないようである。

なぜ有能なベテラン教員が授業の評価に関して一致できないのだろうか。公立だけでなく私立学校でさえも。彼らの本業は「教えること」ではないのだろうか。医者や弁護士、エンジニア、建築士なら、自分の専門業務において何が「優れた実践」か、少なくとも何らかの合意があるだろう。その上で、彼らはさらにより良い仕事をすべく取り組んでいるようだ。では、教員はどうだろうか。

教育界では、最も優秀で経験のある指導者すら、ビジネスリーダーたちが当たり前として日々取り組んでいるような問題に苦戦している。解決しようとしている問題は何か、このデータから何がわかるか、戦略をどうするか、どうすればうまくいっているとわかるのか、だれの責任なのか、といった問題である。反対に、ビジネスリーダーたちは、グレッグと彼のチームの教育長に対する恭順さ、そして公教育官僚制度を特徴づけると思われる時代遅れで規則重視の「指揮統制」による考え方を容易には理解できないだろう。グレッグが同じ学校に在籍する同僚教員を評価することに困惑していることについても、不思議に思うはずである。

教員がどのように自分の専門職性を高め、また、職場でどのように同僚とともに学び、関わるかをよりよく理解することは、公教育を改革するための必須条件である。続いては、私の経験に基づいて、日々の教室で行われている教育活動をめぐる課題の複雑さを解明する。

教員になる準備

教職プログラムの修士課程で初めての授業を受けようと教室に入ったとき、私はここで何をしているのだろうと疑問を抱いた。自分がハーバード大学に入学できたのは幸運で、他の学生は私よりもはるかに優秀だ、と感じたのである。しかし、そんな気持ちには負けなかった。なぜなら、私は教員になりたかったからである。アメリカでは、ハーバード大学は教育分野で最も優れた大学の一つとされており、できるだけ勉強をすれば何とかなると期待をかけることにした。

数カ月後、私の不安は、大いなる期待を感じさせる選択科目を履修することで消えた。幸いに、履修する半分以上は選択科目である。私は社会科の教員になりたいと思っていたので、人類学の演習科目をいくつか履修してみた。この科目は挑戦的で興味深いものだった。「アメリカの社会構造とその特徴」という社会学のコースも履修したところ、授業でアレクシ・ド・トクビルの著書『アメリカの民主政治』をはじめとする著名な図書を読むことができた。この授業は多人数の講義だったが、少人数に分かれたときにジェイ・フェザーストンという素晴らしい講師が私たちのグループを担当した。

ジェイは、単位が付与されていない教育関連のセミナーも担当していた。私はそのセミナーが気に入り、ジョン・ホルト、ジョナサン・コゾル、ヘルバート・コールなど当時の教育改革者が書いた本を読みあさり、教育に対する信念について、また学校にどのような改善が必要かについて話し合った。ジェイはその週に読んだ本について質問を投げかけ、椅子に座って学生からの返事を待つ。ときにはさらに挑発的な質問をすることもあった。悲しいことに、これが私にとって唯一の役に立った授業で、しかも単位の与えられない授業であった。「心理学：学習過程」「社会科指導」などの必修科目のクラスは、教えることや学ぶこととはまったく関係がないように思えた。私を含め、学生たちがこれらの授業の内容や方法に心から興味を覚えることはあまりなかった。

当時、ハーバード大学は郊外にある公立学校の生徒に夏期強化学習プログラムを提供していた。私は社会科の教員とともにミドルスクールのクラスに割り当てられた。教員免許取得のためのプログラムにおいては教育実習の単位になる。その教員は退屈で、生徒の興味をかき立てず、多くの授業は失敗に終わった。私は彼の授業を見学するように求められたが、苦痛であった。あとになって、彼は管理職者になるために現場の教員を辞めるつもりだったことを知った。なぜ彼がその道を選んだか、私には理解できる。

夏の終わりになると、ハーバード大学が代わりの教員を手配するのを待たずに、私は自分で教育実習における「指導教員」を探し始めた。少し探していると、ある都市のオルターナティブ・スクールで教えるハイスクールの社会科担当の教員が見つかった。大規模な総合制ハイスクールの敷地内にあるのだが、自律的に運営されており、ここで教えてみたいと思える学校だった。ハーバード大学としては前例がないが、私の緊急な要求ということで、黙認してくれた。同期の学生のほとんどは、もっと郊外にある学校に配置されていた（今日ではこのようなことはない）。

このときも、私は大半の時間をその社会科教員の授業の見学に充てるよう求められた。彼のいくつかの授業は本当に良かった。でも、彼が自分の授業についてどう思っているかを彼と話し合ったことは一度もない。彼がよくできたと思うこととできなかったことについて、またその理由について、私は彼の考えを知りたかった。春になって、彼はやっと私に自分で授業案を考えて、一人で五日間授業を担当するように言ってくれた。私はあまりにも緊張して、何を教えたか憶えていない。彼はよくやったと褒めてくれたが、私の授業をそれほど見てはくれなかった。さらに、批評や建設的な意見もあまり聞かせてくれなかった。授業に関する話し合いと教員志望者として受けた多少なりとものの意見は、多くの未回答の問題として私の中に残された。

その年の六月に修士課程を修了したとき、私は新しい仕事への準備を終えたとはまったく感じられなかった。私は額入りの学位記と州の資格認定書を取得し、教員免許と認定資格の両方を取得していた。今日、落ちこぼれ防止法の基準からすれば、学位と教科担当という点からして「高度の資格要件を満たした者」ということになる。だが、問題は、私が教えるということについてほとんど理解できていなかったことだった。私は、修士課程で良い教員になることについて何も学んでいないと感じていた。それなのに、ハイスクールの生徒の中に送り出されようとしている。私には少し危険であると思われた。

公立学校で教える

私は、家族と一緒に首都ワシントンに引っ越し、郊外の公立ハイスクールに設置された新しいオルターナティブ・スクールで働くことになった。そこで私は最も不平不満を抱えた生徒を教えることになり、彼らに勉強への意欲を起こさせる、あるいは中退させないようにするという問題に取り組んだ。勤務時間の大半は生徒に一対一で教えたり、小グループの授業の担当に費やされたが、ボランティアとして普通クラスの英語も教えることにした。一般のクラスで教えることがどういうことかをよりよく理解できると思ったからである。また、一人で仕事をするのではなく、学科の一員になりたいからでもあった。英語学科の主任は私に三九名の生徒のクラスを割り当てたが、主任が担当するＡＰの英語クラスの生徒は一三名で、その他の英語クラスはおよそ二五名であった。主任は私が失敗すればいいと思っていたのだろうか？

最初の授業の日に、だれかが私のクラスを観察しに来たことはいまもよく憶えている。それは校長だった。彼は私を評価しようと来ていたのである。校長を見ないで生徒たちに集中しようとしたが、難しかった。私は裸を見られているような感じだった。ハーバード時代の五日間の教育実習期間中、指導教員が立ち寄った以外は、大人が教室に来て私の授業を見ることはなかった。校長は教室の後ろに座り、宿題の短編小説について私と生徒が話し合っている姿を見届けると、静かに出て行った。彼のオフィスで私の授業が評価されることになったのは、その一週間後である。緊張しながらも、私は校長との話し合いを楽しみにしていた。

校長は私をオフィスに案内し、大きなマホガニーの机の前に座るようにと微笑んだ。私が座ると、彼は一枚の紙を差し出し、「これを読んでください」と言った。私は少し手を震わせながら紙を受け取った。ついに私の授業をだれかが評価してくれるときが来たのだ。

渡された紙は、五、六のカテゴリーに分類されたおよそ四〇項目のチェックリストで、合計四枚あった。各項目の評価欄は二つしかなく、「よくできた」と「改善の余地がある」である。さっと目を走らせると、すべての項目が「よくできた」にチェックされていた。

「これに同意できたら、下の欄にサインしてください」と校長は言った。すべての面において私の授業が「よくできた」とは思えないが、だれに、どういう質問をすればいいのだろう。この一年間、毎日授業をしてきたが、生徒が学習に集中しているか否かを本能的な直感で受け止める以外に、良い授業だったか悪い授業だったかも、効果的な授業に必要な要素すらもわからずにいた。校長とのこの話し合いでは彼の意見はもらえそうになかった。私はサインをし、コピーを受け取って、部屋を出た。

それまでの緊張は虚しい痛みへと変わった。五分もかからない校長との面談であった。

一年後、同じことが起きた。同じ校長、同じチェックリスト、同じ結果であった。三年目も同じであった。三年連続で「優れた」授業を達成した結果、私は免許が認定されただけでなく、終身教員として保証されたのである。もしも私が望むなら、生涯教員を務めることができるのだ。

この見かけばかりの達成に、私は誇りを持てなかった。それどころか、私は自分が選んだ職業を恥ずかしく思った。始めた頃よりましな教員になれたことはわかっている。少なくとも、学級運営についてはわかるようになった。教えた生徒の多くが文章を書けるようになったことも明らかである。

生徒たちは自分の書いた作文を大きな声で読み上げ、話し合うことや、文学や時事問題について議論するワークショップ形式の授業を楽しんでいるように見えた。でも、授業がうまくいかなかったり、消極的な生徒への接し方で困惑したことも多くある。私は、より良い教員になるために自分に必要なものがわからずにいた。安全網も張らずに新しいことを試みて、孤立を感じていた。私は日記を書き、そして自分が学んだことを教育雑誌に書くようになった。

私は何よりも他の教員たちと指導技術について話し合い、自分の授業についてフィードバックをもらうことを切望していた。招待したにもかかわらず、英語科の主任は一度も私の授業を見学しに来なかった。教員も、他の人の授業は見たことがない。だれも口にしないタブーであるかのように、生徒が周期的に教室を出入りする以外、重厚な木材で造られた教室のドアはいつも閉められていなければならないようであった。毎月の職員会議で授業について語られることは一度もなく、大半の時間は連絡事項の伝達で、それも二〇分を超えることはめったにない。教員ラウンジでは給料が低いといったことを数人のベテラン教員が長々と話しており、そこに入って行く気にはなれなかった。教員の能力向上のため、年に一、二回研修講座が開かれたが、教育に関するテーマの講義を座って聞くだけのものであった。毎回、異なるテーマで、関連性はなく、教員は競って講義室の後ろの席を確保しようとした。それは、講義中に生徒の試験答案を採点するためだった。

私立学校で教える

公立学校で五年間教えたあと、私は首都ワシントンにある優秀な私立学校で働くことになった。私は自分の専門性を磨き、教育指導に関心を持つ同僚が見つかることを期待した。私は教育をめぐる小さなディスカッショングループをつくり、教育に関する記事について話し合う持ち寄りの食事会を数回開いた。もっとも、記事について話し合うよりも食事やワインについて話すことが多くなるまでにあまり時間はかからなかった。同僚の英語教員に授業を見学したいと頼み、彼らの授業を見ることもできた。彼らに授業の感想や意見を尋ねられることはなかったが、さまざまな授業のやり方や驚くほど多様な指導技術を見る機会が与えられ、私はすっかり嬉しくなった。

その学校で働いて三年目に入った頃、授業のビデオを見て話し合いをする教員の集まりを立ち上げる手伝いをした。ハーバード大学の修士課程プログラムに入学してから九年が経っていたが、教えることについて他の教員と話すのは初めてだった。しかし、会合は一時間で終了し、二度と開かれることはなかった。

私の授業では、生徒が学習に対して自発性と責任を持つようになるためにいつも新しいことを試みた。たとえば生徒にペアを組ませ、持ち回りでディスカッションの口火を切る役割を担わせた。担当のペアと事前に会って、ディスカッションの計画を立てる手助けをしたりもした。また、授業準備の時間を使って生徒と作文について話し合ううちに、とくに彼らが課題の中から作文を選んだときに、より効果的に文章指導ができることがわかった。

ようやく授業計画の全貌がわかってきたのは、分析力と創造力が求められる文学と作文の課題をうまく組み合わせた授業を数回やったことによる。こうした授業を一度行うと、生徒は自分で学習し始めるようになった。私が最も優秀な英語教員だという学内の噂は生徒たちから聞いた。私が教える「表現の作文」クラスは選択科目の中で最も人気のある授業の一つになったけれども、教員として適切な指導をしているか、何が改善する必要のある点かは依然としてわからなかった。私の指導は、授業の何がうまくいき、何がうまくいかないかを自分の直感に頼るという完全に試行錯誤によるものであった。学期末には私のコースを履修した生徒全員に授業の評価をしてもらい、それはとても役に立ったが、本当は私の授業についてベテラン教員の意見が聞きたかった。その学校で四年間教えている間、私の授業を見学に来る人はだれもいなかった。

校長と教務主任が優秀だと認めた教員は、原則的に一人で好きにさせてくれることは、私立学校で教える良い点でもあり、悪い点でもある。保護者と生徒の評判があるだけで、正式な教員評価システムは何もない。もしも多くの不満が校長の耳に入ったら、契約は更新されないことになるが、そういうことはめったにない。私がいる四年間に、辞めさせられた教員は一人だけであった。

私は休みなく経験を積んでいたが、退屈であった。あまり自分の勉強になっていないと思ったし、大きなやりがいもなく、孤立して働くことや孤独でいることにうんざりしていた。そんな中で、ハイスクールでの一〇年間の教職経験をもとに、私はニューイングランドにあるK－8［幼稚園から8年生］で構成された学校の校長職に応募することを決めた。驚いたことに、私は採用されたのである。

出世コースの生活

私は新しい仕事に圧倒された。至急私に面会したいという保護者、規律を守らせる必要のある生徒、ニューズレターの執筆、学外の会議への出席許可を求める教員、女子トイレにトイレットペーパーがないと知らせに来る教員、いつも故障するコピー機、男子トイレのゴミ箱がひっくり返っていると叫ぶ清掃員、電話の返答、校舎改築プロジェクトの着手、「保護者との夕べ」の計画、初めての職員会議等々は、私を日々苦しめた関係者、問題、要求といった中で私の記憶にぼんやりと残っているほんの一部にすぎない。

就任当初はこのようなことも楽しんでいた。教員として教えていた前年と比較して、より挑戦的でやりがいがあると感じていた。しかし、私の毎日の時間がすべて日々の管理運営と施設設備の保守に費やされていると気づくのに、あまり時間はかからなかった。もちろん、そのような仕事は校長が責任を負うものであるが、まるで空中にあるすべてのボールを地面に落下させないようにするかのごとく、そのことに全神経を集中しなければならない。私が最も関心を持っていること、すなわち教室で起きていることに対して使う時間もエネルギーも残っていなかったのである。

「進歩主義学校」として有名であることが、私がこの仕事に応募することを決めた一つの理由であった。言いかえれば、活動的な発見学習という哲学の上に立つ学校であったからである。私の夢は、人々とともにより良い指導方法とカリキュラムを試み、そして開発する「実験室」のような学校を展開することだった。すぐれた学級運営のやり方はわかる。では他の教員たちと一緒に理想の学校をつくるとはどういうことだろう、と私は考えた。けれども、学校が問題を抱えていることが心配だった。教室を訪れて保護者と話をすると、やりがいのある課題が子どもたちに求められていないことに不満を抱く一部の保護者がいた。かつてハイスクールの英語教員だった者として、私は上級学年の子どもたちに十分な文章力が備わっていないことに驚いた。子どもが手に負えないという状況もしばしば起こり、廊下で走ったり、叫んだりするのは日常的だった。何かが欲しいときは、いつでも大人に口を挟む権利があると思う子どもも多くいた。いったい私は何をわかっていたのだろう。私はハイスクールの一教員にすぎなかった。

新しい仕事を始めて数カ月が経つと、私は深刻な問題を発見した。すべての教員は、彼らの学校、とりわけ彼らの指導方法は、まずまずだと思っていたのである。いや、まずまずどころか、実に素晴らしいと彼らは考えていた。そのように思う保護者も一部にはいた。良くも悪くも、この小さな学校はとても稀少だったのである。私の直感が正しいかどうか、試して確かめるためにはだれに話をすればいいのか。私に改善のためのアイデアがあるとして、そこから何をすればいいのか。私はまったく準備ができていなかった。

それから数カ月後、私は授業見学をする時間がやっと持てるようになり、わずかながら授業を担当することもできた。教室に戻れるのが嬉しく、低学年の授業では私が考える優れた授業というものを観察することができた。けれども、上級学年では、生徒に求めるものは知力の点でも行動の点でも依然として不十分だった。生徒たちは気ままに振る舞うだけで、まるで挑戦しようとはしていなかった。論理的思考のスキルよりも自尊心が重視されていたのであり、何度も見てきた問題であった。

このような問題を何人かの教員に提起しても、私がこの学校の文化を知らないから、あるいは小学校と中学校がどのように機能するのかをわかっていないから、という共通の反応が返ってきた。所詮、私はこの学校に赴任したばかりであった。あるときの教員会議で学校の規律方針を見直すことを提案したら、一瞬にして部屋が静かになり、皆ににらまれたこともあった。多くの教員と話せば話すほど私への反感は増したが、彼らを責めることはできなかった。実際、私はリーダーとして、とくに改革リーダーとしてどうすべきかまったくわかっていなかった。その一方で、日々の学校経営の仕事に追われ、教員時代よりも孤立していた。二年間の葛藤の結果、私はすっかり仕事に対する自信を失って、その学校を辞めた。

教員、校長としての一二年の経験から、教員や管理職者の養成における問題と、彼らの仕事の実際はよくわかった。しかしながら、自分の職業が抱える問題の解決にどのような貢献ができるのかわからず、私はある非営利組織（ＮＧＯ）で働くことにした。共同出資で創設され、その後急成長した〈責任を果たす教育者〉（Educators for Responsibility）という組織である。のちには、ニューヨークにあるパブリック・アジェンダ財団の依頼を受けて全国規模のプロジェクトを指揮することになった。これらは自分が知っていた世界とは異なって、非常に挑戦的で多くのことが勉強になったが、一方では学校が懐かしくなった。この仕事を六年したのちに、私はさらなる研究をするために大学院に戻った。

ハーバード大学で教育博士号を取得した経験からも多くを語ることができるが、かいつまんで言えば、リーダーシップ改革と指導方法の改善という難題に焦点を当てた授業は、たった一つしかなかった。その当時、教授法と学級運営に関する科目は一つだけで、キャサリン・クルプニック講師が選択科目として担当していた。この授業は、実際の教員が教えているビデオを見て、それについて話し合ったあと、その教員の指導力向上のための会議を想定して発言するというロールプレイ（役割演技）の方法で行われた。大学院で履修した科目の中で、私が最も関心のある教授方法とリーダーシップをテーマにした唯一の実際に応用できる授業であり、しかもきわめて面白かった。これが修士課程の必修科目だったらよかったのにと思ったほどだ。

その後、私はある大学の教員養成プログラムの教員になり、教育実習の指導を担当することになった。私は学生に実習での授業のビデオを持ってくるように求めた。ビデオは彼らの教え方を改善するための有力な道具だと考えたからである。授業とその監督の様子のビデオを見て議論することが、「すべての学校にとって指導法を改善する最も効果的な唯一の方策である」と私は信じている。しかし、これはほとんど導入されていない。その理由についてはあとで探求したい。

もう一つの見方

ランディ・ムーアはハワイで有名なある不動産投資会社の最高経営責任者（ＣＥＯ）を務めた人物で、退職した現在はハワイ州の公立学校システムの施設・設備を担当する副教育長の立場にある。四年前に初めて会ったとき、彼はホノルル郊外のあまり裕福ではない地域にあるミドルスクールで数学を教えて三年目を迎えていた。私たちは意見交換を目的にしばしば会うようになり、最近、ランディがビジネスマンから教育者になった理由や、教員になった最初の頃のこと、ビジネス界と比較して教育の世界をどう思うかなどを尋ねてみた。ランディは次のように答えた。

「私はずっと教育に興味があり、公教育支援をめぐる財団や企業との話し合いに関わってきました。しかしながら、この問題は大きすぎるという結論になったんです。彼らはすでに税金を納めており、さらにお金を出す理由が見つかりません。それどころか、問題がよく理解できない、と彼らは言いました。それでも私は何かをしたいと思いました。いろいろ考えて、最も大きな変化をもたらす鍵は学校長が握っていると思い、自分で校長になろうと決めたのです。ハワイの公立学校の校長になるには、まず教員にならなければなりません。それで、教員免許を取得するために大学に戻りました」

「教員免許を取得するのに二年かかりました。いままでの私にない視点を与えてくれたのは教育史などのいくつかの科目で、楽しく学ぶことができた。けれども、教室で指導するための準備にはなりませんでした。経営学や法律学のように、事例研究のコースが必要だと思うようになったんです」

「教えることは、間違いなく最もやりがいのある仕事です。ビジネスでは、一〇分間でやらなくてはいけないことというのはほとんどないのですが、教育では準備してその場に臨まなければなりません。準備していなければ、一秒も経たないうちに子どもたちにわかりますよね。学級運営は大きな問題です。教えて四年目になってやっと対応できるようになりました」（その年の暮れに、ランディはハワイ州のパトリシア・ハマモト教育長に見出され、教育庁で働くように要請された）

「新人教員にはどのような支援がありましたか」と私は尋ねた。

「教員たちはよく接してくれましたが、自分のことで精一杯です。彼らはとても忙しくしていました。教員への支援がないのは、皆時間がないからだということがあとになってわかりました。無視しているわけではなくて、システムの問題なんです。だれもが校長の指示を仰ぎますから、校長はあまりにも多くの部下を抱えて負担過重になり、効率的な指導、経営、支援ができずにいます。とくに一部の教員は赴任したばかりの新人教員ですし、校長一人で七〇人の教員を適切に指導監督し評価することはできません」

「ビジネスと教育の世界を比較して、その類似点と相違点は何でしょう」

「多くの類似点があります。どちらも、個人と組織の成果のために、どの方向に進むべきかを知って指揮し運営する必要があります。異なる点としては、教育界で働く人の大半は、教育現場でほとんどの時間を過ごすので、自分に経験のないことを想像するのが難しいようです。したがって、物事を異なるやり方で成し遂げるということを想像するのが難しい。一方、ビジネスの世界では、生き残るために常に革新を心がけなければなりません。また、学区というものは非常に階層的に組織されていますね」

「教員組合はどうでしょうか」と私は尋ねた。他のビジネスリーダーとの会話から、彼らが教員組合にかなり批判的であることがわかっていたため、ランディはどう思っているかを知りたかった。

「歴史的にみると、会社に組合が組織される唯一の理由は、経営の失敗です。従業員の苦情を処理する最適の方法は組合をつくることであると信じるようになったのです。もし、あなたの指示で組合が消えたとしても、すべての問題は残されたままでしょう。教育の主要な問題は生徒ではなく、大人の教員です。教員は、学校システムを経験してきました。そして成功しました。そのことしか知らないのです」

教訓――教員と管理職者の養成

ここまで、公立・私立学校の多くの教員と管理職者、および教員養成プログラムで学ぶ学生について述べてきた。彼らの経験は基本的に私の経験と同じである。有能な教員になるために必要な能力の養成に焦点を当てた教職プログラムはほとんどない。現場に精通した指導教員が、教育実習生に有意義な教育経験を与えることもあまりない。管理職資格を得るためのプログラムにしても、大半の時間は教育史、教育心理学、教育哲学、学校法規、研究方法といった科目に充てられており、リーダーが改革をするための方法や教員を効果的に指導する方法を扱う科目はない。

アーサー・レビンの近年の調査は、私が実地調査とインタビューで発見したものを裏付けている。

レビン博士は、一九九四年から二〇〇五年までコロンビア大学教育学部の学部長を務め、現在はウッドロー・ウィルソン全米奨学基金（Woodrow Wilson National Fellowship Foundation）の会長である。彼は教員養成大学や教員養成学部が教員と教育管理職者を専門職としてどのように養成しているか、というテーマで二つの影響力のある研究を行っている。二〇〇六年の研究報告書「学校教員の養成 *Educating School Teachers*」は、教員養成プログラムの卒業生、校長、大学教員を対象とした質問調査と、全国二八校の大学を訪問調査した結果に基づくもので、「多くの学生は有能な教員として必要な能力と知識を身につけずに教員養成プログラムを修了しているように思われる。五人に三人以上（62％）の回答者が、教員養成学部は今日の教室の現実に対応できるような準備をしてくれないと答えている(1)」とレビン博士は述べている。

その主な原因は、今日の学校と教室の課題に対する大学の教員養成学部の教員の理解不足であるとしている。

教員養成に関わる大学教員のほぼ一〇人に九人は、学校で教えた経験を持っている。けれども、教員養成学部の卒業生や在学生は、彼らの経験ははるかに昔のもので、その期間も長くはないと不満に思っている。その結果、授業は時代遅れで、理論的で実践に欠け、内容も浅いという。カリキュラムはバラバラで、科目間のつながりがなく、大学での学習と学校現場での実習が十分に統合されていない(2)。

適切な教員養成と現職教員への支援に欠けることが、公立学校教員の驚くほど高い離職率の主な原因であると考えられている。調査によれば、およそ教員の二人に一人は教え始めて五年以内に辞めることがわかった。教育と米国の未来についての全米委員会（The National Commission on Teaching and American's Future, NCTAF）は、教員の中途退職問題には年間七〇億ドル以上のコストがかかっていると推計している。[3]

学校・学区の教育管理職者の養成に関するレビン博士の研究によれば、教員養成プログラムよりもリーダーシップ養成プログラムのほうが質が低いという。二〇〇五年に公表された「学校指導者の養成 *Educating School Leaders*」によると、「大学での教育管理職者養成プログラムの質は、ほとんどが不適切か、あるいは最低である」。レビン博士の研究では、少なくとも全国にいくつかは模範となるような教員養成プログラムがあるが、効果的なリーダーシップ養成プログラムは一つも見つけることができなかったという。

レビン博士によれば、これらのプログラムで校長や管理職者が適切に養成されてこなかったのは、教員養成プログラムと同じ理由による。つまり、「カリキュラムの不統一、低い入学および卒業基準、弱体な教授陣、不十分な現場指導、不適切な学位」である。彼の最も重要な提言は、今日の教育博士号（Ed.D.）を学校経営の経営学修士（ＭＢＡ）に変えるべきだというものである。[4]

教育管理職者の養成プログラムに対する批判に対応して、ハーバードなどいくつかの大学は、新しいリーダーシップの養成を意欲的に考えている。ハーバード大学大学院教育研究科は、同大学ビジネス・スクール、ケネディ政治学大学院と協力してＥｘＥＬと呼ばれる学校、学区および州の教育指導者のための新しい継続教育プログラムに取り組んでいる。バージニア大学の教授陣も同じような取り組みに努力しており、どちらもウォレス財団（Wallace Foundation）から支援を受けている。また、ビル&メリンダ・ゲイツ財団が研究助成を行った変革リーダーシップ・グループ研究所は、改革をめざすリーダーとしての教員のスキルを向上させる新しい方法を開発した。このプログラムに参加したベテラン教員たちによると、非常にためになるプログラムだという。しかし、財団の予算で行われているプログラムはすべて短期で、毎年少数の教員しか参加できず、未来の教育界の指導者を養成するためのアプローチとして制度全体に影響するかどうかは定かではない。この新しいアプローチは、教員および管理職者が何を、どのように学ぶかを再構築するものである。

核となる能力 vs 教育内容の範囲

教員と校長など管理職者に対する州の資格要件と同様に、彼らの養成プログラムの問題は、未来の教員と管理職者に対して広範囲の学問内容の学習を求めるものの、多くの場合、その内容が実際の仕事に求められるものとあまり関係がないことである、と私は考えている。この章の初めに、私が教員志望者としてハーバード大学で履修した科目について書いた。アーサー・レビン博士は、校長の希望者が履修しなければならない科目について次のように述べている。

典型的な教育管理職者養成コースでの勉強は、校長という仕事にあまり関係がありません。実際、思いつきに近い科目の寄せ集めになっています。大学、あるいは資格プログラムに在籍中の者と、すでに修了した校長を対象に、どのような科目を履修したかについて調査を行ったところ、80%を超える校長が次の九つの分野の科目を履修していました。(1)教育のリーダーシップ（92%）、(2)学校法規（91%）、(3)教育心理学（91%）、(4)カリキュラム開発（90%）、(5)研究方法（89%）、(6)教育史・教育哲学の基礎（88%）、(7)指導と学習（87%）、(8)児童と青年の発達（85%）、(9)学校校長論（84%）です。これらは国内で校長となるための事実上核となるカリキュラムであり、修士課程の必修科目単位の75%から90%を占めています。これらは、大部分の教員養成学部が提供している寄せ集めの科目と大差ないように見えるでしょう。もしも「学校校長論」をリストから取り除いたら、プログラムの目的を推測するのが難しくなります[5]。

教員あるいは教育管理職者の認定は、ハイスクールの卒業認定とほぼ同様であり、質のそろわない科目の寄せ集めを履修して、最も重要な能力を評価していないテストに合格することが求められる。生徒に対して向上を促進し、単なる暗記ではない学習を評価するように、教員や管理職者に対しても同じことをするべきだろう。実践的な教員あるいは教育界の指導者になるための最も重要な「能力」を確定し、その習熟度を評価できる方法を開発する必要がある。たとえて言うと、教員養成および教育管理職者養成プログラムの学生に車のパーツを暗記させるのではなく、実際に車が運転できることを示してもらわなければならないのである。

一九八七年に設立された全米専門教育基準協会（National Board for Professional Teaching Standards,

NBPTS）は、教員の実践能力の評価に基づいた上級教員免許認定プログラムを提供している。特殊な訓練を通して、現職教員がより有能になれることを証明する目的で設立された。ＮＢＰＴＳの教員資格を取得するには、計画立案能力、指導力、自分の授業の有効性分析などを証明するポートフォリオを一年以上かけて作成しなければならない。ポートフォリオは、授業計画のサンプル、少なくとも二回の授業ビデオ、生徒に課した宿題のサンプル、および授業以外での成果とその成果がどのように生徒の学習に影響するかを立証する文書一件を含むことが条件で、加えてそれぞれの分析とその実践から得られた知見を添付する必要がある。ポートフォリオは全国の教員によって審査される。さらに志願者は、自分の専門分野に関する六つの課題をオンラインで完成させなければならない。これは教科についての理解を生徒の学習課題へ応用する力をみるためのものである。[6]

ペンシルベニア州の教育省は、教員資格認定全国委員会（National Board Certified Teachers, NBCT）に認定されたＮＢＣＴ教員（ＮＢＰＴＳによるプログラムを修了した教員）の授業への影響に関する研究を次のようにまとめている。

・年度末テストの点数は、ＮＢＣＴ教員が担当した生徒がそうでない教員が担当した生徒より7〜15％高いことがわかった。とくに貧困層の生徒に効果がある。

・四八の項目（四つの学年、四年間のデータ、三種類の学生成績評価）を比べると、4分の3の項目で、ＮＢＣＴ教員が担当した生徒はそうでない教員の生徒をはるかに上回っている。平均すれば、この違いは学校において一カ月相当の時間を多く過ごすのに等しい。

・NBCTの数学教員は、そうでない教員に比べて、特別支援が必要な9年生と10年生の生徒、とくにアフリカ系アメリカ人とラテン系アメリカ人の生徒のテストに優れた結果を出していることが立証された。

・NBCT教員が教える生徒のほうが、そうでない教員の生徒よりもしばしば優れた学習成果を挙げている。

新しいタイプの教員

もしも州の教育委員会がこうした教員免許を認定したり、あるいは類似の対応がなされるとしたら、教員免許を取得する条件はどうなるだろう(NBPTSによる「合格評価」のように高い基準であるかどうかは定かでないが、NBPTSプログラムのような教員免許を試験的に導入しようとしているいくつかの州がある)。今日、大半の州は現職教員にあまり意味のない研修(継続学習)の単位の取得を求めているが、もしもその代わりに、彼らのポートフォリオの定期的な更新を免許更新の条件としたらどうなるだろうか。教員免許を更新するために、教員は自分が教員として適任であることの証拠を示し、効果的な指導に必要な技能を上達させ続けなければならない。免許を更新できなければ教えることができない、というように。

このような要件は、教員に対してより周到な準備を、校長には教員のより効果的な指導監督を求める。教員養成は、医学部の学生や研修医のためのシステム、すなわち大学三、四年目の学生が受けているような助言指導と臨床実習を重視するシステムを取り入れる必要がある。教員に必要な継続教育と指導監督は、舞台芸術家やスポーツ選手の上達を支援するモデルに近い。教えることは表現活動やスポーツのようにプレッシャーを受けながらのパフォーマンスであり、教員もパフォーマンスを上達させるために専門家の指導と評価を定期的に受ける必要がある。この種のサポートを提供することで、働き始めて五年以内の離職率を大幅に減らすことができるだろう。離職してしまう教員は、実際の授業に対する準備が足らず、教員になってからもサポートをあまり受けられなかったと考えられるからである。

この私の提案は、過去一世紀にわたって継続してきた教員の自治権（のちほど検討する）と終身雇用という教職の二つの支柱を脅かすことになるという問題を抱えている。教員組合は、教員のための有利な年金、評価方法、昇進制度などを要求するのと引き換えに、勤務条件の修正や、終身雇用制度の廃止を交渉する席につくつもりがあるのか私には疑問である。今日の教員が大いにやる気を失っていることは、教員組合のリーダーたちもよく知っている。もはや教員たちは、アメリカで教員という職業が十分に尊敬されているとは思っていないのである。私の提案は、教員養成と継続的な教員研修のレベルを上げ、一方で専門家としての給料を上げ、指導顧問教員という新しい役職を確立することで昇進の機会を増やすというものである。これにより教員の地位は向上し、教職をめざす人も増えるだろう。教職の魅力を人々に訴え、退職しようとしている教員に代わって、終身雇用よりも仕事における協働と知的挑戦の機会を望む若い世代の人たちが教員を志望することになるのではないか。第6章で、このような新時代の教員を代表する若者たちを紹介する。

教職の改革に関する私の提案と、生徒の学習を向上させる重要な方策としての教職の重要性は、他の国々ではすでに検証が行われている。近年、マッキンゼー社は、PISA（国際学習到達度調査）テストにおける上位二五カ国の学校制度について、その優れた結果の理由を探るための調査を行った。結論ははっきりしていた。「テスト結果が上位の国の学校制度から、次の三点が重要であることがうかがえる。(1)教員に適した人材を採用する、(2)彼らを優れた教師になるように養成する、(3)すべての子どもに適した最善の指導ができる体制を確保する」[7]

このことについて、私はアンドレア・シュライヒャーに話を聞いた。前章で紹介したように、彼はPISAテストを実施しているOECDの教育局長および指標分析課長を務めている。彼は自分が集めたデータをマッキンゼー社の研究員に提供し、密接に連携して仕事をしている。教職の改革の重要性について、彼は次のように話してくれた。

「教える内容をだれかが決め、教員にそれを指示することは現在の教育制度ではできません。フィンランドの例を挙げましょう（PISAテストの数学、科学、問題解決能力において最高点を獲得した国である）。教員採用では競争が厳しく、優秀な人たちが教職を志望しますが、それは給料がよいからではなく、やる気を起こさせる教職の魅力と職場環境によります。フィンランドでは、他国のように教員を組立ラインの労働者のように考えるのではなく、教員は教育制度を発展させる担い手であるという考えに立っています。優れた教員なくして、優れた教育制度はありません」

管理職者の能力

これまでのところ、残念ながら校長資格に関しては、全米専門教育基準協会（ＮＢＰＴＳ）にも教員資格プログラムに相当するものはない。しかし、第２章で取り上げた国防省のＤｏＤＥＡ学校長たちとのプロジェクトにおいて、私は同僚のリサ・レイヒとともに校長の業績基準の草案を開発し、ＮＢＣＴ教員（ＮＢＰＴＳによるプログラムを修了した教員）と同じように、校長にもポートフォリオによって能力の習熟度を明らかにするよう要求することを勧めた。校長のポートフォリオに必要なものは、次のようなものである。

・生徒の成績データの分析を含む学校の改善計画書（指導と学習の向上に関する詳しい長期的戦略）
・職員会議の議題のサンプル、およびニューズレターのような、教員や保護者とのコミュニケーションのサンプル
・校長の一週間のスケジュール
・職員会議のビデオの一部とそれに対するコメント
・教員との面接のビデオの一部とコメント
・校長の自己評価書とポートフォリオの内容分析

課題は、教育界の指導者と政策立案者が校長として最も重要とされる能力に関して合意を図り、その能力の評価方法を開発することである。こうしたポートフォリオの作成は、前述のレビン博士の調査で挙げられたような科目をただ履修するのとは違って、教職MBAや校長の州資格の取得の良いスタートになるだろう。

教職の文化

全国の学校には素晴らしく有能な教員がいるし、毎日、子どもに論理的思考力を身につけさせようとしている優れた学校もある。教員が常に協力し合い、改善の努力を継続する学校もある。第6章でいくつかこのような学校や教員を紹介するが、こうした教員や学校は例外的であり、平凡という性格を持つ学校制度に現れた素晴らしき偶然とでも呼べるものだろう。生徒の人生に良い影響を与えたいと願う大多数の教員と校長に過失があるわけではない。問題は、教員がどのように養成され、学校現場で指導を受けるかだけではない。教職文化の性格と教職員の深刻な孤独にも根を下ろしている。

ハーバード大学の同僚でもあるリチャード・エルモア教授は、「教職には練習がない」とよく言う。彼の言葉の意味は、医師、弁護士、会計士、建築士などの業務には明白な基準があり、継続的に見直されるのに対して、教育の実践にははっきりした基準がない、ということである。教員は一日中一人で働く。基準の欠落と学べる同僚の不在によって、教員は自分一人で有能な教員や指導者像を模索しなければならないのである。

教職という職業の文化は、「自然」(nature)と「育成」(nurture)の法則の影響を受けている。「自然」について言えば、二〇世紀初頭以来、職業として教えることに魅力を感じた人というのは、一種の熟練職人で、技術に磨きをかけ、また一人で働くことを好むような人間であった。このような人は、挑戦や変化よりも、保障と継続を重視する。「育成」については、伝統的な教員の養成法、および学校における仕事のあり方により、教職をめぐるすべての傾向はますます強化される。前のように、望むか否かにかかわらず、どのレベルの教員も一人で仕事をする。しばしば同じ日に同じ授業を二、三度教え、しかも、数年にわたり同じ科目をあまり変えることなく教えるという点で、彼らは規則性と反復性が重視される職人のようである。

学校制度は従来の官僚的権威に対して従順であり、統率されている。他の大半の仕事よりも、かつてのブルーカラー労働者による組立ラインの性格に近いだろう。最初に学校に務めたとき、私は毎朝タイムカードを押した。現在も、ちょっとした用事でも校長が学校を離れる際には、教育長の許可をもらわなければならない学区もある。教育の権限と責任は、州から学区へ、学区から学校へ、そして個々の教室へときわめてトップダウンの流れになっており、法令順守の文化をつくり出している。けれども、意外にもその文化は深く浸透していない。多くの教員は、学校や学区の命令に対応しながら、一方で教室では自分の好きなようにやっている。

教員および管理職者が、暗黙にサインをした学校制度との契約とは次のようなものである。「私が教室で、あるいは学校で好きなようにすることが許されるなら、文書を作成し、会議に出席し、いかなる『本日の改革』にも賛成します」。多くの教員と校長は、自分たちは独立した下請け業者であり、教育委員会の管理職者は法令順守のために働く警察であると考えている。歴史的に教室と学校は彼らの領地であり、とくにハイスクールの校長たちは、自分を村長か小企業の最高経営責任者（CEO）だと思っている。規定されたカリキュラムがあるにもかかわらず、多くの教員は自分の好きなように教え続けている。歴史上最も優秀な教育者たちは、命令遵守型の人間ではなかった。たとえばデボラ・マイヤー（マッカーサー研究奨学金の『天才賞』を受賞した高名な教育者）をはじめとする先駆者たちには、生徒の判断力を養うために教えるという信念があった。しかし多くの教員は、自分が教えたいことを教え、生徒は必要なスキルを身につけることができない。自分の仕事は優れた授業を行うことだ、と信じる教員はまだいる。「私はきちんと教えました。生徒が学ばないのは私の責任ではありません」というわけである。

ビジネスリーダーの多くは、教員組合と終身雇用制度のせいで有意義な教員評価ができず、教員を解雇するのは非常に難しいと考えている。しかしながら、終身雇用のない私立学校やチャーター・スクールと比較して、また組合のない学校や学区と比べて、役に立たない教員評価システム、無気力な教員指導監督プログラム、ごく少数の教員の解雇、といったことでは大きな違いは認められない。教員組合と終身雇用制度だけが教員を解雇する障害ではないのである。職業上、教員は人を批判したり評価するのが非常に苦手である。エルモア氏の格言の一つに、「教育は他者を『良く言う場所』である」というのがある。彼はお世辞で言っているのではない。

校長が教員をより適切に評価したくても、授業を評価したり、教員を指導する訓練を受けていないのが実情である。教育長も、教員の指導力の向上のために校長が教室で時間を費やすことを望んではいないのだ。従来、校長の仕事は生徒が食堂で食べ物を投げ合っていないか確認したり、スクールバスを時間どおりに運行したり、保護者の苦情を聞いたりすることである。教室の授業を批判的にチェックすることは、暗黙の協定を破ることになろう。こうして教員と校長それぞれの自治は、この職業における卓越した価値であり続ける。

二〇世紀の間は、この「協定」が定着し、比較的安定していたが、その弱点が露呈してきたことで改革するチャンスが生まれた。すなわち、教員と校長はそれぞれが毎日忙しく働いているので、あらゆる面における差し迫った緊急の改善要求に対応することができない。現行の責任システムは初歩的なもので、教員の重要な技能を評価していないのだが、それでも既存のやり方を打ち砕きつつある。教員はすべての生徒を熟達させる方法を自力で見出すことができず、校長も孤独に仕事をしているので、すべての教員の継続的な向上を可能にするシステムがわからない。たしかに、一人で仕事をしていてはこの問題を解決できないだろう。複雑すぎる難題なのである。一部の専門家はこのことを理解しており、たとえば教育指導者のアンソニー・アルバラドの言葉を借りれば、「孤独は改善の敵」である。今日では、以前にも増して、互いに協力し学び合う機会を求める教員が増えている。

教員のチームが定期的に一緒に授業見学を行い、問題を話し合うことになったらどうなるだろう。彼らはより効果の上がる授業ができるだろうか。そうだとしたら、それはいかにして可能か。私は、幸運にもこのような問題をはじめとする諸問題に取り組むハワイでのプロジェクトを調査する機会が与えられた。

ハワイでの経験

二〇〇三年夏のある晴れた日、私はハワイ州教育委員会のパトリシア・ハマモト教育長から緊急の電話をもらった。州のすべてのハイスクールから参集する教員チームのために一日を割いてくれないかという依頼であった。「私たちのハイスクールは改革が必要です」と彼女は言った。

ハワイに到着すると、州内の学校で何が起きているのかを知るために「学習の旅」を取り入れることの重要性について話し合い、いくつかのハイスクールで実施することを決めた。最初の学校見学を終わって、彼女は見学したものに少し驚いていると言った。11年生の英語のクラスでは、チームワークスキルを学習するために生徒たちは小グループに分けられていた。グループには、Hの文字から始まるハワイの地名をすべて探し出すという課題が出されていた。このあとの短い話し合いで、この課題は、もうすぐハイスクールを卒業する10代の生徒よりも小学校3年生の児童向けではないか、と彼女と私は頷き合った。

一方、ハワイ州私立学校協会とハワイ教育審議会の会長を務めるロバート・ウィットからは、ハワイ私立学校協会の理事と代表による年次大会と、太平洋地域のビジネスリーダーと地域社会のリーダーを対象とした教育幹部会議での講演の依頼があった。これは、今日の世界ではどのような「厳しさ」が必要か、また、大人は学校に対してこれまでとは違う貢献ができるかについて、積極的な関心を抱いている人たちと一緒に検討する機会となった。

それから一年半にわたって、私はさまざまなプロジェクトのために何度もハワイを訪問した。すべての講演で、私は記事にも取り上げた学校改革のための「新しい3Rs」に言及した。すなわち、「厳しさ」(Rigor)、「妥当性」(Relevance)、「人間関係」(Relationship)である。[8] ある講演のあと、私は新しい「3Rs」の実践という課題についてある校長たちのグループと一緒に取り組むことを打診された。そこで私は、コナの南部から来た六名の校長と会い、教室での「厳しさ」とはどのようなものか、そしてすべての生徒に判断力を教えるとはどのようなことかについて、三日間のワークショップを行うことにした。当時着任したばかりであった学区教育長のアート・スーザは、このプロジェクトに強い興味を示し、すぐに「厳しさ」を検討する校長グループの集会に参加した。

最初の日、私たちはある校長の自宅に集まった。私はいくつかの重要な問題をグループで話し合うことから始めた。「厳しさ」をどう定義するか。今日の厳しさは五〇年前の教育と比較して同じであるか。授業における「厳しさ」は教員と生徒に何を求めるのか。ある授業が他の授業よりも「厳しい」と感じたとしたら、それはなぜか。ディスカッションは非常に活発に行われた。彼らは私が持参した授業ビデオを評価するのを楽しみにしていた。

昼食のあとにビデオを見てもらい、円形に座って一人ずつ授業の評価を聞くと、朝の高揚感は一転して失望に変わった。これまでのセミナーと同じように意見はさまざまであった。校長たちは、授業についての意見の相違に驚いていていた。その主な原因について私は、これまで一度も授業について分析し、話し合う機会がなかったからではないか、と言った。校長たちは、これから行う「学習の旅」は、緊張するものの授業ビデオの内容について意見の相違があったことで互いの授業を見ることの大切さに気づいた、と言った。

残りの二日間、私たちは六名の校長の学校を訪ね、授業を見学し話し合った。授業見学に使った時間と同じくらいの時間を話し合いに費やした。話し合いの形式は決まっており、まずは見学した各授業の厳しさをどのように、低い、中間、高い、と評価したのか、その理由は何か、と私が一人一人に尋ねながらテーブルを回る。次に、それぞれの意見と観察から見出したその根拠について議論するという形である。話し合いを重ねるにつれ、観察が鋭くなり、評価も一致するようになった。それだけでなく、一緒に過ごす時間が長ければ長いほど、だれもがリラックスするようになった。持ち寄りの食事会を数回するうちに、参加者はより自然に冗談を言って笑い合うようになった。一人よりも、協力して仕事をするほうがより楽しく取り組めることがわかった。

しかし、彼らにとってこの三日間は、通りすがりの出来事にすぎなかったのだろうか、ということが私の頭をよぎった。何かにつながるだろうか。三日目の終わりに、私たちはワークショップを評価し、次の可能性について話し合うために集まった。部屋は静かになり、やがて一緒に過ごした時間について一人ずつ話し始めた。

あと数年で退職が予定されているミドルスクール校長のナンシー・セーデルベリが「私の教職キャリアにとって最も重要な体験になりました」と最初に言うと、部屋にいるすべての人が頷いた。ある小学校のベテラン校長であるフェイ・オーグルビは、「今回の経験で最も重要だったのは、K－12［幼稚園からハイスクールまで］の展望を持てたということです。全員が私たちの児童生徒です」と発言した。元サッカー監督のティム・リノのスピーチは感動的だった。彼はハワイ州にわずかしかないハワイ語を集中的に教える学校の校長だった。素晴らしい学校であるが、ティムは熱意が燃え尽きていたという。彼は次のように話した。「私は長い間、官僚制度の迷路をさまよっているように感じていました。州教育局からの山のような文書に対応すること以外、私の仕事の本当の目的がわかりませんでした。なぜ毎日学校に行くのかもわからなかったのです。でも、いまやっと理解しました。私には目的ができました。私は教師のための良きコーチになるよう勉強したいと思います」

以前、このグループは事務連絡やその他のことで、短時間の朝食をともにしながら六週間おきに集まることが精一杯だった。言ってみれば、彼らはそれぞれ孤立した城の中で働いていた。しかし、いまや彼らは、自分の城だけではなく、彼らの王国を良くするために協働することを望んでいた。三日間の研修の結果として、月に一度だれかの学校に集まり、午前中に学習の旅を一緒にしながら話し合いの時間を持つことにしたのである。彼らは授業の改善に向けての「実践上の問題」を順番に報告し合い、事例研究として話し合った。そして翌春、彼らは州の教育指導者会議でプロジェクトについて講演をするようにハマモト教育長から求められた。彼らの講演のタイトルは、「城から王国へ」であった。

この取り組みは、「実践の共同体」という概念に基づいている。私は、これが異なる種類のリーダーシップ開発のモデルにもなることに気づき始めていた。そこで、ハワイの有名な地域リーダーであり、ビジネスマンで慈善事業家でもあるロバート・ウィットとミッチ・ドリエルにとある会合で会った際、私や変革リーダーシップ・グループ研究所の同僚がもっと頻繁にハワイを訪問してこの取り組みを続けることができるよう、一緒に財源を探すことにした。この取り組みは未来のハワイの教育指導者の育成モデルになる可能性がある、とロバートとミッチは期待していた。その夏、私たちは教育指導者の育成方法に関心を持つハロルド・K・L・キャッスル財団（Harold K. L. Castle Foundation）から研究助成金を受けることになった。変革リーダーシップ・グループ研究所の同僚も、研究所の優先プロジェクトとしてこれに取り組むことに同意した。

翌年の一年間、私たちは何度かハワイを訪れ、コナ南部の校長グループに会った。何人かの校長は、リーダーシップについて意見を聞くために職員会議をビデオに撮ったり、私の同僚を職員会議に招いたりした。「厳しさ」の意味をめぐる校長たちの話し合いと同様、これは教員に対して説得力のある模範事例となり、しかも教職員が一体となって進められた。そして翌春、私たちは各学校の教員リーダーを集めて会議を開いた。目的は、教員たちが優れた指導方法や改善方法について話し合うためのコミュニティをそれぞれの学校につくることだった。反応は上々で、カリキュラムについて話し合い、互いに授業を見学し合ってビデオ撮影もするというグループが各学校につくられることになった。

現在、アート・スーザ氏はコナ北部にあるK－12学校の校長たちのためにもう一つグループをつくろうとしている。ハワイ州の他の学区も関心を示しており、ロバートとミッチはこの取り組みの拡大の支援を約束してくれた。私たちは、ハワイ原住民の子どもたちの学校ネットワークづくりを支援するカメハメハ財団（Kamehameha Foundation）から助成金を受け、キャッスル財団からも二期目の助成を受けて、さらに三つのK－12学校の校長グループを形成し、このプロジェクトに関わる変革リーダーシップ・グループ研究所のチームに代わるハワイチームを募集して訓練することができた。それから二年半が経ったいま、四つの校長チームはすべてしっかりと組織され、三つのハワイチームもつくられた。ハワイチームと私たちはハーバード大学やハワイ現地で協力し、一緒に「学習の旅」をしたり、指導と学習の向上をめざす効果的で組織的な戦略について話し合いを行っている。

サンドラ・タオサカは「学校再生専門家」という肩書きを持つ女性である。彼女はコナ南部の六人の校長たちの会議に長年出席しており、彼らの仕事に対して素晴らしい見解を持っている。

会議は大きく変わりました。「実践の共同体」を立ち上げる以前には、会議は主に学校の運営に重点を置いていました。すべての出席者は心ここにあらずという感じでした。現在の会議では、現場の指導力を向上させることに重点を置いています。私たちが重視する責任はこれまでと比べてかなり違います。教員とは自分を教室に閉じ込めて、他人と意見交換をしたくない人間だと思われていたかもしれません。学校と校長に対しても同じです。しかし、コナ南部ではもはや違います。校長たちは他校を学校公開日に訪ねて、校長のメッセージに耳を傾けます。彼らはそれぞれ公開日のためにつくったプレゼンテーション資料を共有しますし、他校の校長の参加も認めています。教員は校長たちの関係が変わったことに気づいており、自分たちの学校が変わるのを嬉しく思っています。彼らは、私たちの「実践の共同体」についての議論が言葉だけで終わらないことをわかっているでしょう。実際に機能することを見ているからです。

「実践の共同体」に参加して、校長の学校内の仕事の変化についてどう考えているかを知るため、私は小学校のフェイ・オーグルビ校長に話を聞いた。彼女は次のように言った。

「実践の共同体」が始まってから私の考えは完全に変わり、いまも進歩し続けています。私たちがこの話し合いを始めたことで、教員は、研究に基づいた指導方法を用いて質の高い学習環境を提供しても、子どもたちの知性の活用に必ずしも結びつくわけではないことに気づきました。私は「厳しさ」について教員と話し合い、自らの教育実践を振り返って、子どもたちに正解を求めるのではなく考えることに焦点を当てる指導へと変えていくように促しました。改革の必要と子どもたちの将来について話し合い、そして一五年から二〇年先を考え、現在5歳の児童に将来どのような生活が待っているかを考えるように求めると、教員は、教育の目的と責任について教員はそれまでとは違った理解をするようになったのです。教員は、教科書の内容をただ授けるのではなく、今日とはまるで異なる世界であろうとも、彼らが大人になったときにも役立つような「考える」カリキュラムを提供する必要があります。

他校の校長たちとの協働の結果、私の学校を運営する方法は変わりました。教育とリーダーシップについての考え方が変わり、より計画的で目的を意識しています。私は校長として、教職員の継続的な向上のために自分の能力を高める必要があることがよくわかりました。私は、教員が状況を理解し、事態の緊急性を自覚するようにしなくてはなりません。

校長たちが協力し合うようになって、どんな影響が彼の仕事や校長の仕事にあるか、私は学区教育長のアート・スーザに尋ねた。彼は、「私たちの指導の仕方が変わりました。それぞれの教育者人生において、個人として、および専門家としての向上の努力と責任感がこれほど高まったことはありません」と話してくれた。

新たな問題

私が次にハワイを訪問するときは、会議の相手は州議員や慈善家たちとなるだろう。このプロジェクトを州全土に拡大したいとの要望があるのだ。ここで問題になるのは、このプロジェクトをより大きなグループに適用するにはどう拡大すればよいのか、そして将来の教育指導者を養成するこのプロジェクトから私たちは何を学ぶことができるか、である。

もちろん、プロジェクトには他にも検討すべき事柄があり、最重要問題は「これにより生徒の学習を本当に改善できるか」である。これに対処するために、プロジェクトでは経験豊かな外部の評価専門家を採用した。評価チームには、ビル&メリンダ・ゲイツ財団のある教育プロジェクトを評価した経験を持つ者もおり、何を評価するかもわかっていた（彼らによる最初のレポートは、二〇〇八年夏に変革リーダーシップ・グループ研究所のウェブサイトに掲載された）。

プロジェクトの初期段階で示唆されたように、前向きな評価結果が出たならば、政策立案者は、校長や教員の職能向上のためにより費用のかかる新しい養成および研修制度の予算を組むか否か、という悩ましい問題に直面することになる。この問題は州および連邦議会で検討することになるだろうし、すべきだろう。めざましい結果を望むのであれば、教員の初期および継続的な研修には相当の追加投資をしなければならない。大半の国では、教員たちによる協働の時間がはるかに多い。たとえば日本の教員の場合、教える時間は一日の半分である。残りの時間は、授業の計画と改善のため、同僚といわゆる「授業研究」に時間を費やすのである。[9] 歴史的に、アメリカではよほどの理由がないかぎり、生徒と関わらないところで教員と管理職者に給料を払うことに消極的である。その理由の一つは、教員同士が話す時間を増やすことで生徒の成績が向上する、という証拠を教育委員会が見たことはほぼないからである。予算を獲得し維持するには、日本がしたように、教員は職務向上のための時間の使い方とその相応の成果について、説明責任を果たす必要がある。

教育にかぎらず、すべての職業において、働く者の孤立は改善の敵である。指導と学習を改善するための教員による協働は、真により良い結果を得る「唯一の」方法である。教員は、時間の使い方と、生徒が本当に大切なことをより多く学んでいることに対する責任を持たなければならない。アメリカの政府と納税者が、教員に対して専門職にふさわしい賃金を支払い、彼らが職務を遂行するに必要な労働条件（より少人数のクラス、教員チームによる責任の分担、継続的な改善のための教員に対する効果的指導、教育委員会によるより適切でより頻繁な生徒の学力評価、同僚教員とともに働き学ぶ時間の確保など）を整えるつもりがあるかどうかは未知数である。大学の教育学部、教育者、あるいは教員組合が、古い行動と考えを放棄し、新しい挑戦のために立ち上がるかどうかもわからない。しかしながら、教職に就いた若者との会話と、勇気あるベテラン教員とともに働いた経験からして、私は希望を信じる多くの理由があると考えている。

まとめ

第1章では、「労働の新しい世界」で成功するための重要な核となる能力は、大学で成功するための能力でもあり、また有能な市民としても必要な能力であることを確認した。第2章では、きわめて優秀な学校でさえ、これらのスキルを教えておらず、その代わりにテストのための授業が徐々に増えているという事実を見た。第3章では、これらのテストの性格と学力低下を招く原因について探求し、「生き残るための七つのスキル」に焦点を置く評価システムについて考えた。そして本章では、教員と学校管理職者がどのように養成され、実際に学校でどのように働き、研修と日々の経験がなぜ指導と学習の改善の障害になっているのかについて考えてきた。継続的な改善を図るために教員と管理職者が協働する新しい方法についてもみてきた。

グローバルな学力ギャップの是正に真剣に取り組むならば、生き残るための新しいスキルの教育と学習に集中する、重要なスキルを評価するためのより良いテストを作成する、教員養成の方法と教員による協働のあり方を新しく開発する、といったことが必要である。いや、必要ではあるが十分ではなく、さらにもう一つ、重要な問題がある。それは今日の生徒と明日の労働者のやる気を引き出し、優れた成果を上げるにはどうすればよいか、という問題である。

第5章 今日の生徒、すなわち明日の働き手のやる気を引き出す

学校や職場で現在の若者の才能を最大限に生かすには、どうすればよいだろう。ビジネスリーダーと教育者の意見がこの点で一致することはめったにないが、共通する懸念が一つある。どちらも、アメリカの若者に職業倫理観が欠けていることを心配しているのである。これまで話を聞いた多くのビジネスリーダーが心配して頻繁に話題にするのは、若者の職業倫理観の欠如についてである。二〇〇六年、ウォール・ストリート・ジャーナル紙には、このテーマについていくつかの記事が掲載された。今日の20代の若者は前の世代に比べて賞賛されたいという思いが強く、一方で早く昇進しないと我慢できない者も多いと批判する内容である。(1) 私が話を聞いた教員たちにとって最大のストレスの一つも、どうすれば生徒はやる気を起こし、州のテストに合格するために課題に向かい、必要事項を覚えようとするか、というものである。

ミドルスクールとハイスクールの教員から、私は次のようなことをよく耳にした。

「いまの生徒は本を読みません。宿題もやりません。授業では一定の基準の内容を教えますが、生徒が教科書を読まなければ、必然的にテストの出来は悪くなります」
「生徒は自分が書いた文章に推敲を加えることをしません。まるで、ワープロのスペルチェック機能で間違いがすべて直されると思っているようです。彼らは学習課題にあまり関心がないようです」
「今日の若者は、権威に対して敬意を払うということがありません。授業中、生徒たちは教員がいるにもかかわらずおしゃべりをします。もしも生徒が問題を起こしたら、保護者からひっきりなしに電話やメールが寄せられます。学区の教育委員会にもクレームをつけます。このような生徒の多くは甘やかされて育っており、欲しいものや必要なものを何でも手にしています。大人としての生活上の規則を除いては」

私が話を聞いた多くの教員の懸念に共鳴するように、ユニリーバ・フーズ・ノース・アメリカ社で人事部長を務めているマーク・マドックス氏も、今日の職場の新入社員について非常に心配している。「若い従業員には職業倫理観が欠けています。彼らは週末の勤務や長時間の残業を嫌がります。一一〇パーセント貢献することに不満なのです。彼らは、私たちがかつて考えたようには考えていません」と彼は言う。

第1章で取り上げた、小売業界の大規模チェーンを経営するスーザン（仮名）も、マドックス氏と同じ考えである。「五年前よりも、職業倫理観は確実に損なわれています。転職や、勤務に関する問題が増えています。出勤したくないといって両親から弁解の電話がくることさえあります」

シスコシステムズ社のアンマリー・ニール副社長も、同社で働く若者の職業倫理観の欠落を指摘する。「彼らは友人たちとチャットをしながら、三つのウェブページを同時に開いて見ています。だらしない職場の雰囲気が生まれます」

ビーオーシー・エドワーズ社のクレー・パーカー社長は、若い世代がこれから直面するであろう競争について懸念しており、アメリカの若者の職業倫理観の欠如は学校の授業に起因していると考えている。「私の海外出張先は大体がアジアですが、人々は信じられないほど献身的で、一生懸命働きます。アメリカの未来にとって、職業倫理観の欠如は深刻な問題です。問題の発端は学校教育にあるのでしょう。レベルの低い生徒でも良しとする傾向が一部の教員にある、と私と妻は考えています」

侵襲性の少ない薬の開発に成功して六〇億ドルの利益を生んだ世界的に有名なボストン・サイエンティフィック社で、近年まで共同創設者および会長として働いていたジョン・アベール氏は、「今日の企業のリーダーたちにとって、アメリカの職業倫理問題は最も深刻な問題の一つです」と語った。

こうした見方は、私が話を聞いた教育管理職者とビジネスリーダーの大多数の考えを反映しているが、一方では、今日の若者の職業倫理観に問題があるという見方に同意できない人たちもいる。カンブリア・アソシエイツ社の経営パートナーであるエレン・クマタ氏は、「新しい労働力となっている若者は、先輩の社員とはかなり違います。しかし、彼らは職業倫理観が欠けているわけではなく、異なる職業倫理観を持っているだけです」と述べた。陸軍を退役し、市民リーダーシップの養成のために〈シティ・イヤー〉（全国青少年サービス組織）で副会長として働くロブ・ゴードン大佐も、クマタ氏と同じ見解である。「職業倫理という議論は大げさですよ」と彼は言った。

教育管理職者の中にも、クマタ氏やゴードン氏と同じ意見を持つ人がいる。元教員であり、校長も務めたロブ・フライドは、学校教育の鋭い観察者で、三冊の本の著者でもある。彼は最新の著書で、授業に退屈する多くの生徒にとって授業は一種のゲームでしかなく、良い成績をとるために必要最小限のことしか与えられない一方で、生徒は知的な挑戦や創造力を発揮するような機会を切望している、と述べている。(2) 落ちこぼれの恐れがある生徒が通うハイスクールの全国ネットワークを支援しているビッグ・ピクチャー社の共同創設者および共同取締役のデニス・リッキーは、「興味を持たせる学習」の重要性を強調する。「生徒の興味をかき立てるものを中心とした学習を提供すれば、彼らは素晴らしいことができるはずです」と彼は語る。次章では、このような考えが教室でどのように実践されるかについて検討する。

今日の生徒、すなわち明日の働き手となる子どもたちにはやる気がないのだろうか。それとも、彼らの世代に特有なやる気といったものがあるのだろうか。私は、これまでの学校での経験、そして多くの若者や彼らと関わる大人との会話から、今日の20代（とそれより下）の若者のやる気の引き出し方は、大きく違うのだと確信している。若者の能力を最大限に引き出し、学校、職場、および地域社会において優れた成果を上げるようにするためには、生活の中で、若者世代と大人との新しい関係性に加えて、このやる気の違いについて理解する必要がある。

デジタルで育つ

今日の若者のやる気について理解するには、一世代前と比べ、彼らが根本的に異なった環境で育ってきていることを知っておかなくてはならない。簡単に言えば、彼らは二〇年前には想像もできなかったようなインターネットやコミュニケーション機器があふれる時代に育っているのである。ネット世代は「デジタルで育った」という表現は、ジョン・シーリー・ブラウンが書いた有名な記事のタイトルからきており、以後しばしば使われるようになった[3]。

ブラウン氏は、新しいテクノロジーが今日の若者世代に与える影響に着目した最初の（そして最も鋭い）観察者の一人である。ゼロックス社の主任研究員、パロアルト研究センター所長として二〇年以上務め、企業の世界における変革とイノベーションの解説者として最もよく知られた人物であり、企業戦略について複数の本と記事を書いている。彼の著書と、本人との会話から、私はとくに「デジタル時代に育つ」という彼の考えに関心を持った。一九世紀に日常生活に電気が導入されたときと同じように、インターネットは、これからの世代の学習、仕事、および遊びを変革するとブラウン氏は考えている。私たちの日常生活に、世界中に広がるインターネットをはじめとするテクノロジーは大きな影響を及ぼしており、なかでもこれまでとは根本的に異なる新しいコミュニケーション、情報、創造性のあるツールに囲まれて育った若い人たちの生活に及んでいる、と彼は言う。

ラリー・ローゼンの著書『私、マイスペース、そして私——ネット世代を育てる *Me, My Space,*

and I: Parenting the Net Generation』に引用されている驚くべきデータは、ネット世代がどれだけ新しいテクノロジーを利用しているかを示している。

- 10代の87%はインターネットを使用する。12歳の利用率は60%、13歳は82%、16歳と17歳は94%に達する。
- インターネットを使用する10代は、1週間に平均5日間、1日に2～3時間使っている。
- 10代の67%と13歳未満の40%は、自分の携帯電話を持ち、毎日平均1時間通話する。10代の子どもたちの3分の2は、自分の携帯電話を持ち、毎日テキストメッセージを送っている。
- 8～17歳の児童の87%がビデオゲームで遊ぶ。大多数は毎日使っている。
- インターネットを使う10代の75%は、インスタントメッセージ（IM）を交換するチャットを利用する。平均で週3時間を費やし、35人とチャットする。
- 青少年の75%は、音楽のダウンロードやオンラインで音楽を聴くために1日2～3時間を使っている。

• 12〜17歳の80％は、毎週マイスペース［MySpace、音楽を中心としたSNSサービス］を利用する。(4)

インターネットへのアクセスに関しては、人種や民族の違いによる「情報格差」が存在する。だが、カイザー家族財団（Kaiser Family Foundation）の研究によれば、情報格差は急速になくなってきている。「この五年間で、親がハイスクール卒業、あるいはそれ以下の学歴の子どもの場合、自宅からのインターネットのアクセス率は40ポイント上昇している（29％→68％）。それに比べて、親が大学学士、あるいは大学院の学歴の子どもの場合、上昇は20ポイント以下にとどまっている（63％→82％）(5)」

ダイアナ＆ジェームズ・オブリンガーが編集したオンライン書籍『ネット世代を教育する *Educating the Net Generation*』によると、若者は大学に入学するとコンピュータの使用が加速するという。10代の若者は、調べ物や学校の宿題のためにもコンピュータを使用するが、主たる用途は、双方向の参加型テレビ番組などのエンターテイメントである。一方、大学生にとっては、コンピュータは学習とコミュニケーションのための重要なツールである。次のエピソードをみてみよう。

大学3年生のエリックは、毎朝目が覚めるとすぐにコンピュータを開き、寝ている間にインスタントメッセージが何通届いたかをチェックする。いくつかの連絡が届いており、フォローしているブログへのさまざまな投稿も画面に表示されている。急いでシャワーを浴びて、自分用にカスタマイズしたヤフーのホームページからニュース、天気予報、スポーツといったさまざまな情報を引き出す。それから、彼は大学の自分のアカウントにログインする。今日の社会学の授業で小テストがあること、今日中に実験レポートを化学の教授にメールで送らなければならないことが「予定」として画面に表示されている。すばやく友人たちとインスタントメッセージをやりとりしたあと、彼はウィキ（wiki）・プログラムを使い、コンピュータ・サイエンスの授業で取り組んでいるプロジェクトのチームメイトの進捗状況をチェックする。それから自分のコンピュータに昨日の化学の講義をダウンロードし、学生会館で他のプロジェクトに取り組んでいるグループの学生たちと会いながら、ダウンロードした講義の復習をする。プロジェクトのために必要な資料をオンラインで見つけることができなかったので、授業が終わったら図書館に行かなければならない。もっとも、いつもグーグルやウィキペディアを使うので、図書館で本を借りることはめったにない。夜には、多人数が参加するオンラインゲームと行きつ戻りつしながら学期末レポートを書く(6)。

若者を持つ親や若者と一緒に働く人は、これが典型的な「コンピュータオタク」の一日ではないことがわかるだろう。実際のところ、そのようなステレオタイプはもはや存在しない。私は、二〇〇五年に大学を卒業してフリーランスのジャーナリストとして働くキャリー・ウィンダムに会い、大学卒業後の日常生活でどのようにテクノロジーを利用しているかを聞いてみた。「そうですね。私はいま、コンピュータでスカイプを使ってあなたと話しています。寝るときはノートパソコンをベッドの下に置いておきます。毎朝、目覚まし時計が鳴ったあと、歯を磨いたりする前にCNNニュース、芸能ニュースサイト、メール、有名人のブログなどをチェックするためです」と彼女は答えた。

「四六時中、インターネットにつないでいます。迷子になりそうになったら、オンラインで調べます。銀行に関しても同じで、口座を開いてから小切手を書いたことはありません。単語を知りたいときは、グーグルや辞書サイトで調べます。私の行動は基本的にウェブとつながっていて、いつもアイチューンズ（iTunes）を使っていますし、オンラインのテレビ番組を見るのが大好きです。いつでも好きな時間にコマーシャルなしで見られるし、一時停止もできます。ナショナル・パブリック・ラジオなどのポッドキャストもよく聴きますね。フェイスブックも使っていて、ハイスクールの知り合いを探しては、だれが結婚したとか、この人はまだあの人とつながっているとか見ています。もはやインターネットなしでは生きていけません」

若者にとってインターネットは、芸術作品の創作とそれを広めるための重要な道具でもある。18歳になるキャリーの弟も、このような若者の一人だ。「彼はバンドをやっています。ショーで演奏してレコード会社の幹部にスカウトされることを考えるよりも、友人たちと家の納屋で演奏し録音したものをMP3にして、マイスペースのバンドのページにアップし、だれでも自由にダウンロードができるようにしています。これは素晴らしいことで、弟はインターネットが注目されやすい場所であることをよく知っているんです。オンラインでショーの宣伝をしたり、チケットを売ったりもしています」と彼女は言う。

ネット世代がインターネットを大いに使用するようになって、彼らのお気に入りのウェブサイトは急成長している。たとえば、二〇〇三年に始まったマイスペースは、二〇〇六年八月にはユーザーが一億人を数えるまでになった。その一年後には二億人に増え、毎日二三万人の新しいユーザーが加入している。[7] 利用者の多くが若者であることから、ラリー・ローゼンも、今日の若者をマイスペース世代と呼んでいる。二〇〇五年に始まったユーチューブも目覚ましい成長を遂げており、二〇〇七年一月にはひと月のサイト訪問者数が一億五千万人にのぼるなど一年で九倍に増えた。ニールセン社の二〇〇六年のネット視聴率レポートによれば、12歳から17歳のユーザー数は、その他の年齢層の一・五倍であるという。[8]

テクノロジーが今日の若者の労働と学習に与える影響について、研究者は詳しく調べ始めたばかりだが、いくつかの傾向があることが明確になっている。ウェブとともに成長した若い世代は、世界や他者との関わりにおいて、彼らの親の世代とは大きく異なる方法をとっているのである。

マルチタスクと常時接続

二〇〇一年に、メディアとテクノロジーが若者に与える影響を調べるために、ジョン・シーリー・ブラウンは15歳の青年たちをゼロックスの研究所の研究員として雇った。ブラウンは青年研究員たちに、彼らが描く理想の仕事スペースや学習スペースをデザインするように依頼し、そこで彼らがどのようなものを創造し、どのように取り組んだかを研究した。彼が最初に気づいたのは、若者は絶えずネットに接続し、複数の仕事を同時に行うということであった。彼らが一つのことだけに集中することはめったになく、複数のウェブサイトを見ながら音楽を聴く、友人と携帯で話す、友人のインスタントメッセージに返事をするといったことは、今日の若者に共通する文化であり、世界との典型的な付き合い方であることがわかった。

私が数年前にマイクロソフト社で講演したときに出会った同社役員のリンダ・ストーンは、マルチタスクのことを「連続的な部分への注目」と呼び、今日の大多数の人々の仕事のやり方であるが、多くは仕方なくやっているとみている。しかし、10代から20代の若者にとっては、それは望ましく、必要でさえある世界との関わり方であるようだ。

連続的な部分への注目という表現は、今日私たちの多くがどのように注意を払っているかを表しています。つまり「常に」一部のことにしか注意を払わないということであり、言いかえれば、私たちが望む関わり方であり、関わられ方だと言えるでしょう。私たちは、常に効率的にチャンスを調べて最良の機会、活動、人との接点を最大限に利用したいと望んでいます。忙しくしていることや何かと関わることは、生きているということであり、認められているということであり、重要なのです⑨。

今日の若者は、インターネットが提供する情報やゲームとのつながりだけを求めているのではない。彼らは絶えず他者との関係を切望する。今日の若者は、友人や新しい友だちをつくるための驚異的な数のコミュニケーション・ツールを備えている。前述したように、彼らは毎日そのようなツールを微妙に使い分けている。ダイアナ&ジェームズ・オブリンガーの編書『ネット世代を教育する』は、無限に広がるテクノロジーを通じて他者とつながることへの若者の渇望をよく捉えている。

熱心な情報発信者は、古い友人にアイミング（IMing［インスタントメッセージでメール送ること］）する、集団でインターネットのゲームをする、ブログなどのウェブ日記を発信する、ジョークのメールを転送するなど、社会的な交流を促すような活動に惹かれる。ネット世代は多様性と異質性に対して寛容であり、それを共有もする。彼らは見知らぬ者ともネットで気楽に出会い、そのネット上での交流はオープンで、非常に個人的な情報もやりとりする。ネット世代は、個人的に知らない人でも自分のグループに受け入れるメカニズムをつくり上げたのである。友人の友人と友だちになるのは問題ないことである。彼らは、私生活において、オンライン上の存在として、あるいは授業において、他の人間と関わろうとする。テクノロジーは人の性格を変えることはできないかもしれないが、たとえば内向的な人はインターネットを接触の道具として使うことができる。以前なら、メールを通して社会的につながるといったことはできなかっただろう。もちろん外向的な人は、友だちのサークルをより広げることができる。[10]

また、先に紹介した『私、マイスペース、そして私』の著者ローゼンは、マイスペースの人気について次のように述べている。「この数年間、マイスペースはアメリカの10代の若者たちのたまり場になっている。往年の青春コメディドラマ『ハッピー・デイズ』でリッチーとフォンツィが午後の時間を費やすドライブインのように、マイスペースは10代が出会いチャットができる究極のショッピング・モールのようなものである。彼らは掲示板に投稿し、他の人の書き込みや日記にコメントし、インスタントメッセージ、メール、ブログをやり、そして、最も重要なこととして、友だちをつくる[11]」。

ローゼンは、『まったく奇妙――ティーンズは一体オンラインで何をしているのか *Totally Wired: What Teens and Tweens Are Really Doing Online*』の著者アナスタシア・グッドステインにインタビューをしており、若者のインターネットの使用について「彼らはテクノロジーを、飛行機のチケットを探したり、映画の上映時間を調べたり、メール送ったりするためではなく、他の人との交流のために使います」という彼女の言葉を紹介している。(12)

即時の満足と光の速度

ブロードバンドのおかげで、グーグル検索にかかる時間はわずか〇・〇〇五秒である。そのことに慣れた若者は、常に変化する画像、最新の情報、知りたい情報を即座に入手できる世界にいる。彼らは当たり前のように、いつでも友人とインスタントメッセージを携帯電話でやりとりする。私は新しいテクノロジーの日常生活への影響について20代前半の多数の若者から話を聞いたが、彼らの大半がまず口にすることは、彼らが「即時の満足」と呼ぶものにいかに虜になっているかということであった。最近、ニューイングランドの大学生グループをインタビューしたときにも、一人の男子学生は「僕たちはあまり我慢しなくなり、要求も多くなりました。待つことができなくなりました」と答えている。他の学生も頷いており、ある女子学生は、友人から携帯に電話があったので翌朝にかけ直したところ、かなり動揺した友人の様子に驚いたと言った。「それもわざわざ返事するような内容ではありませんでした。彼女は自分が話したいときに私を捕まえられなかったので、かなりいらいらしたようです。私はそのとき話をしたくなかっただけなのに、彼女は理解してくれませんでした」。前述のキャリー・ウィンダムも、「祖父母の家に遊びに行くとダイヤルアップでインターネットにつなげなければいけないので、世界から孤立していると強く感じます」と言っていた。

これについては、前掲の『ネット世代を教育する』でも、「レスポンスに即時性が期待されているのか、情報を受け取るスピードに慣れているのか、ネット世代はとにかく速い。ゲームをするときも、インスタントメッセージに返信するときも、彼らはすぐにレスポンスする」と述べられている(13)。

新しい学習のスタイル

絶えずネットや友人に接し、複数のタスクを同時に実行し、即時に結果を知りたいという欲求が、学校、仕事、家、旅行などにおける今日の若者の世界との関わり方に影響を及ぼしており、教育関係者と雇用主はこのことを考慮しなければならない。これまで述べてきた学力ギャップを縮めようとするならば、今日の若者の学習者としての根本的な変化について理解しなければならないだろう。インターネットとデジタル・テクノロジーの普及によって、今日の若者が「何を」「どのように」学ぶかは大きく変わってきている。

マルチメディアを用いた学習と他者とのつながり

ネットで育つ若者は、教科書だけの学習とは異なるマルチメディアを使った学習体験に慣れている。

オブリンガー夫妻によれば、「研究者のレポートから、ネット世代の学生は、長時間の読書や長文の指示を読むといったことを拒否することがわかった。ある研究では、テキストを使った段階的説明よりも、図形を使ったレイアウトのほうが宿題をしてこない学生が減り、事後テストの点数が上昇した[14]」という。学生は講義スタイルの授業と教科書から情報を得るというこれまでのやり方に我慢できなくなっており、討論の時間を増やすことを要望していることは、私も学生や教員へのインタビューから確認している。

ネット世代は、図書館で本の山に埋もれるよりもインターネットで検索するほうを好むが、その一因は彼らの育った環境にある。「散文には歌が加えられ、写真には動画が添付され、課題がオンラインでの投票や議論になる。ネット世代にとって、生活のすべてがマルチメディアの形で現れるようになった」とキャリー・ウィンダムは書いている。「教室で学生たちの集中力を持続させるには、これと同じやり方が必要である。大学教員は、授業は講義と参考文献を与えれば十分であるという考えを捨てるべきだろう。ネット世代はテレビ、音声、アニメ、メールなど、多様なメディアに反応するのである[15]」

ネット世代の学生は、ひとたびインターネットで情報を探し始めると、その方法に大いに熟達する。ジョン・シーリー・ブラウンはこれを「情報ナビゲーション」と呼び、こう述べている。「未来に必要なリテラシーとは、わかりにくく複雑な情報空間にあっても自分に必要な参考資料を探し出す図書館司書のような能力である。二一世紀のリテラシー能力は、『ナビゲーション』型が主流になるだろう[16]」

カリフォルニア大学ロサンゼルス校のジェイソン・フランド教授によれば、今日の大学生は学習の過程で他者やさまざまな情報源につながることを望んでいるという。「情報時代の真っただ中にいる学生たちは、確立された知識よりも学習の過程に重きを置く教育を望んでいる。彼らはテレビ放送型の授業や大講義室でノートをとるだけの授業を拒否し、学習者たちの『ハブ・アンド・スポーク』による学習コミュニティの一部になりたいと思っている[17]」

発見としての学習

ウェブ上での学習や研究は、教室での学習や図書館での研究とは根本的に異なるものである。ご存じのとおり、インターネットで「検索文字列」を入力すれば、文章だけではなく、画像、音声、図形といった数百あるいは数千件もの潜在的に利用可能な情報が出てくる。一つのリンクを開けば次々とリンクにつながり、ある人物や本、事象について調べようと検索をかけると、無数のリンクにつながった情報とイメージの宝の山に案内される。それはAからBに直線でつながるようなものではなく、より能動的で、ダイナミックで、発見を指向する過程であり、まさにクモの巣の上を旅するような感じである。ジョン・シーリー・ブラウンは、「私たちのほとんどは権威をベースにした講義を重視する学校教育を経験している。ところが、いまやウェブの莫大な情報を入手することで、卓越しているであろう学習、すなわち発見を土台とする学習方法を見つけたのである。私たちは新しく現れたこのデジタル『図書館』を閲覧するたびに、新しいことを発見する。ネットサーフィンは学習とエンターテイメントを結びつけ、『インフォテイメント』(infotainment) なるものをつくり出した[18]」と述べている。ブラウンの考えを裏付けるように、前掲のインタビューを受けた若い女性は、楽しむためにグーグルで調べるのが好きだと語っている。「毎日何かについてググります［グーグルで調べること］。宿題のためだけではなく、何でも調べます。退屈すれば、自分の生活についてググります」

ジョン・ベックとミッチェル・ウェイドは、ビデオゲームに熱心なゲーマーについて研究している。彼らは著書『子どもたちは大丈夫 *The Kids Are Alright*』で、「（10代の92％を占めるゲーマーは）異なる方法で学習する。彼らのゲーム経験は、シェイクスピアの繊細さや難解な微積分に集中力を維持することとは反対で、自立した問題解決力と短期間での専門的なスキルの習得を重視する[19]」と報告している。ジェームズ・ポール・ジーもゲーマーについて調査しており、著書『ビデオゲームが学習とリテラシーについて教えてくれたこと *What Video Games Have to Teach Us About Learning and Literacy*』の中で、「ビデオゲームのプレイヤーは科学者のように思考する。ゲームのプレイは、仮説を立て、対象を調査し、反応を観察し、結果を検討し、より良い結果を求めて再調査する、という実験科学の典型的なサイクルに基づいている[20]」と述べている。

PJ・ブランケンホーンは、成人教育を手がけるボストンセンターの所長として勤務していた頃、若いスタッフたちとセンターが提供する新しいコースについて話し合いをした。「メールやインターネットを見るためのPDA（携帯用情報端末）の使い方のコースを求める声があります。どう思いますか」とPJが尋ねると、ある20代の若い女性スタッフは彼女を驚いたようにじっと見つめ、「だれがそんなコースを学ぶ必要があるのですか？」と言ったという。

ジョン・シーリー・ブラウンの次の説明から、このようなやりとりがもっともであることがわかる。「私たちの世代は、使い方がわからないものを試しに使ってみたりするようなことはあまりしない。

アプリやソフトウェアの使い方を知らなければ、私たちはマニュアルを読むか、講座を受けるか、専門家に電話するだろう。ところが、15歳の子どもたちにマニュアルを渡したり、講座を受けるように勧めたら、彼らはきっと時代遅れだと思うに違いない。彼らならまず開けてみて、使ってみて、いじってみて、そうしてどうなるか様子をみるだろう。今日の子どもは、ウェブに入って他の人はどうしているかを観察し、それから自分で試すのである[21]」

創造による学習

ウェブにおける新しい展開は、単に発見によって学ぶということ以上の熱い思いを若者に与えつつある。少し前までのウェブのユーザーは、インターネットを主に情報源として活用しているが、ウェブ2・0と呼ばれる今日の利用方法は、創造への思いを実現させるための大いなる機会と考えられている。今日、インターネットの仕組みの基本を理解している人であれば、すべてのインターネットユーザーに届く新しいウェブコンテンツをつくり出すことができる。

今日の若者にとってウェブ2・0は、マイスペースやフェイスブックに自分のページをつくる、自分たちのバンドの演奏をアップロードする、写真アルバムを共有する、携帯電話で撮った動画をユーチューブにアップする、ウィキペディアに寄稿する、自分の考えや体験を書く、映画、アルバム、商品、サービス、レストランについての感想をブログに書き込む、といった個人の独創性と自己表現にふさわしい無限の空間である。ラリー・ローゼンの研究によれば、マイスペースのユーザーに最も共通する傾向は、ユーザー個人のウェブサイトに写真や動画をアップロードすることであるという。マイスペースのユーザーの実に88％が、自分のサイトに写真や動画を載せている。[22]

注意点

これまで述べてきた今日の若者の社会との付き合い方と学習の進展に対して、私はすべてに賛成するわけではない。どんなことにも良い点があり、注意すべき点や心配する点がある。前述の傾向に対するいくつかの懸念をみてみよう。

- **マルチタスクと常時接続**――複数の作業を同時に行うスキルは有用であり、通常業務の気分転換にもなるが、これには代償が伴う。カリフォルニア大学ロサンゼルス校の心理学研究室のラッセル・ポールドラック准教授は、マルチタスクと脳活動について共同執筆した研究論文で、次のように述べている。「マルチタスクを行う人が構築する知識は、一つのことに集中しているときの知識とは異なる構成を持つ。大学生にはそのほうが効率がよいと思われるかもしれないが、研究により、マルチタスクのときとそうではないときとでは効率はほとんど変わらないことがわかった」[23]。マイクロソフト社の元役員だったリンダ・ストーンもこれに同意する。「多くのことがそうですが、ちょっとした作業でも、継続して行うことで大きな仕事ができます。一方、長期間にわたって集中を持続することは、ストレスの多い生活スタイルにもなりますが、危機管理、物事への対応、決定、創造的思考といったことに役立ちます。一日二四時間、毎日常時インターネットに接続する環境におかれると、圧迫感、過剰な刺激、不満といった感覚が強まります。私たちは常にアクセスが可能ですが、欲しいものが手に入らないこともあるのです」[24]。実際のところ、若者が使用するマイスペースやフェイスブックといったサービスとのつながりが害を及ぼすこともある。ネットいじめの問題について、学校の管理職者の懸念はますます強まっている。大人によるサイバー犯罪の問題もまた一つの懸念である。私は、フェイスブックやマイスペースでコンピュータ上に数百人もの友だちを持つ若者と話をしてきたが、これまで一度も会ったことがなく、次の瞬間に消えうる友だちと、顔を合わせて経験を分かち合い信頼を築くことのできる友だちとを彼らはどのように区別するのだろうか。

- **即時の満足と光の速度**——本章の初めに、瞬時に反応する技術の使用について、ある若い男性の「僕たちはあまり我慢しなくなり、要求も多くなりました。待つことができなくなりました」という言葉を紹介した。同じグループへのインタビューで、何人かの大学生は、携帯電話とインスタントメッセージに過度に依存することで社交性を失う心配があると語っている。「人と面と向かって話さなくなりました」とある女子学生は言った。「他人の家に招かれてその家族と食事するときは、会話の仕方を知っていなければなりません。私たちは異なる世代の人たちと関わる能力を失ってきているのではないかと心配です」と語る学生もいた。
- **マルチメディアを用いた学習と他者とのつながり**——本章の初めに紹介したオブリンガー夫妻によると、若者は教科書を基本にした学習に耐えられないのだという。コーネル大学の情報技術センターに勤務するトレーシー・ミットラノは、「この世代は死ぬまで娯楽を与えられ続ける」ことを心配している。南カリフォルニア大学で同じような職に就き、ビジュアル・コミュニケーションの教授でもあるスーザン・メトロズは、「今日の大学生はメディアの刺激を受けていますが、かならずしもメディアについて学んでいるわけではありません」と言う。研究者は、若者がマルチメディアを楽しむという環境に育ったため、本による学習を避けるのではないかと懸念しているのである。メトロズ教授は、マルチメディアの消費者は、本当にメディアを理解し、自分が経験していることを批判的に考える力（メディア・リテラシー）を伸ばしているわけではないと指摘する。友だちと一緒に勉強することを好むということは、長い時間をかけて最良の結果を出すべく研究論文を一人で書かなければならないようなときに問題になる。

- **発見としての学習**――この学習スタイルは、他の学習の方法に比べてより興味がそそられるだけではなく、単に暗記するのに比べて、数学と科学の基本概念をより深く理解できることが多くの研究でわかってきている[25]。しかしながら、発見によってすべてのことが学習できるわけではない。たとえば九九の表は「発見」するのではなく、暗記しなければならない。生態系の概念について学ぶなら、まずは光合成の基本的作用などを学習した上で、観察と実験を通じてより深く理解することができる。同様に、情報に通じた市民になるために不可欠な地理と歴史の基礎知識は、暗記によってしか身につけられない。常に何かを「行いたい」、「関わりたい」という欲求は、一方で学習と成長の両方に不可欠な熟考と省察を犠牲にすることがよくある、ということである。

・創造による学習――だれでも自由にインターネットにアップロードできる時代では、その質が問題になる。「創造性に富んだ」作品が無数のウェブサイトから流れ込んでくる中で、若者は直感的な作品と修行や訓練を受けて生み出された芸術作品をどのように識別するのだろうか。このことは、メトロズ教授が言う「メディア・リテラシー」が意味する一面でもある。キャリー・ウィンダムは、インスタントメッセージを使用する若者に、創造への「近道」が与える影響を心配する。「弟が彼の友だちに送ったメッセージを見たことがあります。私には彼が何を書いているのかまったく理解できません。そこが大事なんでしょうけれど、弟は字をつづることができないのです。彼にスペルを指摘しましたが、彼は『インスタントメッセージはこうやって使うから』としか言いませんでした。私は大学で英語を専攻したので、彼が一生言語を正しく使うことができないのではと心配です」

よく使われるインスタントメッセージ用語のリストは次のようなものである。[26]

10代に人気のインスタントメッセージ用語

A/S/L	年齢、性別、場所（Age, Sex, Location）
BF/GF	彼氏、彼女（Boyfriend, Girlfriend）
BRB	ちょっと待ってて（Be right back）
CD9	コード9（親が近くにいるという意味）（Code 9）
GNOC	ウェブカメラの前で脱いで（Get naked on cam（Webcam））
G2G	用事がある（Got to go）
IDK	わからない（I don't know）
（L）MIRL	直接会いましょう（（Let's）meet in real life）
LOL	大声で笑う（Laugh out loud）
MorF	男性か女性（Male or female）
MOS	母が後ろにいる（Mom over shoulder）
NIFOC	コンピュータの前で裸になる （Naked in front of computer）
Noob	物事をあまり知らない人をばかにする語
NMU	あんまり、あなたは？（Not much, you?）
P911	親の緊急事態（Parent emergency）
PAW	親が見ている（Parents are watching）
PIR	親が部屋にいる（Parent in room）
POS	親が後ろにいる（Parent over shoulder）
PRON	ポルノ（Porn）
S2R	写真を送る（Send to receive（picture））
TDTM	いやらしい話をして（Talk dirty to me）
Warez	海賊版ソフトウェア（Pirated software）
W/E	どうでもいい（Whatever）

研究者は、このような一連の傾向、とくに10代の子どもたちがインターネットのゲームに費やす時間が増えていることの長期的な影響については意見が一致していない。ジョン・シーリー・ブラウンによると、ゲーマーは今日の企業が必要とするスキル以上のものを持っているという。彼が指摘する「臨機応変の素質」は、絶えず変化する激しい競争の世界で成功するために必要不可欠な素質である、とブラウンは私に言った。「まず、ゲーマーの素質は結果重視である。ゲーマーの子どもたちは、評価されることを望んでいる。次に、ゲーマーは、学習できなければ楽しくないと考えている。三つ目に、彼らはさまざまなメンバーがいるチームの力を理解している。四つ目に、ゲーマーは変化を受け入れて、変化をつくり出す。それはつまり、変化によって成長することである。最後に、ゲーマーは危険に慣れている。彼らはゲームで熟達のレベルに達しても、常により良い方法を探そうとする」からだという。

ベックとウェイドも、前掲の著書『子どもたちは大丈夫』で同じような結論を出している。しかし、彼らはビデオゲームに含まれる暴力シーンの量に注意する必要があるとして、ある研究を引用している。「ハーバード大学のリスク分析センターの調査で、E評価（すべての人向けという意味で、いわゆる「全年齢向け」に相当する）に分類された五五のゲームのうち、三五のゲームに暴力シーンがあることがわかった。アイスホッケーのようなゲームではプレイ時間の1・5%であるが、あるアクションゲームではプレイ時間の91%にまで増える。人が死ぬような暴力的なシーンが含まれているゲームは、全体の27%であった」[27]。大学教員であり、子どもの親でもあるトレーシー・ミットラノは、ゲームの習慣化により、学校は基本的な授業の仕方を変えるなどといった新しい課題に直面しているが、それには対応できないであろうことを懸念する。「学習をゲーム形式で提供できないのであれば、多くの男子生徒は勉強に興味を失います。私の11歳の子どもも、暇さえあれば、南アフリカに住んでいるだれかとオンラインゲームをしています」

人によってはインターネットのゲームが望ましくない結果をもたらすことは、早くから指摘されている。韓国でみられる「インターネット依存症」は、ゲームが若者の命を危険にさらすかもしれないことを物語っている。韓国の世帯の90％は高速インターネットの環境が整っており、大多数の若者にとって、ウェブの世界が唯一の自分の世界でもある。近年の記事によれば、韓国の18歳以下の青少年の30％はインターネット中毒の危険があるという。「近年、ユーザーが疲労困憊するまで何日もオンラインのゲームに熱中し死亡するという事件が発生した。オレゴン健康科学大学の精神科医であるジェラルド・J・ブロック医師は、彼が『病的なコンピュータ使用』と呼ぶ病気に九〇〇万人のアメリカ人がかかる危険があると推定している[28]」

双方向生産者か、あるいは孤立した消費者か

若い世代の人たちは、彼らが持つ新しいテクノロジーの能力を駆使し、果てしない空想とエンターテイメントがあふれるインターネットの世界をさまようか、それとも学習者として、職業人として、あるいは市民として社会に多大の貢献をするか、どちらに向かうにしても計り知れない可能性を持っている。発展的な方向に向かうために、どうすればエネルギーを最大限に生かし集中させることがで

きるかを年長の世代が理解することが必要だろう。

簡単に操作できる無数の新しいコンピュータがあふれる時代に育った若者は、自分の親の世代とは異なる生活を望んでいる。筋金入りのゲーマーであっても、マイスペースとは縁のないグーグルユーザーであっても、また学校においても職場においても、若者は世界と創造的な双方向の関係を持ちたいと希望している。年齢が進むにつれてテレビよりもネットのほうを好むのは、ネットが双方向のメディアだからである。彼らは学校でも職場でも多くを我慢しているが、述べてきたような条件をすべて整える必要はない。けれども、一つは整えなければならないと私は考えている。彼らは孤立した消費者ではなく、双方向の生産者にならなくてはいけないのだ。彼らは、学校で受動的に情報を消費することや、多くの雇用主が職業倫理観の不足を懸念するように、会社の歯車の一つになることを望んでいない。彼らは、インターネット、解決しなければならない問題、友人や同僚、そして年上の大人たちと、新しい方法で関わることを望んでいる。どこであれ、人々が協力し合える平等な環境で学び、創造することを望んでいるのだ。

ジョン・シーリー・ブラウンはネット世代と彼らの親の世代の根本的な違いを次のように述べている。「昔の世代は服装と持ち物で自分を表現する。しかし、いまの世代は自分が創造したものや他人と一緒に創造したもので表現する」。ペンシルベニア州立大学を卒業したばかりのルイザ・ブラウン（ジョン・シーリー・ブラウンとは関係がない）も、少し違う言葉でこう表現する。「私の世代にとって一番重要なものは、お金や社会がいう成功ではありません。何により有名になったか、何に貢献したかという評価です」。キャリー・ウィンダムも同じだった。「お金のために働くのではなく、自分が満たされるような仕事を見つけたい。私たちは、何か役に立つことをしたいのです」。スタンフォード大学の法学部大学院に入学したばかりのアンドルー・ブルックは、彼のプリンストン大学時代のクラスメイトについてこう話す。「ブリーフケースを抱えて歩き回る子どもたちのようです。一日二四時間、働くけれど、求めているものは違います。彼らの夢は、事業を起こすことや、気候変動や世界規模の公衆衛生問題、政治改革に取り組むことなんです」。そして二〇〇五年にノースカロライナ大学を卒業し、ジャーナリストとして働くベン・マクニーリィは、私にこう話した。「私たちの職業倫理観は独特です。会社のための収益の確保には興味がありません。会社からみれば、収益を伸ばすのが私の仕事でしょう。しかし私の仕事は、何よりもまず地域に情報を提供することです」

この世代の人々が学生として、労働者として、また市民として充実した生活を送るには、彼らが権威や支配に対して新しい関係を持つ必要があると同時に、学校と職場から新しい課題を授けられなくてはならない。ヘンリー・デイヴィッド・ソローは、「空中に築いた楼閣も、決して無駄ではない。楼閣とは空中に建てるものだ。さあ、次はその下に土台をつくろう」と述べた。ネット世代は、コンピュータの世界から現実の世界へ移行し、夢を実現するため、そして彼らの夢を支える基礎を築くための新たな支援を必要としている。トレーシー・ミットラノが言うように、「この世代にとって創造的で刺激的なことを知りたいのであれば、私たちは、エンターテイメントを仕事に変換する方法を見つけなければならない」のである。

学校におけるプロデューサー

授業のあり方とカリキュラムを見直さざるを得ないのは、「生き残るための七つのスキル」を教える必要があるからだけではない。生徒のやる気を引き出して能力を最大限に発揮させるため、教員たちも何を、どのように教えるかを見直す必要がある。南カリフォルニア大学のスーザン・メトロズ教授は、ハイスクールの教員が変わらなければならないことを指摘する。「暗記させ、テストのための授業をし、学ぶ必要のないものを教えることが子どもたちの創造性を奪っています。ウェブの登場により、いまの子どもたちは昔私たちが暗記したことを暗記する必要がないからです。私たちは、各科目をより広い背景をもって教える必要があるでしょう。たとえば、社会科学は戦争と政治についてだけではなく、食物、音楽、文化についての学習でもあります。いまではこのようなことを授業に全部組み込むことができますね。最後に、若者は新しいメディアを分析し、解釈する能力を身につけなくてはなりません。彼らは、創作し、創造をして、その生み出したものと新しいテクノロジーの倫理的意味を理解する必要があります」。言いかえれば、若者に学習と学校を重んじることを求めるのであれば、彼らの学習内容に対してより注意を払う必要があるということである。学業が見せかけのものではなく、不必要なことでもなく、分析力と創造力が求められる大人の「営み」であることを確かなものにしなくてはならない。

この五年間に行ったさまざまなグループへのインタビューで、私はより豊かで興味深い体験ができる学校にするためのハイスクールの教育関係者へのアドバイスを若者たちに求めてきた。彼らの答えはメトロズ教授の意見と一致しており、確実な改革を求めるものであった。

二〇〇七年にコーネル大学を卒業し、現在グーグル社で働くマット・クリックは、「今日の学校は、子どもたちが学校の外でできていることを理解していないので、子どもにとっては退屈です。彼らは、現実の世界に存在するもの、すなわち彼らが学校の外で追い求めていることと、学校でやらされていることとの間にギャップを感じて興味が持てないのです」と言う。クリックは、教員の仕事はこのギャップを埋めることだと考える。「私は熱心な教員が好きです。昔、ある歴史の教員から挑戦的な質問をされました。人名や年号だけでない、大学レベルの質問です。それに正しく答えたときは、誇りに思いました。多くの文章も書かされました」。残念ながら、第2章でみたようにこのような教員は例外的である。

ジャーナリストのキャリー・ウィンダムは、学校でいかに不安だったかを教えてくれた。「ミドルスクールに入ってからは、良い成績がとれなかったらひどい仕事に就くのではないかとずっと不安でした。成績が一番でなければ、自分は何にもなれないと思っていたんです。それは親からのプレッシャーではなく、学校生活を振り返ってみると、いつも次の準備に追われ競争していたように思います。点数のとり終わる日は来ないと思っていました。どの授業でもテストの準備以外の勉強はしません。点数のとり方がわかっていたので、テストの結果は良かったです。でも、いまは何も覚えていません」

「暗記ではなく、確かな学習によって論理的思考力を育成することが大事です」とウィンダムは言って、ハイスクールと大学での学習を比較した。「ハイスクールの教員は、生徒に調べさせ、実験をさせるべきだと思います。生徒は単に知識を受け取るのではなく、知識に参加する必要があります。彼らに科学者や歴史家になってもらうのです。より深く関わり、熱心に取り組めればいいですよね。簡単には解決できない問題も、チームで取り組む機会を増やすのです」

やはりジャーナリストのベン・マクニーリィも、現在の学校が行っているテスト重視の教育と学習の悪影響を心配している。「教員は生徒に学習させようとしません。ノースカロライナ州では、テストへのプレッシャーから教員は、学習者ではなく、高得点をとり州のテストに合格する生徒を増やすことを強いられています。でも、もしも生徒の興味を引き出すことができるなら、彼らはやる気を起こします」

スタンフォード大学のロースクールで学ぶアンドルー・ブルックも、生徒が本当に興味のあることを追求する機会を持つことができれば、状況は大きく変わると言う。ハイスクールの教室での授業と教室外での学習とを比較すると、彼にとっては学外での学習のほうがはるかに楽しく、打ち込めるものであった。「課外活動が最も勉強になりました。学校新聞の編集の経験からは組織がどのように機能するかを学び、英語の授業よりも編集と作文について勉強ができました。カリキュラムに基づいて勉強するよりも、プロジェクトに取り組んで学習するほうが楽しいのです。創造力を生かして、自分が興味のあることを見つけるべきだと思います」

同じことは、ブルックが在学するロースクールでもみられるようである。この数年、彼は〈より良い法律専門家の養成〉と呼ばれるプロジェクトの設立とその活動に尽力してきた。彼らは、各法律事務所のマイノリティ、女性、同性愛者の雇用状況と、無料弁護を引き受ける割合を調査し、データを比較・格付けしてロースクールの卒業生に提供している。就職先の選択に役立ててもらうだけでなく、法律事務所にとって改革へのプレッシャーにもつながっているという。彼らの活動は、ウォール・ストリート・ジャーナル紙やニューヨーク・タイムズ紙からも好意的な評価を受けている。

ラトガーズ大学の名前の由来でもある、アメリカの建国者の一人のヘンリー・ラトガーズは、「教育が学びの邪魔になってはいけない」と述べたと言われている。前述の話にもあったように、今日の生徒たちの中には、ハイスクールの授業とは関係のないところで自ら「生き残るための七つのスキル」を学習している生徒もいる。

第2章で述べたように、諸外国の教育省は学校教育に思考力と創造力を取り戻すことの重要性に気づき始めている。あるいは、初めて取り入れる国もあるようだ。シンガポールの教育省国際諮問機関の委員長を務めるジョン・シーリー・ブラウンは、同国の教育関係者が二一世紀の教育システムの改革に向けて正しい方向に進んでいると確信している。「彼らの新しいスローガンは『指導を減らし、学習を増やそう』です。学校はもっとプロジェクトや探究型学習に焦点を当て、生徒が熱心に学習に取り組むようにする必要があります」

教員と親の権威の再考

コーネル大学のトレーシー・ミットラノとの対話で、彼女は生徒に対する教員の取り組み方を変える必要があることを気にかけていた。「教員とは何か、教員は何をするのか、改めて考えなければなりません。生徒の導き手か、それとも情報を牛耳る独裁者なのか。教員は、自分が教えようとする振る舞いを自ら実践するべきですし、自らの論理的思考力と問題解決能力を生徒に示すべきです。そして、生徒の課外時間の行動に目を配り、どうすれば彼らが向かうべき目標に到達できるのか、真摯に考えるべきでしょう」

ベン・マクニーリィも、教員の役割はこれまでとは違ったものに変わる必要があると考えている。「ハイスクールの時期に、生徒は自分について、自分の興味について、そして興味をひかれる職業について、模索を始めます。ハイスクールの教員の仕事は、彼らが自分の興味を追い求め、その先にある世界の意味を理解するよう手助けをすることです」

大都市郊外の裕福な学校からスラム地区の学校まで、さまざまなハイスクールの生徒にグループインタビューをする中で、生徒から最も頻繁に出された意見は、教員との関係性をめぐるものであった。「本当に話せる先生がほしい」と多くの生徒が語り、「学校のことだけでなく、私生活のことも」「先生が私のことを心配しているかどうかを知りたい」と話す生徒もいた。さらに、大学生からも「生徒を見下した態度で話すのではなく、受け入れてくれる先生がいること」が最も重要だという声が聞かれた。

こうした若者たちからは、この世代ならではの当惑として、子どもにつきまとって子どもの将来をいつも心配している「ヘリコプター・ペアレント」に対する意見もあった。「親は生徒たちが持つ素晴らしい可能性を尊重すべきです。僕たちの年代は何かをせずにはいられません。社会階層とか権威といったことに邪魔されたくないのです。子どもの創造性を育てることが大切です。僕たちには、優れた成績をとり有名な学校に通うという大きなプレッシャーがあります。親からのストレスはいらないのです」とアンドルー・ブルックは言う。

大学生へのグループインタビューでは、彼らの関心を奨励し、成功すると信じてほしい、という親に対する声があった。「親は子どもの夢を支援する必要があります。たとえその夢が芸術家になることであっても」とある女子学生が言うと、別の学生は頷いてこう続けた。「親は子どもたちの学校での成績を心配するよりも、子どもがどんな課外活動に興味を持っているかを理解すべきだと思います」

グーグル社で働くマット・クリックは、多くの親は子どもが自分で探究し発見することを見守るのではなく、子どもの将来を管理しようとしていると心配する。「多くの友だちは、自分は何が好きで、何をしたいのかがわかっていません。おまえは医者になれ、などと親に言われているからです。もっと宿題をしろと言ったり、いつも成績のことを尋ねたり、子どもは〝普通〟だろうかと心配したりしても何の役にも立ちません。親は自分の子どもが興味を持っていることを理解する必要があります。僕の親は、Aの成績をとれというのではなく、最善を尽くすようにと言ってくれました。僕を信頼してくれていました」

職場におけるプロデューサー

ネット世代の能力を最大限に引き出そうとするなら、変わるべき所は学校だけではない。若者が初めての職場で十分に力を発揮できるために、私たちは今日の若者のやる気の引き出し方と雇用主のあり方を理解する必要がある。企業の経営パートナーであるエレン・クマタは、若者の職業倫理観について次のように語った。「若者は企業で働くことがキャリアになるとは考えていません。彼らは、出世の階段を登る、より多くの金銭を得る、ボスを喜ばせる、といったことを望んではいません。従来の方法では若者を管理できず、小さなスペースに押し込めておけば仕事をするだろうと考えてはいけないのです」。トレーシー・ミットラノも同じ意見であった。「仕事をもっと面白く工夫して、これまでとは違った働き方を認める必要があります。若者は私たちの世代のように一生懸命に働くつもりですが、それは一日八時間デスクに向かうということではありません」

スーザン・メトロズ教授の発言もこの問題に関係している。彼女は大学のコンピュータ・サポート窓口に勤務する若者と年長者を監督する立場にあり、若者世代の違いを身近に見てきている。メトロズは、雇用主は今日の若者が持つスキルと長所をよく理解すべきだとアドバイスする。「若者はさまざまな能力を提供できます。彼らは新しいやり方で人と関わり、協力し合います。視覚型学習者であり、優れた空間認識ができる人たちです。それにもかかわらず、どうして彼らを部屋に閉じ込めて、ホチキスで報告書を留めるといったことをさせるのでしょうか。どうして毎日朝九時から午後五時という勤務スケジュールを強制するのでしょうか。彼らは自宅にいたほうがより多くの仕事ができます。彼らを古参の社員と同じチームに入れて、互いに学び合えるようにしたらよいと思います」

一方で、雇用主に言いたいことを若者に聞いてみると、よりやりがいのある仕事、大人同士の新しい関係性、ということが繰り返し指摘される。実際のところ、彼らが思い描く理想の職場と管理者像は、学校と教員に望むものとほとんど変わらない。若者は、学校でも職場でも、積極的に学ぶ者として、そして創造する者としてありたいと望んでいる。大人には自分たちのコーチや助言者としてあってほしい、と切望しているのである。

アンドルー・ブルックは、自らが設立した非営利組織〈より良い法律専門家の養成〉のメンバーを募集するために全国のロースクールの学生と話をする中で感じたことを話してくれた。「僕たちの世代は、自立した責任感を感じたいと思っています。自分にとって本当に重要なことをやりたい、という熱い思いがあるのです。僕たちは絶えずトレーニングに追われてきました。いまやっと何かができることにわくわくしていて、だからこそこの活動には驚くほどの反応をもらっています。大手の法律事務所の問題は、たとえば七〇人もの弁護士が働いていることです。若い弁護士は法廷に出廷したり証人にインタビューをすることがありません。ですが彼らには、文書を見直したり詳細を調査したりする以上の貢献ができます。より多くの責任を任せられれば、彼らはより生産的になるでしょう。最近は、より有意義な仕事ができるなら低報酬もいとわないというロースクールの新卒者が増えています」

ベン・マクニーリィは、以前の雇用主と現在の雇用主の違いを次のように説明する。「以前働いていた新聞社では、スポンサーを否定的に表現した記事はボツになりました。現在の新聞社では、地域社会に貢献できる機会があります。私はタオル工場の跡地に建設中の新しいバイオテック研究所について報道するために採用され、ヘルスケアの問題も取り扱っています。編集者と発行人は報道に対する倫理観が強く、私を応援してくれています。編集者から丹念に調査するようにと求められるのは嬉しいことです」

より有意義で創造的な仕事を望んでいることに加えて、ジョン・シーリー・ブラウンによるとこの世代は「尊厳を渇望」しており、このことが多くの職場で衝突を生む原因になっているという。「職場ではぎりぎりのレベルまで効率を求める動きがあり、仕事から尊厳というものを奪っています。職場は創造性のある革新的な人材を求めている、と言う一方で、仕事をスピードで評価します。アメリカでは、多くのサービス業の仕事には尊厳というものがありません。その反面、生まれたての企業では、秘書にも自社株購入権が与えられます」。大多数の企業は革新的な人材を必要としているが、適切な勤務条件と報奨システムが整備されていないケースが多い。新しいゲームを古いルールでやろうとしている、とブラウンはみている。

私がグループインタビューをした大学生にとっても、尊厳の必要性は重要なテーマだった。大学生の多くは在学中、学費稼ぎのために夏休みにサービス業のアルバイトをする。その経験から、彼らはブラウンと同じ意見を持っていた。「上司には、私のことを理解して、もっと平等に扱ってほしかった」とある女子学生が熱く語ると、一斉に賛同の声が上がった。「ただ仕事をする者としてではなく、人間として扱ってほしかったのです」と別の女子学生も言った。彼女はダンキン・ドーナツの店で、上司からもっと早く客にコーヒーを出すよう注意されたという。「私はできるだけ早くやっていたのですが……。上司は二〇の店を持っている金持ちです。コーヒーの出し方について何がわかりますか。カウンターの後ろから、彼が私よりコーヒーを早く出せるかどうかを見てみたいです」

キャリー・ウィンダムはこれまでに出会った最良の上司について語ってくれた。「彼は、一〇年後はどこにいたいかと尋ねてくれました。私が求める経験を手に入れるための助言をくれ、私が彼の会社には長くいないだろうことをわかってくれていました。助言と指導はやる気を引き出す何よりの方法です。自分に興味を持ってくれて、意見をくれる人の存在は大きいです」。今日の世代にとって尊厳が重要だというブラウンの視点に、彼女も同意する。「私たちは大量生産のための組立ラインで働くのではなく、創造力を持つ一人の人間として働きたいのです。アイデアを持つ人間としていたいのです」

基準を満たす企業

仕事について、利益だけでなく学習、創造、協力といったことから考えることは現実的だろうか。いまの若者が年齢を重ね、家を購入したり家族を養うためにそこそこのお金を稼がなくてはいけないというプレッシャーが大きくなったとき、彼らは幻滅を感じるだろうか。それとも不満ながらよしとするだろうか。あるいは、この世代は、最良の人材を確保したい雇用主に変化を促す前向きなプレッシャーをかけることになるだろうか。事実、これはアンドルー・ブルックと仲間たちの活動の働きが法律の世界にもたらしたものに似ている。全国のロースクールの新卒者は、ブルックの非営利組織が公表したデータに基づいて、これまでとは違った基準で就職先を考えつつあるという。

最良の人材をひきつけたからなのか、あるいはより良い製品を生産したからなのか、一部の企業はネット世代のニーズと関心に合わせて仕事を再構築し、しばしば驚くような成果を出している。たとえば、グーグル社は今日最も成功し、急成長している企業の一つである。ネット世代の多くが就職希望ナンバーワンとする企業であり、二〇〇六年には五〇〇〇人の求人に対しておよそ一〇〇万人の希望者が殺到した。[29] 一一軒のレストラン、バレーボールや水泳、ロッククライミングができるジムのほか、無料マッサージ、シャトルバス、洗濯サービスといった特典がこの企業の人気の理由だと年長世代の中には思う人もいるだろう。マット・クリックはこう指摘する。「最初の一カ月はそうした特典に感動しましたが、いまは社の仕事そのものが僕にとっては魅力です」

22歳のクリックにグーグルでやっていることを聞いてみると、彼は次のように話した。「製品管理の副主任をやっています。主任のポジションになれば、社内起業家として製品に取り組むという社にとって重要な役割を担います。製品の構想に対する責任があり、その製品がどのようなもので、将来どうなるかという展望に同意が得られるようにエンジニアのチームと調整を図る責任もあります。生産方法は管轄外であり、また自分が関係する他のチームは外部出資者のようなものなので、起業家精神にあふれたポジションです。自分のチームの製品の良さを訴え、理解してもらわなくてはなりません。関係者全員を結びつける要であり、チームの『大黒柱』です」

クリックは、最終的にグーグルを働く場所として選んだ理由も話してくれた。「グーグルはオープンソース・ソフトウェアを使って自分たちの理想を共有します。グーグルの製品は人のために重大な問題を解決し、世のために役立ちます。僕はグーグルがしていることを信じているし、それは僕にとって非常に価値のあるものです。僕は役に立ちたいですし、貢献したいと思いました。グーグルを選んだ第二の理由は、僕が世の中を変えるために必要ないくつかの大きな仕事に対して、必要な援助を与えてくれるからです。第三の理由は、仕事を始めた日から責任を持たせてくれたからです。こうしたことがそろっているので、毎日楽しく働くことができます。子どもの頃にコンピュータを分解したときと同じような情熱や興奮を感じます」

では、インターネット関連以外の仕事はどうだろうか。たとえば、組立ラインの仕事はどうだろう。

トヨタ社は車の製造で多大な利益を上げるとともに、品質の高さでも評価されている。「トヨタ生産方式」といわれるものが成功の秘訣であり、その一つの鍵は「ジャストインタイム」という製造方式にある。車のパーツを保管しておくのではなく、車を製造するときに仕入先から届けてもらうのである。もう一つの鍵は、会社がすべての従業員に対する問題解決能力と論理的思考力の養成を重視したことである。トヨタの事業開発グループおよび購買グループの専務取締役兼最高責任者である箕浦輝幸は、「人は考える環境の中で知恵を出し合います。知恵が集まれば、『カイゼン』（改善）につながります」と説明する。「『トヨタ生産方式』の最大の強みは人材育成であるかもしれません。『ヒトヅクリ』（人づくり）なしに『モノヅクリ』（ものづくり）は成功しません。革新的な生産技術の開発を続けるためには、『ゲンチ・ゲンブツ』（現地現物）の観点から問題を考えてユニークな発想と知識を発展させる必要があります。つまり、このように考える人材をどのように育成するかを考えなくてはなりません」

ジョン・シーリー・ブラウンは、トヨタの研究に多くの時間を費やし、組立ラインの現場を観察してきた。「トヨタの組立ラインで働く人は、だれもが大きな尊厳を感じています。それはなぜか。『トヨタ生産方式』をよく見れば、ゲーマーの営みとてもよく似ていることがわかります。彼らは絶えず実験し、いろいろなことを試みて、しかもそれを系統的な方法で行っています。評価されることに対して常に心構えがあり、途切れない個人レベルの『研究開発』です。一つのチームはおよそ五人で、どのチームも問題解決型の創造的なグループです。彼らは絶えず何かを改善しようと考えています。まさに『尊敬できる企業』です。トヨタの社員は進んで尊敬を勝ち取り、それにふさわしく行動します。そして、彼らも尊敬されようとします」

教育においても、「基準を満たす」いくつかの学校がある。すべての生徒の問題解決能力や協力し合う能力、創造力を最大限に生かすことに取り組む学校である。次の章では、このような三つの学校を取り上げて検討する。その前に、成績の悪い生徒の意欲を引き出すことと成績を向上させるために必要なことの類似点と相違点について理解する必要がある。

がんばる子とやる気のない子

今日、大多数の生徒は、受け身の学習ではなく能動的な学習を望んでいる。簡単には解決できないような問題に、考えて解決するという挑戦をしたいのである。「なぜ」それを学ばなければならないのか、その理由を知りたい。テストの成績を向上させる手段や、人生の次の段階へのステップになる手段よりも、学習の目的そのものを学びたい。創造と自己表現力の機会がもっとほしい。彼らはまた、大人がもっと平等に彼らに接してくれることを望んでいる。

グローバルな学力ギャップをなくし、すべての生徒が「生き残るための七つのスキル」を習得できるよう支援するには、やる気を引き出す正真正銘の学習を促す条件と、授業での実りの多い活動について理解することが必要である。この国が抱えるもう一つの学力格差、すなわち白人ミドルクラスの生徒と経済的に恵まれていない主にマイノリティの生徒の学力格差を縮めるためには、それぞれの集団とそのニーズを理解しなくてはならない。この格差は人種と階層に大きく関係しているが、いわゆるより良い成績をとりたいと「がんばる生徒」と、良い成績をとる望みのほとんどない「やる気のない生徒」の格差として考えることができる。その相違点を理解するために、また、これまで行ったインタビューで、多くの学生が自分の最も興味のあることを見つけるには大人の支援が重要だと主張したことを理解するために、20歳のケイトとホアンを紹介しよう。彼らは実在する大学生である（名前は仮名）。彼らが経験した困難は、すべての学生とは言わなくとも、多くの学生が直面する人種と階層をめぐる問題である。

ケイトの物語

彼女には生まれてすぐにエリートコースの道が用意されていた。バレエ、乗馬、ピアノのレッスンに通い、そのほとんどを楽しむことができた。家ではたくさんの本に囲まれて、毎晩本を好きなだけ読んだという。幼少時代に身につけた読書習慣のおかげで、彼女は大都市郊外の優秀な公立学校で当然ながら優秀な成績を収めた。ハイスクールでは積極的に活動し、たとえば2年生と3年生でＡＰコースの六科目を履修する一方、二つのスポーツチームの学校代表として活躍し、卒業アルバムの制作メンバーにもなった。それでも宿題やテストのため、夜一時、二時まで勉強したという。最上級生になって、ケイトは少し燃え尽きたと感じた。学校生活のペースとプレッシャーが手に負えなくなったからである。大学進学に対する脅迫観念をコントロールすることができず、もしもアイビーリーグ〔米国北東部の名門大学の総称〕に入れなかったら、人生はほとんど終わりだといった苛立ちが広がっていた。彼女はSATの出来があまり良くなかったので、最優先事項として、土曜日のSATのための準備コースを受講しなければならなかった。

彼女の両親は二人ともアイビーリーグを卒業しており、一人は医者で、もう一人は弁護士という社会的に高い地位の職業にあった。両親は何よりもケイトが自分たちの出身校のどちらかに入学し、将来成功を収めることを願っていた。ケイトが第一志望の大学に合格しなかったときのショックは相当なもので、家では暗い雰囲気が数カ月も続いた。けれども、ケイトがメイン州にある小規模のリベルアーツ・カレッジで楽しく大学1年生として生活しているのを見て、両親は徐々に失望から立ち直った。ハーバード大学やイエール大学のシールを車の後ろの窓に貼るのも素敵かもしれないが、ケイトが通う大学は、よく知られた評判の高いカレッジだった。

しかし、大学2年生になると、彼女は再び親からのプレッシャーを感じた。ハイスクールの最後の二年間と大学1年生のとき、子どもたちと一緒にサマーキャンプで働いたケイトは、大学で教職関係のコースを履修し始めていた。それは彼女が最も楽しみにしている授業でもあった。そしてクリスマスの休暇中に、彼女は真剣に教員になることを考えていると親に打ち明けた。

「それはつまり、職業を決める前に、『ティーチ・フォー・アメリカ』〔Teach for America、アメリカのニューヨーク州に本部を置く教育非営利組織で、優秀なアメリカの大学卒業生を選抜し、恵まれない子どもが通う公立学校で二年間教えるプログラムを実施している」で二年間教えるということかね」と、彼女の父親は願わくばそうであってほしいと思いつつ彼女に尋ねた。

「違うの、お父さん。職業としての教員という意味よ」と彼女は答えた。

「教えることは職業ではないのよ」と母親が口を挟んだ。「どうやって自分が育った環境と同じ生活スタイルを維持するの？ 素敵な家、バカンス、高価な服と車を？ それにお友だちはどうするの？ みんな医学部進学課程かロースクール、ビジネススクールに進学するでしょう」

ケイトはずっと「勝ち組」になるべく育てられてきた。だが、彼女は限界があることに気づいていた。社会的に高い地位にあるとされる仕事に就く、という親の期待には気づいていた。親はお金をすべてケイトの学費やレッスンに使ったから、年をとったらケイトに面倒をみてもらうとよく冗談を言っていた。彼らは、ケイトがずっと教えるという夢を持っていたことに気づいていなかった。彼女はよく自分が教員になり、妹に生徒の役を演じさせて遊んだ。夏休みに子どもたちと一緒に過ごした時間は楽しく、教師になるという夢はより現実的なものになった。

どうすればよいだろうとケイトは思った。友人に関しては、母親が正しかった。お金に関しても正しいのかもしれない。彼女は良い教員になれないかもしれないし、自分があまり辛抱強くないのもわかっている。ケイトは、もっと自分の興味を探求できる方法をハイスクールの授業で教わっていたら、と振り返る。自分が考えていることについて心から話せる教員がいてほしかった。しかしながら、多くの教員は彼女の親と同じように、彼女が有名な大学に入れるかどうかを心配していた。彼女を理解してくれる教員は一人もいなかった。

ホアンの物語

ホアンの親は、彼が幼い頃により良い暮らしを求めてエルサルバドルからアメリカに移住した。父親は造園業の仕事に就き、母親は昼の間は家で子どもたちの面倒をみるため、夜にオフィスビルの清掃の仕事を見つけた。彼らは治安の良くない地域の寝室が二つしかないアパートに住み、ホアンは二人の弟と同じ部屋に眠っていた。家賃の足しにするため、アルバイトができる年齢になると放課後はいつも働いた。

ホアンにとって、学校は大変だった。彼はあまり読解力がなかったが、それに気づく教員はいなかった。彼らは気にもしていなかったのかもしれない。ハイスクールに入ると、彼は自分が透明人間のように感じた。いつも教室の後ろに座って、教員から当てられないようにしていた。勉強しなかったということではない。ハイスクールを卒業することが親にとってどのような意味があるかはわかっていたので、勉強もがんばってみた。「ホアン、この国で出世したければ、良い学歴が必要だよ。よく勉強して、ハイスクールを卒業しなければだめだ」と彼の父親はよく言っていた。母親はいつも相づちを打ち、頷くのであった。しかしながら、午後の車の修理工場の仕事を終えて家に帰る頃には、彼はもうへとへとだった。また、勉強できる静かな場所を狭いアパートに見つけることも不可能であった。

ホアンにとって最も厄介だったのは、勉強しなければならないはずの教科書であった。教科書は彼には難しく、退屈な内容だった。また、なぜ代数などの勉強をしなければならないのか、それを実際の生活でどのように使うのかを教えてくれる人はだれもいなかった。彼は自分の好きな車についてもっと知りたいと思い、わずかな小遣いが手に入ると、いつも車の雑誌を買った。彼はメーカーがどのようにして車をデザインし、スピードが早く燃費の良い車をつくるのか興味津々だった。どうやってつくるのだろう。未来の車はどんなだろう。どうやって電気やバイオ燃料で走るのだろう。彼は雑誌で「環境に優しい」車について読んでいた。「きっとまるで違う車になるだろう」と彼は思った。すごいぞ、何てことだ……。

ホアンは、ハイスクールをかろうじて卒業することができた。彼の親は卒業式に出席し、息子の名前を覚えていない校長から卒業証書を受け取るために彼が壇上に上がると、顔を輝かせて激しく拍手し、卒業できた息子のことをとても誇りに思った。しかし現在、卒業して二年が経つが、彼は実家で生活し、車の修理工場で働いている。彼はきれいに修理された無塗装のパネルをサンダーで磨く。それが車をデザインするという彼の夢に近づく一歩であるかのように。

もしもこうなることが9年生のときにわかっていれば、彼は専門学校か大学に進学しただろう。彼の親もわからなかった。彼らは自分の家を持つという夢を見て、この夢の国に来た。だが、唯一わかっているのはいくら働いてもその夢は叶わないということである。ホアンは、いつか彼が車のデザインで生計を立てることができるかもしれないとだれかが教えてくれればよかったのにと思った。あるいは、他のハイスクールに転校して、CAD／CAM［設計から製造までを行うコンピュータ・システム］について学べたらよかったのに、と。けれども、だれも教えてはくれなかった。この国で良い仕事に就くにはハイスクールを卒業するだけでは足りないということを、だれもきちんと教えてくれなかった。彼の読解力が足りないことにだれも気づかなかった。だれも何もしてくれなかった。彼はテストに合格し、トラブルも起こさなかったので、学校のコンピュータの中での一つの番号として存在したにすぎない。

なぜだろうと彼は思う。彼の黒色の肌のせいだろうか。クラスにはホアンのような助けが必要な生徒がたくさんいたので、教員は忙しすぎて気がつかなかったのだろうか。これからどうすればいいだろう。残りの人生は何をすればいいだろうか。彼は夜間学校に通い始めたが、コミュニティ・カレッジの入学テストに合格するにはさらに多くのコースを勉強しなければならなかった。越えられない山に挑戦することのように思えた。

彼らに必要だったものは何か

もちろん、白人生徒の中にも苦労している生徒が多くいる一方で、非常に優秀な有色人種の生徒も数多くいる。これらのエピソードを紹介したのは、ステレオタイプの見方を強めるためではなく、むしろケイトとホアンのような多くの生徒が豊かで幸せな大人になるためにハイスクールに求められるものについて、大切な共通点と相違点をそれぞれ検討したいからである。

ケイトは、大人による誤った支配に苦しんだ。一流の大学に入学し、高給の仕事に就くという親と教員が決めた狭義の成功に支配されてしまった。一方、ホアンは、きちんとした指導を十分に受けることができなかった。彼の人生を支援する大人の存在が必要だった。彼が社会で役立てる可能性を一緒に考え、その可能性を広げるためのスキルと学習について助言する指導者が必要であった。どちらの場合も、ハイスクールで自分の本当の興味を探求する機会が必要だった。「あなたが最も興味を持つものは何ですか。何をしているとき、あるいは何の勉強をしているときが楽しいですか」と尋ねる大人が必要だったのだ。

マッキンゼー・アンド・カンパニー社のシニア・コンサルタントのマイケル・ユングは、持論を語ってくれた。「人間が働く、あるいは勉強をする理由は三つしかありません。一つは必要性や脅迫、あるいは危険などによる『圧力』です。ただしこれは、現在の先進工業国ではもはや説得力のある確かな原動力にはならず、経済的に恵まれない人々にとっても同じです。二つ目の理由は『習慣の転移』と言われるもので、社会の規範と伝統的な慣例によって形成される習慣のことです。これもまた、現在、伝統的な権威と社会の価値観が衰退する中で弱体化してきています。残る理由は、興味、欲求、熱意といった『引きつける』力です」。私は、ユングは人間の三種類の動機づけについて語ったのだと理解した。第一は、食事や住まいといった生理的要求である。しかしながら、雇用率が高く政府のセーフティネットが整った現在の社会では、若者の原動力としてかつてほどの力をもたないとユングは言う。社会の規範を守ろうとする思いがもう一つの動機づけであるが、伝統的な権威、宗教、家庭といった土台が弱体化した現在では、今日の若者にあまり影響力を持たなくなっている。そしてユングが考える三つ目の動機づけは、興味、欲求、情熱といったもので、学校や職場で多くの若者が求め、反応を示すのがこの原動力だ。

ロブ・ゴードン大佐は、今日の若者の情熱を育てることとは、彼らと関わる大人の「仕事」であると考えている。「全国青少年サービス組織の〈シティ・イヤー〉における私たちの役割は、人々が情熱を見つける手助けをすることです。いったん見つけ出せば、人々は一生懸命になります。彼らは多くのことに興味を示し、情熱を追求する機会を与えられれば進んで物事に取り組みます」

これは、大人が若い世代のために物事をやさしくしてやろうというのではない。やる気を起こした若者は、学校や職場が求める困難な課題を成し遂げるために必要な自ら学ぶ意志と規律を持つであろうということである。ボストン・サイエンティフィック社の共同創立者および元会長であるジョン・アベールは、現在、全国に展開する学外プログラムを提供する〈ファースト〉(FIRST)という非営利団体の会長を務めている。ファーストを創立した発明家で起業家のディーン・カーメンは、ロボット・コンテストを通じて科学や数学、エンジニアリングに対する青少年のやる気を引き出す新しい方法を模索してきた。「いまの世代には困難な課題に取り組む機会がないことが最も心配です。それで、ロボット・コンテストにはさまざまな障壁を組み込んでいます。勝つためには、子どもたちは優れたロボットをつくる能力のほかに多くのスキルを身につけなくてはなりません。彼らは、チームワーク、資金集め、プロジェクト管理、戦略などについて学びます。その際、相談相手となる大人がいるかいないかで、生産性のある取り組みになるか、それとも生産性のない取り組みになるか、決定的な違いが生まれます」とアベールは言う。

ファーストとシティ・イヤーは、若者から最良のものを引き出すには、思慮深い大人の助言と協力の下で、やりがいのある課題とサポートをうまく組み合わせることが必要であることを学んだ(30)。次の章では、これと似た方法で生徒のやる気を起こし引き出している教員と、学びたい、創造したいという生徒の熱意を尊重しつつ「生き残るための七つのスキル」を教えている学校を取り上げる。

第6章 ギャップを縮める——実践している学校

ハイ・テック・ハイ

ハイ・テック・ハイ（High Tech High, HTH）は、K－12［幼稚園からハイスクールまで］の公立チャーター・スクールのネットワークを運営する学校開発組織であり、現在、サンディエゴ地区で三〇〇〇人の生徒が在籍している。実際のところ、小さな学区のようなものである。これらのチャーター・スクールが提供するきわめて革新的な教育とその成果は、国際的に高い評価を受けている。二〇〇三年に初めてのハイスクール卒業生を送り出して以来、ＨＴＨの卒業生は全員が大学に合格し、8割は四年制大学に進んでいる。ジョンズ・ホプキンス大学、マサチューセッツ工科大学（ＭＩＴ）、スタンフォード大学、ハーバード大学、南カリフォルニア大学、カリフォルニア大学バークレー校、ニューヨーク大学、ノースウェスタン大学に進んだ生徒もいる。ＨＴＨの卒業生の半数以上は、彼らの家族にとって初の大学生であり、なかには初のハイスクール卒業生もいた。二〇〇七年に卒業生の親族や子息への「入学優遇制度」を利用しないで［親は生徒が受験する大学の卒業生ではないことを指す］ハイスクールからスタンフォード大学を受験した生徒の中で、合格した生徒が最も多いのはＨＴＨであった。こうした成果は、州がチャーター・スクールの生徒に補助している一人当たり六二〇〇ドルの予算内で成し遂げられている。

工学系の学位を取得するカレッジの卒業生は、全国平均で大学卒業生の15％であるが、ＨＴＨの卒業生は27％にのぼる。これはあとでみるように、ＨＴＨの数学、科学、工学の教え方が他の学校とはかなり異なっている結果であると考えられる。ＨＴＨは能力別学級編成をしておらず、アドバンスト・プレースメント・コース（ＡＰコース）も提供していない。カリフォルニア州の「評価システム」（通称「学力指標」、Academic Performance Index, API）によれば、通常の授業時間数を減らしてテストの準備をすることを断固として拒んでいるＨＴＨが、テストではカリフォルニア州の中で最も優れた成績を上げた学校の一つであることがわかった。ＨＴＨでは、標準テストのための準備は行っていない。また、一〇〇年にもわたってハイスクールの教育で一般的であった、9学年における英語、世界史、化学などの教科書中心の授業も存在しない。その代わりに、すべての学習内容（11学年と12学年の数学と科学を除く）は合科学習のプロジェクトとして授業が用意されており、科学や数学でも教科書を中心とした形ではない。次の学年に進学したい生徒は、これまでの学習の実例をデジタルのポートフォリオにまとめ、教員、生徒、および学外の大人たちの前で発表する必要がある。卒業するためには、生徒たちは11学年に一〇週間のインターンシップを経験し、上級プロジェクト［senior project、12年生の生徒が自分でテーマを選び、一年をかけて行う自由研究プロジェクトを指す」を完了する必要がある。[1]

新しい〝ビジネス〟スクール

ＨＴＨとその教員の革新的な授業法を理解するために、まずＨＴＨの設立者であり最高経営責任者（ＣＥＯ）であるラリー・ローゼンストック（Larry Rosenstock）について知っておく必要がある。ラリーに彼の教育理念の根底にある「発達経験」ということについて尋ねると、こう話してくれた。「私事ですが、一九七〇年代の私は、大工の仕事をしながらロースクールで勉強するシングルファーザーでした。ロースクールを修了したのは裁判所の命令によって人種差別を廃止するという時代で、私はボストンの公立学校で労働者階級の子どもたちに大工技術を教える仕事に就きました。そして三日もしないうちに、職業教育プログラムで勉強する子どもたちが、かつてロースクールへ一緒に入学したミドルクラスの子どもたちと同じくらい聡明なことに気づいたのです」

ボストン近隣のスラム街の子どもたちを教えることで、ラリーは、職業教育を受ける生徒と大学準備コースの生徒たちを分けることは、生徒たちに害を及ぼすことに気づいた。しかしながら、伝統的なハイスクールのプログラムは、職業教育の子どもたちに合わないこともわかる。彼はハーバード大学法律・教育センターの弁護士スタッフとして、職業・技術教育と「厳格な学問内容」とを結びつける一九九〇年のパーキンズ職業・技術教育法の草案作成を手伝った。そして、自分の考えを実践するために、マサチューセッツ州のケンブリッジにあるリンジ工業高校の校長に就こうしたが、結局は伝統のあるケンブリッジ・ラテン学校の校長に任命されることになった。だが、学力別コースのプログラムをなくして職業教育と学問教育的プログラムを統合するという彼の提案は教育委員会に却下され、彼は校長を辞任した。生徒を学力によって分けることは、非常に不公平であると強く信じていたからである。

一九九六年と九七年の二年間、ラリーは都市部のハイスクールでどのような教育実践が効果を上げているかを調査する連邦政府の「都市ハイスクールプロジェクト」を指揮した。「愕然としたことに、だれも優秀なハイスクールの名前一つ挙げられませんでした」と彼は語った。(2) ラリーと同僚たちは、プロジェクトの一部として、パーソナライゼーション〔生徒の個性に合わせた教育〕、現実社会とのつながり、共通の知的使命というハイスクールを設置する上での三つの原理を打ち立てた。

優秀なハイスクールは優れた教え方を基盤にしているとラリーは考えた。「何が学問的厳しさかということについては多くの誤解があります。より多くの学習内容という意味ではありません。APコースの内容は、『幅は一マイルもあるけれど、深さは一インチしかない』ので、HTHでは提供していません。たとえばAPの生物の科目では、三〇〇〇もの用語の定義を暗記することが求められます。『厳しさ』とは、絶え間なく私たちに押し寄せてくる莫大な情報を識別することであり、グーグルの時代ではますますそうなっています。次に、厳しい学習とは複雑な内容を学ぶということでもありません。分析の質を高めることです」

「私自身が教わった最も優秀な二人の教員のうち、一人はロースクールで雇用差別について教えていました。七〇年代は、右翼の学生、左翼の学生、それにフェミニズムと黒人至上主義運動を支持する学生もいた時代です。私たち学生がある事例について書かれたものを読んだあと、彼は『あなたはどういう立場をとりますか』と問いかけました。すると学生全員が自分の立場を示すように高く手を挙げます。『もしも事実がこうだったらどうでしょうか』と彼が巧妙に質問を変えると、皆の手は最初より少し低くなります。さらに、『では事実がこうだったらどうでしょう』と尋ねると皆の手は半分の高さになり、彼が再度事実のパターンを少し変えると、挙げた手はもっと低くなります。授業が終わる頃には、だれも自分の考えに自信が持てなくなりました。そして次の授業までの二日間、学生は自分の思考基盤が形成されるまで考え続けます。『厳しさ』は、思いやりがあり、情熱的で思慮深く、厳しく物事を追究する対話ができる人の中にあります」

「厳しさ」は、体験的な学習と、自分の知識を他者に説明することにより生まれるとラリーは信じている。「ロースクールに入学する前、私はブランダイス大学で映画製作と心理学を専攻しました。私が出会ったもう一人の卓越した教員はイギリスから来た男性で、映画製作入門のコースを担当していました。彼は初めての授業で、カメラを机の上に置いて、私たちに焦げたトーストを二分間撮影して二日後に持ってくるように言いました。彼が教室を出ようとしたとき、私たちは『待って！　ちょっと待ってください。私たちはカメラの使い方を知りません』と言いましたが、彼は何も教えてくれませんでした。それが素晴らしい贈り物だったのです」

一九九〇年代の後半には、素晴らしいハイスクールについての構想ができ上がっていたが、ラリーには実行に移す場が見つからなかった。彼は、ケンブリッジでの校長時代のような、特定の生徒のための上級クラスを求める多くのミドルクラスの保護者や教育委員会のメンバーと意見が合わず紛糾するという状況をつくりたくなかった。公立学校システムでは見込みがないと思った彼は、一九九七年、スラム街のために革新的な社会福祉と教育プロジェクトを支援するサンディエゴのプライス慈善財団（Price Charitable Fund）の会長の職に就いた。

この頃、サンディエゴ市のビジネスリーダーと市民リーダーはいくつかの困難な課題に取り組んでいた。海軍基地に頼る地域経済をバイオテクノロジーとテレコミュニケーション産業へ移行することを試みたが、優れた能力を持つ雇用者は不足しており、インドや韓国から来た多くの人々の労働ビザにも厳しい制限があった。また、数学、科学、エンジニアリングの分野に進む女性とマイノリティ出身の学生が少ないという情報格差の問題を大いに懸念していた。

一方では、ビジネス開発に関係する公共政策の問題に関してリーダーシップを提供する無党派の最高経営責任者（ＣＥＯ）の組織である〈経済開発協会〉（the Economic Development Corporation）と〈ビジネス・ラウンドテーブル〉（the Business Roundtable）の援助を得て、およそ40人のビジネス、地域社会、教育界の指導者たちが新しいチャーター・ハイスクール計画を立てるために集まった。全国に展開する不動産開発会社の常務取締役として働くゲーリー・ヤコブによれば、彼らは最も重要なスキルについて明確な考えを持っていたが、この地域の公立学校ではその育成を期待できなかったという。ヤコブは一九九八年に企画グループの委員長になり、九九年からこの年に非営利組織として設立されたＨＴＨの理事長を務めている。彼はＨＴＨの創設をこう説明した。

「ＨＴＨの構想は、事実を暗記する能力とテストの能力が優れたハイスクール卒業生でも、知識を応用したり、自分の仕事について話したり発表したりすることができない、と批判するビジネスリーダーや大学関係者の心配から生まれました。私たちは、プレゼンテーションのスキル、共同研究のスキル、問題解決能力などに着目しました。エンジニアになりたいという地元の学生があまりいないという心配もありました。このことは、彼らが受けた数学と科学の教育の質の低さを意味しています。HTHは生徒が数学と科学に興味を持ち、継続して勉強できる環境を提供するために構想されました」

一九九八年の一二月に、ゲーリーと、彼の父親で大手通信会社のクアルコムの創立者兼最高経営責任者でもあるアーウィン・ヤコブは、ラリー・ローゼンストックに会い、他校のモデルとなるようなテクノロジーに焦点を当てた公立のチャーター・スクールを創設する計画について話し合った（チャーター・スクールを開設する人々にとって、公教育のための新たなモデルは推進力になる）。クアルコム社はこのプロジェクトに年間一〇万ドルを五年間援助することに同意し、ラリーが学校を立ち上げて運営することになった。二〇〇〇年九月、HTHは9学年と10学年の二〇〇名の生徒を対象に仮設の教室で授業を始めたのである。生徒の構成が地域の人種構成を反映するように、いまも入学させる生徒はくじで決めている（二〇〇八年の時点で、HTHの生徒の55％はマイノリティ出身であり、22％は、貧困の指標とされている給食費の免除や減免に当てはまる家庭の子どもたちである。ADHAや学習障害等のために特別支援教育が必要な生徒の割合は州の平均と同じで、およそ12％である）。

今日、サンディエゴの元海軍訓練施設の敷地内にあるHTHのメインキャンパスには六つの学校がある。ヤコブが述べたような子どもの技能開発は9年生からでは遅いと考えて、二〇〇三年にラリーたちはハイ・テック・ミドルスクールを開設し、一年後には国際教育を重視するハイ・テック・ハイ・インターナショナルが創設された。二〇〇五年には、HTHメディア・アーツ、ハイ・テック・

ミドル・メディア・アーツ、および探検小学校（Explorer Elementary Schools）が誕生した。二〇〇七年にはチューラビスタHTHとノース・カウンティHTHが創設され、HTHは郊外にも広がった。HTHでは一学年に一〇〇人の生徒がおり、学校の趣旨によっては異なるところもあるが、一〇年前にラリーが描いたパーソナライゼーション、社会とのつながり、共通の知的使命を共通の目標としている。また、次のような共通の目標も掲げている。

・地域の社会経済と民族の多様性を反映する生徒たちのために役立つ
・技術教育と学問教育を統合し、生徒が技術分野と教養分野の高等教育へ進む準備をする
・数学とエンジニアリング教育に恵まれない生徒が、ハイスクールおよび高等教育で成功するように準備をする
・思慮深く、社会に積極的に参加する市民を目標に生徒を教育する

これらについて、私はラリーにHTHで成し遂げようとする目標を話してもらった。

「私たちは、将来のリーダーを育てようとしています。市民活動、営利組織や非営利組織において、自分をよく理解し、目標に向かう情熱を持ち、一連のスキルを身につけたリーダーです。生徒が考える力を身につけ、グループで協力して働き、また一人で働くこともできるようになることを望んでいます。私たちは、生徒にデボラ・マイヤーが『知性の習慣』と呼ぶ一連の知的行動を身につけてほしいのです。『知性の習慣』とは、どうして重要なのか、その「意義」を考える、どういう観点なのか、

その「全体像」を考える、どうやってわかったか、その「根拠」を明らかにする、どうやって適用するか、その「関連づけ」を考える、もし違っていた場合、その「仮説」を立てる、です(3)。つまり『知性の習慣』は、疑問を持つ習慣です。探究の核心は困難に直面することにあり、問題を提起することは問題を解決することよりも重要です。面白いことに、弁護士が学校を訪問して生徒の授業を見学すると、『法的な分析みたいです』と言います。エンジニアが見学すると、『クリティカル・パス（一つのプロジェクトの重要な要素と障害について分析する方法）の実践です』と言います。科学者が見学すると、『科学的方法です』と言うんです」

「粘り強さなど、重要な習慣はほかにもあります。生徒は困難に直面したときの対応の仕方を学ぶ必要があります。もちろん、コミュニケーションスキルにおける明晰さと正確さも重要です。どこで情報を入手するかという「探究」、説明し説得する「声」、だれに向かい何を納得させたいのかという「相手」が大切です。異なる考えを理解し、他者に共感する能力も重要でしょう。私たちのカリキュラムはプロジェクトを基本としており、知識よりも想像力が重要であるというアインシュタインの考えと同じです。すなわち、ものをつくり、新しいものを取り入れ、創造し、築き上げるのです。このような習慣が柔軟な思考力とリスクに対する責任能力を育てます」

素晴らしい構想である――ともあれ、理論としては。ラリーは「生き残るための七つのスキル」の根底にある概念を、そうは呼ばずに教育することを主張している。彼が掲げた一連の目標を一読すると、いわゆる論理的思考力と問題解決能力、ネットワークによる協力と感化によるリーダーシップ、機敏性と適応能力、率先力と起業家精神、口頭および文書による効果的なコミュニケーション能力、情報の入手と分析能力、好奇心と想像力のすべてが含まれている。しかしラリーの説明を聞いて、私は本当にうまくいくのだろうかと思った。ＨＴＨの生徒は何をどのように学んでいるのか。彼らは真剣に勉強に取り組んでいるのか。大多数のハイスクールの生徒と同じく機械的に勉強しているのではないか。もしも生徒が本気で取り組んでいるとしたら、どのようにしてこれまでとは違った学ぶ意欲を持つことができたのだろうか。

指導と学習

私はＨＴＨの玄関に到着した。伝統的なアメリカのハイスクールとあまりにも違うので、探し当てるのはひと苦労であった。フットボールのグラウンドも見当たらず、外に黄色のスクールバスも見当たらない（ほとんどの生徒は公共交通機関や相乗りを利用する）。学校の建物は、かつて軍の施設だったことを物語る地味な長方形の箱のような外観だった。生徒たちが周りの校舎に一気に流れ込んできており、多くの生徒はリュックから白いコードをぶら下げて携帯用のアイポッドを聴いている。同級生や教員と歩きながら楽しく会話をしている生徒もいる。多くのハイスクールの玄関で見かける、やる気がなく、退屈そうで眠そうな生徒の姿は見当たらない。

通常の公的機関や学校は朝の七時に始まるが、ＨＴＨは地域のバス・スケジュールに合わせて遅めの八時半からのスタートである。その時間が近づくと、多数の生徒はすでに教室にいて、残りの生徒がポツポツと建物の入口から入ってくる。先ほどまでガヤガヤしていた話し声もきっぱりと静かになった。チャイムもなければ、入口付近に「遅刻ですよ。早く教室に入ってください」と校長の横で叫ぶアシスタントもいない。通用門の横にある木製のカウンターの後ろに座っているカジュアルな服装の元気な二人のスタッフは、遅れて来る数人の生徒に対して、壁にある時計の時間を素早く指し示し、黙って生徒を急がせるだけである。

建物の中心にある集会エリアは吹き抜けになっており、長い光の筋が高い天窓から流れ落ちている。見上げると、むき出しになった建物の梁、ダクト、ワイヤーに並んで、生徒たちの作品が整然と吊されていた。空中のいたるところに、彫刻、物理実験の立体作品、絵画作品、ポスターがある。そして中央の集会エリアを囲むように、ガラス扉の教室や小部屋が並んでいる。建物の中は、学校よりも大人が働くハイテクな作業空間のようだ。教室の外には長椅子やカウチがばらばらに置いてあり、生徒たちはノートパソコンや自分が書いたペーパーを持って、新しくも古くもないそれらの椅子に腰かけていろいろな話をしている。私は、中国がスーダン西部のダルフールに対して経済的関心を持っているという社説をインターネットからプリントした二人の男子生徒の議論を聞いた。「中国はスーダンの石油がほしいあまりに、大虐殺については取り上げないだろう」と一人の生徒が熱く語る。「でも、中国は石油問題の以前に、アメリカが提案した国連安全保障理事会の制裁を拒否している」ともう独りの生徒が言った。「だから駆け引きかもしれない」

私は生徒たちが話をしているカウチの近くの教室に入った。教員は教室の隅で静かに一人の生徒を指導しており、他の生徒たちは、小さなグループか、あるいは一人でノートパソコンに向かっている。数分後、教員は教室を見渡して言った。「ダルフールの話を始める前に、履歴書の二回目の下書きを完成させましょう」。先ほどから指導していた隣にいる生徒には、「ここにある動詞の一致を勉強しましょう。この文章は、去年、あなたが体験したインターンシップについて正しく書かれていますか」と小さな声で言っている。

彼女の後ろにあるホワイトボードには、「ダルフールについて知りたいこと」という見出しとそれに関する質問が書かれている。

・だれが反政府勢力を支援しているか、どうやって知ることができる?
・石油とタバコがダルフールの大虐殺の誘因?
・コソボ共和国対ボスニアの紛争はどうして最小限の武力介入で終わることができた?
・ダルフールの大虐殺は、ほかの大虐殺とどこが違う?

教室の別の壁には二枚のポスターが貼られており、緑の画用紙でうまく縁取りされた中に「ダルフール収容所」と書かれていた。保護者と生徒のための夜間プログラムのポスターらしく、難民キャンプを模したテントを設営して、それぞれのテントの中に過去一〇〇年間に起きたさまざまな大虐殺について の展示をしようとするものである。この学校では、生徒たちはテストに合格するだけではなく、学習したものを大人に向けて発表する必要がある。

広々とした廊下を離れるとき、私は一人の美術教員に話しかけ、前に教えていた学校と比べてこの学校はどうかと尋ねた。

「私はあの上で教えていました」とサンディエゴの丘の上の裕福な郊外の学校のほうを指さしなが

ら彼は言った。「とても優秀な子どもたちに美術やAPの美術史を教えましたが、生徒は、形だけでやったふりをしていました。彼らが最も気にしているのは成績です。やさしい美術の授業を望みます。『美術は難しくないので、息子に履修させました。でも、先生が難しくしたせいで、息子のGPA〔成績平均点〕は台無しになりました』とある母親に言われたことがあります。この学校とは非常に違います。ここの生徒たちも優秀ですが、彼らは非常に勉強熱心です。また、私は他の教員と一緒に素晴らしいプロジェクトに取り組むことができています」

彼は変わった装置が置いてある棚を指さした。ルーベン・ゴールドバーグ〔複雑で精緻な図を描いた漫画家〕の複雑怪奇な機械に彫刻を組み合わせた、ユニークな装置である。一つは、外にクランクがあり中に車輪が付いている透明のプラスチックでできた立方体である。もう一つは、多くの丸い穴があいている明るい色の箱で、一、二本の紐が横に伸びており、紐を固定する装置が付いている。「これは、私と物理の教員、エンジニアリングの教員の三人が生徒に与えた単元学習の課題の一つです。装置はそれぞれ物理の法則を表しています。私はこのプロジェクトの美的センスの基準を担当し、エンジニアリングの教員は機能設計を担当しました。生徒は装置を完成させたあと、物理のテストを受けることになっています。生徒と私たちにとって、素晴らしいプロジェクトでした」と彼は誇らし気に微笑みながら言う。

集会エリアのほうに歩いて戻ろうとすると、生徒の集団に遭遇し、大きな木製の投石機のようなものから打ち出された卓球のボールに当たりそうになった。不満を抱いた生徒たちによる不意打ち攻撃だろうか。いや、そうではない。これが普通の物理の授業なのである。生徒たちは次の発射の準備を整えると、一〇フィート先にあるバケツに卓球のボールを入れるために必要な力を考え、引っぱる距離を注意深く測定する。生徒が実験に取り組んでいる間、教員は横で観察しながら記録をとっている。

別の授業では、教員が生徒に、新しい消費者を開拓するための広告の役割を文章にまとめ、広告が私たちの生活に与える影響について議論するという課題を出していた。生徒たちが文章をまとめている間、私は教員にこの授業について尋ねた。彼によると、消費文化と広告をめぐるこの課題は、社会科の教員である彼が、地球温暖化の学習の一部として英語と生物の教員と協力して計画したものであるという。生徒たちはすでにキリスト教における支配の概念について学んでいた。聖書は自然を支配することを唱えているのか、それとも代理人として自然のための支配を主張しているのか。宗教は問題の一部なのか、それとも問題の解決に貢献するのか、あるいはその両方なのか。この単元では、こうした質問を生徒に投げかけたという。

「私の仕事は生徒に答えを与えることではなく、彼らに質問し、彼らが自ら考え、自分の答えを出すように仕向けることです」と彼は言う。「けれども、彼らが熱くなりすぎないように気をつけています」

生徒の文章力について聞くと、彼は自分のデスクの隅に広げた生徒のレポートを指し、「確かめますか?」と言った。「これは私が教えているもう一つのクラスのものです」

私は無作為に一つのレポートを取り上げた。きれいにワープロで作成されており、およそ一〇ページある（通常二〜三ページしかないハイスクールのレポートよりはるかに長い）。日本に原子爆弾を落とすことを命令したアメリカの第三三代大統領ハリー・トルーマンを戦争犯罪の罪で起訴する、という生徒主導の模擬裁判についてのレポートだった。明確な文章で、クラスメイトが演じた検察側、被告側のそれぞれの証人による証言を検討し、その論拠と的確な歴史認識を踏まえて評価している。当時太平洋戦区を指揮していたマッカーサー司令官役を務める同級生の証言については、信憑性を疑問視し、「マッカーサー司令官は、軍人として高い評価を受けている。彼は日本への地上侵攻の成功を信じていたので、証言にあったように彼が原子爆弾の使用に賛成したとは私には思えない。彼は侵攻が成功すると信じていたこと、そして日本の天皇の支持がなければ占領は不可能であることを知っていた」と書いている。十分な証拠によるよく考えられた精緻な分析である。私はハイスクールの生徒によって書かれたこのようなレポートは、これまで読んだことがない。

トイレに行くと（トイレの状況からその学校の生徒について多くのことがわかる。たとえば壁の落書きとその中身、床に落ちているゴミなどは、生徒が学校のことをどう思っているかを知る指標になる）、壁には生徒の描いた絵が輝いていた。床にはゴミ一つ落ちていないし、落書きもない。ある壁には二一〇〇年の予想世界地図が描かれ、現在の大陸はほとんど水に覆われて、陸地は現在よりもはるかに小さい。

教員の視点

この学校の授業が通常のハイスクールの授業とどのように違っているかをより深く理解するために、私は11学年と12学年の人文学を担当するコリーン・ウォーウィックと広範囲にわたる話し合いをした。ウォーウィックは、のちにチューラビスタ学区のＨＴＨの責任者になっている。

「最初はミシガン州にある公立ハイスクールで教えました。私たち教員がやっていたのはテストのための授業でした。私は自分が好きなもの、つまり長編小説を教えることができず、文章の書き方を教えることもできませんでした。私は学校を辞めて、大学院に入りました。イギリス文学の修士号を取得し、さらに一九世紀の文学の研究で博士号も取得したあと、大学で教えましたが、やがて海軍にいる婚約者と一緒になるためにサンディエゴに引っ越しました」

「サンディエゴの北部にある公立ハイスクールで教えることになりましたが、楽しくありませんでした。ジョン・アダムスについてレポートを書く、といった宿題を出しても、うまく噛み合いませんでした。生徒はジョン・アダムスについて勉強することもなく、質問もしません。熱意のある優秀な若い教員は多くいましたが、カリキュラムは完全に教科書一辺倒で、教員が教えたいことを教科書が補完するという授業にはなりませんでした。文章力を養う授業はテスト中心だったので、生徒が書きたいと思うようなテーマは扱われませんでした。カリキュラムにはまとまりがなく、不定期に宿題が出され、一連のスキルを養成しようということもありません。生徒は、大学や進路について話すときもまるでやる気がありませんでした。ハイ・テック・ハイのことを聞いて訪問すると、ベン・デイリー校長は、デモ授業、生徒たちとの対話、他の志願者と一緒にプロジェクトを計画するなど、丸一日をかけた面接をしてくれました」

「この学校での教育は、一人一人の生徒に焦点を当てるという点で他の学校とは違っています。私はリードの性格もイアンの性格もよく知っていますし、彼らには何が必要でどのように学習するのかもわかっています。私たち教員はプロジェクトに取り組む際、生徒の意見に耳を傾けます。一人の生徒が『サーフィンに興味があるので、習ってみたいです』と言えば、教員はプロジェクトにサーフィンの体験を取り入れる方法を考えます。私は毎日教室の前方に座ってただ授業をする講師ではなく、むしろファシリテーター［推進役］だと思っています。また、自分が興味のあることを教えるという点も他校とは違います。自分になじみのないテーマも多く、たとえば最近、科学捜査についてのプロジェクトがありました。プロジェクトが始まるまで、自分が科学捜査に興味を持つことになるとは思っていませんでした」

「生徒たちの大学入学準備はどのようにしていますか」と私は尋ねた。

「生徒には、何よりも分析能力と文章力が必要だと話しています。彼らは自然にそれらのスキルを身につけていますが、それに磨きをかける方法を学ぶ必要があります。物語のように書くことや、自分の経験を文章に反映させることも重要です。それにより、生徒はこの世界で自分が何者であり、周囲にどう影響を与えるかということを学び、市民としての自覚を育みます。生徒たちが『えっ、それ以外の方法がありますよね。そうやって考えたことはありませんでした』と話すのを聞くのは素晴らしいことです」

「州のテストについてはどうでしょうか」

「カリフォルニア州に住む生徒は、州が要求するハイスクール卒業試験と州テストであるSTAR［Standardized Testing and Reporting］を受けますが、そのための準備はとくにしません。ここではテストの準備もAPクラスも提供しておらず、自分の授業をするだけです。生徒は上級クラスの授業を選ぶことができ、私の授業の場合、生徒はより長い小説を読み、より長い文章を書くことになります。最初に、一人一人の生徒に対して『どうすればあなたをもっと悩ませることができるでしょう？』と

尋ねます

「どのようにして生徒に就職への準備をさせますか」

「彼らは、プロジェクトを中心とした学習環境の中で、毎日チームづくりと共同作業を行います。このように協力して作業をすることは、分析的思考力や文章力とともに、彼らに最も必要とされているることです。私たちは、生徒の実習先の指導担当者と就職にあたって具体的に必要とされるスキルを話し合います。けれども、ほとんどはコンピュータのプログラムを書くなどの技能を学ぶことになります。さまざまな人と協力して働くことを学ぶことは、ここでは日々の活動の中で行われていますが、それは将来どの仕事に就いても必要です。私たちはそのためのスキルを教えなければなりません。議論の際に、『あなたが言っていることは……』と私たちが生徒たちに使っていた言葉を自分の表現として取り入れ始めるのを見るのは実に面白いです」

ウォーウィックはさらに続けた。「大学へ進学してもしなくても、いずれにしろ彼らは準備をする必要があります。大人と会話ができる、時事問題を知っている、市民としての責任と義務を理解している、自分の権利について知っている、自分の考え、信念、感情を明確に述べる、といったことが求められます」

「来年、チューラビスタ学区の仕事を始めるにあたって最大の挑戦は何でしょうか」

「生徒が自分は愛されていると感じて、自分に誇りを持つことですね。すべての教員に、この学校の文化を感じ取ってほしいと思います。私はこの学校の文化が好きです。以前は職員会議を楽しみにしていたことなど一度もありませんでしたが、ここでは会議に出席するのが楽しみで、勉強になることも多くあります」

校長に会う

ＨＴＨが創設されたとき、ベン・デイリー校長は物理の教員として赴任した。この三年間は校長を務め、今後は、学校組織全体の教育責任者（ＣＡＯ）の仕事が予定されている（ＨＴＨは、学校の全教育プログラムを監督するＣＡＯ〔chief academic officer〕という専門用語を造った）。私は高い学力水準を維持する革新的なプログラムの課題を知りたいと思い、ベンに聞いてみた。

「ＨＴＨでは〝優秀な〟教員をどのように定義しますか。また、教員の能力向上のためにどのような支援をしていますか」

「生徒が成し遂げたことの質から判断します。生徒のそれが優れていれば、教員も優れていることになります」（ＨＴＨの教員の契約はすべて一年契約である）

「生徒の学習の質をどのように測定しますか。優れているかどうか、どうやってわかるのでしょう」

「生徒の学習成果を公開し、慎重に検討します。そのためのさまざまな機会をたくさん準備しており、たとえば外部の人を招待し、もちろん保護者も含めて、一緒に生徒のデジタル・ポートフォリオや発表を検討します。エンジニアリングのプロジェクトにはエンジニアを呼び、建築のプロジェクトには建築士を呼びます。それで終わりではありません。フィードバックはもっと大切です。私たちは、さまざまな観察記録を使って学習成果の質を話し合います。ですが、こういった評価よりも重要なことがあることがわかってきました。優れた学習成果を選び、『これがいま話したことのお手本です』

と生徒に見せて、それがなぜ優れているかを生徒に説明してもらうのです。一度やってみれば、彼らはこれができるようなります。さらに、生徒の名前は明かさずに、ほかのクラスでの不十分な学習成果の例も示します。こうすることで、だれもが素晴らしい成果を上げたいと願う文化が育まれていきます」

「新しい教員を採用する際の最大の課題は何でしょう」

「応募してきている教員の中には、この学校を理解している若い教員がいる一方で、経験は十分でも理解のない教員が多くいることに気づきました。ですから、私たちは経験がなくとも若い教員を採用しています。このことは、独自の教職認定プログラムの開発につながり、より計画的で系統的な教員の向上を図ることができるようになりました。若い教員はチームで働きますが、ＨＴＨで長年の教職経験を持つ教員にも一人加わってもらうことにしています」

さらに校長は続けた。

「毎日、生徒たちが登校する前の一時間を使って、生徒の学習成果を一緒に見て良い点と改善点を話し合います。すべての教員はチームで働き、教員は必ずペアを組んで、五〇人の生徒を担当します。教員は週に二回集まって、生徒たちと彼らの学習成果について話し合い、計画を立てます」

私は教員全員の継続的な向上を支援するＨＴＨの構想に感心した。彼らの努力が新しい教職大学院の創設へと発展したことにも感銘を受けた。二〇〇七年の秋、ＨＴＨの教職認定プログラムは、学校指導者と教員リーダーを本格的に養成する二つの修士課程を持つ教職大学院へと移行したのである。カリフォルニア州にとって、数十年ぶりの教職大学院の誕生であった。従来の教育の修士課程は、

80％が授業で20％が現場実習であるが、ＨＴＨの修士の学生は、80％を経験のある教員と一緒に現場の教室で過ごしている。

二人の生徒の経験

二〇〇七年の秋に、私はハイスクールの最上級生のガブリエル・デル・バレとルース・ガルシアにインタビューを行った。ルースの家族は自分たちが住む学区の学校に娘を入学させたくなかったので、彼女は9年生からＨＴＨに編入したという。「家の近くのハイスクールは大規模校で、多くの問題を抱えています」とルースは言った。こうして彼女はＨＴＨに入学した。一方、ガブリエルは、ハイ・テック・ミドルスクールに7年生から通い、その後ＨＴＨに進学した。彼の母親も、息子には家の近くにあるハイスクールに通ってほしくなかった。その学校は、英語を第一言語としない移民の子どもたちに、基礎的な英語を第二言語として教えているからだという。

「ＨＴＨの最も好きなところを教えてください」と私は尋ねた。

「学校が小規模なところです。私は先生のことを、先生たちは私のことを、よく知っています。質問があればいつでも先生に聞けますし、大学進学に関する指導も多く受けられます。取り組んでいるプロジェクトも大好きです」とルースが答えると、ガブリエルも相づちを打って言った。「先生たちは生徒のことを本当によく気にかけてくれます。卒業して大学に進学する手助けをしてくれます。先生はただ教えているのではなく、僕たちのやる気を引き出してくれます」

「一番嫌いなところは何ですか。改善が必要なところはありますか」と聞くと、二人はいぶかしげな顔をして黙ってしまった。「とくにありません。僕は学校が大好きです」とガブリエルが答える。

「私もです」とルースも言った。

「来年の計画はありますか」

「大学に進学するつもりです」とルースはきっぱりと答えた。「第一希望はサンディエゴ大学です。政治学か国際関係を学びたいんです。HTHの最初の学年で国連の模擬プロジェクトをやってから、この分野に興味を持つようになりました。プロジェクトでは、生徒一人ずつがそれぞれ一つの国を選び、その国が直面する問題と解決策を調査しました。そして代表者の会議を開催し、それらの問題点について発表し議論しました。私が選んだ国はシエラレオネで、人身売買の問題を調査しました」

「僕も大学に進学します」とガブリエルが言う。「いまは機械工学を専攻するための準備をしていますが、あとで神学に変えるか、あるいは両方を勉強するかもしれません」

HTHの生徒は、11年生になると学力プログラムの補習として地元の企業や非営利組織で一〇週間のインターンシップを経験する。これについて聞くと、ガブリエルが話し始めた。

「僕はジェネラル・アトミックス社というエンジニアリング会社で実習をしました。原子炉部門に配属され、現在は使われていないVAXコンピュータの情報を取り出して、デスクトップ・コンピュータのデータに変換する方法の説明書を書きました。問題解決についてかなり勉強になりました。自分は毎日コンピュータに向かって働くことが好きではないことがわかりました。エンジニアリングには多くの分野がありますが、僕は建築に関わるエンジニアリングの仕事をやりたいと思っています。僕は現場向きの人間で、物をバラバラにして組み直し、それがうまく機能するかどうかを確かめるのが好きなんです」

ガブリエルは続けた。「卒業プロジェクトは、〈アンティ・ヘレン〉（Auntie Helen）という非営利組織で、棚を作るシステムをデザインし制作しました。この団体は、エイズなどの病気の患者のために洗濯をする活動をしています。患者のニーズを満たす最適な棚作りのシステムをつくるため、さまざまなエンジニアリングのスキルを用いなければなりません。きちんと計測する、構想をデッサンする、3Dのデザインを考えるといったこともしました。いまも制作中ですが、もうすぐ完成します。このプロジェクトは、エンジニアリングの知識だけでなく、率先力の勉強にもなりました。まずは対象とする組織を探し、彼らが必要としているものを尋ねることから始まります。あと、チーム内で他のメンバーとうまく働くことについても勉強になりました。皆の意見が違うので、それをまとめなければなりません」

「私はサンディエゴ港湾という公益法人で実習をしました」とルースも教えてくれた。「もう一人の生徒と一緒に環境業務部で働きました。私たちは二つのアニメゲームを設計して、『オルカ・プロジェクト』という環境業務部のホームページにアップしています。一つはサンディエゴにいるさまざまな種類の鳥とその生息地について、もう一つは科学者が水中で実験に用いるさまざまな機材についてのゲームです」

HTHのカリキュラムの核心は、チームによる実践的なプロジェクト学習と、生徒の作品を公開することにある。二人に他に印象的だったプロジェクトについて尋ねると、ルースから話し始めた。

「去年、ある海洋プロジェクトをやりました。歴史上の航海の旅をチームで再現するというもので、私はチャールズ・ダーウィンのビーグル号の航海を選び、オートキャド（AutoCAD）というソフトを使って正確な船の設計図を作りました。最初はソフトの使い方もわからなかったし、メンバーはそれぞれが違う種類の船の図を用意しなければなりませんでした。私たちは一緒に六分儀も作り、調査に基づいて、船の上にいるつもりでそこから見た景色を航海記録に書き込みました。私はダーウィンの役でした。私たちは作品をサンディエゴの海洋博物館で三カ月の間、公開展示しました。博物館の展示物を作るのはとてもやりがいがありました。私はモノをつくり、学び、そして、自分が社会で学んだことを分かち合いました。チームワークについても勉強になりました。自分たちが作った六分儀で三日間のセーリングの旅に出かけたんです」

次にガブリエルが、11年生のときのプロジェクトを振り返って言った。「生物学のプロジェクトで、生徒全員でサンディエゴ湾に生息する生物種について一冊の本を書きました。この本は出版され、自然史博物館で売られています。僕はシロチドリの生息地、生態、個体数の増加と減少、危険にさらされる状況などを調べました。本を書いたのは初めてで、普通の研究論文と違って、人の興味を引くように書くのは難しいことがわかりました。そして環境の大切さも理解できました。それまでは、一つの生物がどれほど重要な役割を果たしているのかを知りませんでした。チドリはハエの幼虫を食べるので、もしも絶滅すれば、海辺はハエだらけになってしまうんです」

「この学校で学んだ重要なスキルは何でしょう」と私は尋ねた。

「討論会で自分の立場を主張することや、明快な論文の書き方、いわゆる議論の根拠を文章にすることを勉強しました」とガブリエルが答える。「クラスメイトと意見が違っていたので、初めはかなり大変でした。論理的思考と問題解決についても学びました。プロジェクトではさまざまな問題に直面するため、それを解決する必要があります。さらに、自分とまったく違う意見を持つ人と協働することについても勉強になりました。プロジェクトで自分のパートナーがやるべきことをしなかった場合、それがどうしてなのかを考えるように先生は言いました。仕事でも同じですよね」

「自分の学習成果をどう提示し、どうコミュニケーションをとるか」とルースが言う。「ＨＴＨでは、すべてのプロジェクトを大人に向けて発表します。私は恥ずかしがりやでしたが、いまでは自信を持って話すことができるようになりました。自分の作品を専門家がつくったように見せる方法も、テクノロジーについてもたくさん学習しました。ミドルスクールではコンピュータを使いませんでした。プロジェクトを通じて、私たちは常に考え、計画を立て、団結し、チームで働いているのだということを理解するようになりました」

「いまは前よりも自分に自信があります。大学で学ぶこと（ルースは週三日、午前中にある大学でフランス語の授業を受講している）や仕事に就くことも実感できます。私の親は大学を出ておらず、私を誇りに思ってくれています。いまはとても小さな家を借りていますが、いつか両親に家を買ってあげたいと思います」

学校選択

ハイ・テック・ハイは、生徒全員に「生き残るための七つのスキル」を教えている特殊な学校の例である。レーザー光線を当てるように、最も重要な目標である成果に焦点を当て、その成果を達成するために、教えること、学習すること、評価すること、そして学校の建物を積極的に見直すことを実践している。HTHは、自らの経験を生かし、計画的に新しい学校の種子を播いて同じような学校を増やすことを検討中である。さらに、新しい授業法を身につけた教員を養成することも考えている。

しかしながら、さまざまな種類のハイスクールがある中で、HTHは唯一のお手本では決してない。およそ二〇年にわたり、全国の勇気ある教育者は、アメリカのハイスクール教育を再構築するために教育の「研究開発」に静かに、しかし根気強く取り組んできている。二〇〇一年の初めに、この動きはビル&メリンダ・ゲイツ財団をはじめとする慈善団体からの相当額の補助金によって急速に加速した。これらの団体は、大規模な総合制の（かつ運営不振の）ハイスクールを解体し、自主的に運営する小規模のハイスクールを創設しようとするさまざまな非営利組織を支援してきている。過去七年にわたり、アメリカ連邦政府教育省も大規模なハイスクールを小規模な「学習コミュニティ」に再編成しようとする学区に補助金を交付してきた。今日、アメリカには再編成されたハイスクールや新しい小規模のハイスクール、チャーター・スクールが数千校もある。ビル&メリンダ・ゲイツ財団のプログラム上級職員であるアダム・タッカーによると、ニューヨーク市だけでも二〇〇以上の新しい小規模ハイスクールがあり、今後五年間で二倍に増える予定だという。大都市だけの話ではない。大都市郊外や地方でも、再編成されたハイスクールと新しいチャーター・スクールが増えている。

過去一〇年間、私はビル&メリンダ・ゲイツ財団の上級アドバイザーとして、また一人の研究者として、全国の少なくとも五〇校の新しい、あるいは再編成された小規模な学校を見学し、教員や生徒と話す機会を持った。振り返ってみて言えるのは、学校は皆それぞれであるということである。一つのハイスクールをもって、他のハイスクールの例とはならない。ＨＴＨの学校群においても、その趣旨によって学校はそれぞれである。科学とエンジニアリングにより重きを置く学校もあれば、メディア・アートや異文化経験の学習に重点を置く学校もある。

それぞれの子どもたちは、それぞれの環境の中で最も能力を発揮する。たとえば、ある生徒たちは他の生徒に比べてより統制された環境で力を発揮する。また、特定の趣旨を持つＨＴＨのような学校で自分の興味を育む生徒がいる一方で、興味を伸ばす機会がより多く用意されているほうがやる気を起こす生徒もいる。学校の選択は非常に重要である。心理的にも重要である。なぜならば保護者と生徒は自分で学校を選ぶことによって、より学校に対する責任を感じるからである。彼らはそのコミュニティの一員になることを選んだのである。(4)

「生き残るための七つのスキル」を教えて成功している学校の多様性を探るために、さらに二つの学校を取り上げよう。

メット

"一度に一人の生徒"

メット・ネットワーク（Met network）は、デニス・リッキーとエリオット・ワッシャーが経営するビッグ・ピクチャー（Big Picture）という学校開発の会社のプロジェクトの一つである。一九九五年、彼らは新しいハイスクールモデルの創出を願って、ビッグ・ピクチャー社を設立した。同社の目標は次のようなものである。

より広範囲の地域社会と連携し、革新的で個別指導中心の学校を創設し持続させることで、アメリカの教育に変革をもたらす。公立学校の壁を打ち破り、新たな教育を計画し、実現する。新しい学校と地域社会の指導者となる教育者を養成し、青少年教育に関与して意思決定を行う市民を積極的に後押しする。

私たちの哲学は、「一度に一人の生徒」を教育する、という考えに基づいている。私たちは、一人一人の生徒に合わせた個別的な教育プログラムを推進し、開発する。

私たちは、個々の生徒が自らの教育に積極的に参加し、生徒をよく理解する教師、保護者、メンター［助言者］がその生徒に合わせたカリキュラムをつくり、生徒の関心を高める学校外の経験と学校の学習が融合したときに、真の学習が生まれると信じている。「テストの点数で測る成績責任」が強迫観念となっているアメリカであるが、あえて私たちは、「個別指導責任」を推進する。(5)

一九八〇年代に、リッキーが校長を務めるニューハンプシャー州のハイスクールで、リッキーとワッシャーは一緒に働いた。二人は、一九九三年にCVSケアマーク社の創立者スタンリー・ゴールドシュタインから、ロードアイランド州に来て州の教育の改善を検討してほしいと依頼を受けた。なかでも、プロビデンス市のマイノリティ層と経済的な問題を抱える層の生徒が通うハイスクールの高い中退率が問題になっていた。その年の終わりに、同市にあるブラウン大学のエッセンシャル・スクール連盟（Coalition of Essential Schools）のセオドア・サイザー会長は、二人を新しく設立したアネンバーグ学校改革研究所（Annenberg Institute for School Reform）の最初の上級研究員として招いた。

この頃、ロードアイランド州は技術教育プログラムを見直そうとしていた。同州の教育庁のピーター・マックウォルターズ教育長はビジョンを持った指導者であり、プロビデンス市の南部に職業訓練と技術の学校を新しく設置するための調査を始めていた。その結果、ハイスクールの新しいモデルの開発が求められ、「さまざまな興味と能力を持つ生徒に教育を与え、生活のスキル・学力とビジネス・テクノロジーを統合するとともに、良き市民を育成する学校」とされた。

市の有権者の承認によって、新しい学校の設立に二九〇〇万ドルの債券が発行された。そして一九九五年、同州の教育庁は「メトロポリタン地域職業・テクニカルセンター（the Metropolitan Regional Career and Technical Center, the Met）」の構想の設計と実施の契約を、新しく設立されたビッグ・ピクチャー社と結んだ。メットと呼ばれるこの学校は、定員の75％がプロビデンス市の生徒であることが州によって求められた。同市の中退率は50％を超え、給食費の免除や減免が認定された生徒がその75％以上を占めていた。定員の残り25％は、ロードアイランド州の同市外の生徒に割り当てられた。メットの設立は、ロードアイランド州の雇用省、人材育成投資評議会、アネンバーグ学校改革研究所、ケアマーク社（当時メルビル社）、ビッグ・ピクチャー社による官民共同のプロジェクトであった。メットは、一クラス五五人の生徒をもって一九九六年の九月に開校した。

数年後、この新しい学校モデルの成功が明らかになると、全国から自分たちの地域にメットのような学校を設立したいとの依頼がくるようになった。現在、メットはビル&メリンダ・ゲイツ財団などの支援を受け、ビッグ・ピクチャー社が開発した全国の五〇カ所以上でオルターナティブ・スクール学区およびチャーター・スクールとして展開している。学校が設置されているのは、ニュージャージー州カムデン市、ミシガン州デトロイト市、カリフォルニア州オークランド市など、アメリカでも最大の教育問題と治安問題を抱える大都市である。こうした環境にあっても、生徒のほぼ100%が卒業し、うち95%は二年制あるいは四年制大学に進学するという実績から、メットは全国的に高く評価されている。

現在、ロードアイランド学区には、プロビデンス市の南部にある本部キャンパスに四校、ダウンタウンに一校、市の西部に一校、ニューポートに一校の合計七つの小規模な学校があり、八〇〇名の生徒が在籍している。本部のキャンパスには公平、正義、自由、調和という名称の四つの建物と最先端のメディアセンターがあり、それらは体育の授業や校内のさまざまなスポーツの試合を行う芝生のフィールドに囲まれている。また、地域に開放されているバスケットボールコートと体育館もある。一つの建物はそれぞれ独立した学校と考えられ、在籍する一二〇名の生徒は八つの指導グループに分けられている。指導グループとは、「教育のユニット」で、四年間にわたり一人の教員が一グループを担当する。教員は生徒一人一人の学習プランの開発に責任を持ち、一年に四回、生徒、生徒の家族、教員とともにプランの見直しを図る。この「個別学習プラン」の中心は、インターンシップと各種のプロジェクトである。メットでの四年間、すべての生徒は週に二日キャンパスを離れ、地域のさまざまな非営利組織や企業で実習を通じて学習する仕組みになっている。

ビッグ・ピクチャー社のエリオット・ワッシャーは、私にこう説明してくれた。「生徒に授業を受けさせればいずれ自分の興味がわかるだろう、というのではなく、生徒一人一人が自分の興味を見つけるように支援し、その興味に基づいて学習プランを立てます」。共同設立者のデニス・リッキーは、これを「興味に基づく学習」と呼んでいる。メットでは、大学で、職場で、および市民として必要なスキルを育成し、やる気を引き出すために、生徒の興味をカリキュラム編成に活用している。リッキーとワッシャーによると、生徒は州が実施する数学と読解力のテストではしっかりと得点しているが、他の教科については、生徒が学習スキルを身につけてやる気さえあれば、のちに大学に進学してから習得できるだろうという。科目の内容よりも、最も大切な学習スキルとコミュニケーションスキルを学び修得しようとする意欲を優先する教育上の順位づけと解釈できよう。

メットが掲げる五つの学習目標には、生徒がプロジェクトと実習を通じて修得しなくてはならない知的技能と対人能力が示されている。ここでも、それらは「生き残るための七つのスキル」とほとんど一致する。

①コミュニケーション能力「どのように考えを理解し、伝えるのか」

優れたコミュニケーション能力を持つ人になることを指す。聞き手を理解し、よく書き、よく読み、よく話してよく聞き、テクノロジーと芸術的表現をコミュニケーションに活用し、他の言語に親しまなくてはならない。

②実証的推理「どのように証明するか」
科学者のように考えることを指す。つまり、実証的証拠や論理的プロセスを使い、判断を下して仮説を検証する。具体的な科学的内容を意味するものではなく、物理学から社会学、芸術理論などの考えを取り入れることをいう。

③個人的資質「自分は何をもたらすことができるのか」
自分が最良と思う人間になる。尊敬、責任、秩序、リーダーシップを証明し、自分の能力を示して向上にいそしむ。

④数量的推理「どのように測定し、比較し、提示するか」
数学者のように考えることを指す。数字を理解し、不確実性を分析し、形状を理解し、時間とともに物事がどう変わるかを学習する。

⑤社会的推論「他の人の見方はどうか」
歴史家や人類学者のように考えることを指す。多様な視点を持ち、社会問題を理解し、倫理を探究し、社会問題を歴史的に考える。

指導と学習

私はプロビデンス市のメットの本部校を再び訪問した。新年度が始まったばかりで、生徒はこれから取り組むインターンシップの調査をする時期だった。メットの一日は、「元気づけ」(pick-me-up)の時間から始まり、生徒と教員は学校の中央にある集会エリアに集まっていた。そこに入っていくと、一人の教員が、大きな半円状に立ったり座ったりしているおよそ一〇〇人の生徒と教員に向かってアナウンスをしていた。「新しくオープンしたホール・フーズ・マーケットに求人があります。次回の金曜日の『元気づけ』の時間に登録を忘れないでください」

部屋中に、ささやき声とリュックのカサカサという音が聞こえた。しかし、クリス・ヘンペル校長が生徒たちに「皆さん、話を聞くことは相手への敬意ですよ」と言うと、すぐに静かになった。

10年生の男子生徒四人が立ち上がり、皆の前に出た。彼らは、それぞれが書いた反省文を順番に読み上げた。どうやら先週の金曜日の放課後に、彼らの何人かが駐車場でビールを飲んでいたらしい。飲まなかった生徒は、それを知りながらだれにも知らせなかったようである。全員が心から反省し、コミュニティとしての生徒と教員に謝罪した。彼らはコミュニティの信頼を取り戻すための計画と、後輩の生徒たちのためにアルコール依存症の問題を認識するプログラムの計画を話した。「僕たちの指導グループの他のメンバーを批判しないでください。僕たちの過ちです。彼らを裏切ってしまいました」と一人の生徒は言った。

ヘンペル校長は、いずれ彼らは失った名誉を取り戻し、彼らが自ら提案した奉仕活動だけでなく、信頼関係を再構築する方法もコミュニティにもたらしてくれるだろうと手短に述べた。彼は続けて、数年前にある生徒グループが全校集会を招集し、生徒を残して教員の退場を求めたときのことを話した。彼らはドラッグを校内に持ち込んだ生徒がいたのを知り、全校生徒を集めたのだという。そのときの彼らの言葉を、ヘンペル校長は諭すように紹介した。「薬物をここに、『僕の』学校に持ち込まないでください。ここはあなたのコミュニティなのです」

次に、12年生の女子生徒のフランチェスカが立ち上がり、夏休みのプロジェクトとしてドミニカ共和国で学校設立の支援活動や子どもたちのサマーキャンプで働いたことについて、スライドを見せながら話し始めた。教員になりたい彼女にとって、子どもたちと一緒に活動することがどんなに意義深いことかを語り、親戚に会ったことについても話した。フランチェスカは、生徒全員に聞こえるように、気持ちよく、はっきりと、大きな声で話す。生徒は静かに座り、彼女を注視している。彼女の話が済むと、一五分の質疑応答の時間があった。最後に彼女は、夏のプログラムを利用して無料で旅行する機会を生徒たちに勧めた。このプログラムは、生徒たちが自分の興味関心を見出し、大人として必要なスキルをより深く理解する機会として学校が奨励しているものである。

その後、指導グループの話し合いが行われた。私は、およそ一二人の11年生のグループを見学した。さまざまなポスターが貼られた小さな演習室で、生徒は長方形のテーブルを囲んで集まっている。私の近くのポスターには、指導グループに期待されていることがリストアップされていた。

- 責任を持つ
- お互いを尊重する

・参加する

別のポスターには、「批評の文化」というものが書かれていた。

・思いやり
・具体性
・有益性
・進め方

また別のポスターには、自分が読むものを理解するための手段として、「リテラシーの要素」が掲げられていた。

・世界に向けた文章
・自分に向けた文章
・文章に向けた文章

すべての生徒が座ると、教員が話し始めた。「今朝は『元気づけ』の時間が延びました。あと二〇分で体育の授業が始まるので、今日はあまり時間がありません。だれか話したいことがある人はいま

すか」（学習への意欲を引き出す生徒との関係づくりに時間をかけず、すぐに授業に入る大半の公立学校とは著しく対照的である）

「私は火曜日に、動物管理局の方との面接があります」とある女子生徒が報告する。彼女は市の施設での実習を希望しており、現在問い合わせ中である。

「昨日、赤ちゃんのアケダが初めてしゃべったの」と別の女子生徒が言った。

「何て言ったの？」と最初に話した生徒が聞く。

「マ、マ」

「はい、では昨日の話し合いはどうでしたか」と教員が尋ねた。「研究論文の進め方について、わかりましたか？　もしそうでなかったら、もう一度教えなくてはなりません。いま配ったカードに、昨日の話し合いで勉強になったこと、改善が必要なことを一つずつ書いてください。それから少し話しましょう」

「僕は眠ってしまいました。T先生（研究論文の書き方について共同授業をする男性教員の名）は、授業の始めはずっと話してばかりいたからです。もっと僕たちが授業に参加できるようにすべきだと思います」とある男子生徒が静かに言う。

「小さな委員会をつくって、あなたにも授業計画に参加してもらいたいですね」。教員は生徒のコメントに少しも驚くことなく、また身構えることもなく、穏やかに答えた。

「私たちが読んだ資料をどうしてT先生はもう一度大きな声で読むのか理解できないです」

「先生が用意した資料はよかったです」

「図書館を探検するのは楽しいです」と生徒は口々に言った。

「はい、その話は今度もう少ししましょう。そろそろ体育館に移動する時間です」と教員が締めくくった。「部屋を出る前に一つだけ、今日、あとで話し合う人はアルフォンソ君です。ペーパーについて話し合いましょう。研究や自分が選んだ実習先への連絡について計画を立てる上で、私と話したい人はいますか。さっき配ったカードに実習について次にやることを書いてください。皆さん、締め切りは一〇月一日だということを覚えていますね」

四年前の訪問では、学校の近くにある病院の実験室で実習する女子生徒を見学した。彼女のメンターは、この女子生徒の思いやりと慎重な振る舞いに感銘を受けたと言っていた。実験室で行うテストの手順についてよく理解していることに私は感心した。

今回、私が知りたかったのは、この学校で教えるとはどういうことかであった。私は、体育の授業を受ける生徒を連れて体育館に向かうエリザベス先生に話しかけた。「この学校で教えることの最大の見返りは何ですか」

「生徒たちとの人間関係です。彼らが9年生のときからずっと一緒で、いま三年目です。互いに信頼関係があるので、私も自分の意見を言いやすいし、彼らも自分のありのままを出しやすいと思います」

「最も大変なことは何でしょう」

「多くのことを同時にやることです。さまざまなプロジェクト、実習、生徒一人一人の学習計画……。私の仕事は、生徒の潜在能力を引き出し、彼らの進歩を確かめることです」

校舎の中心にある集会エリアに戻ると、ヘンペル校長に会ったので話をした。彼は四年前に校長になり、その前は教員として四年間教壇に立っていた。

「この学校の仕事で、最も大変なことは何ですか」

「手抜きのできない親密な人間関係です。ジェットコースターに乗っているような生活だと思います。従来の学校では、教員の価値は教育内容の知識にありますが、ここでは人としての誠実さがすべてです。あなたは何を知っているかではなく、あなたはどんな人間か、ということです」

「教員の指導技術はどのように向上させますか」

「新人教員をベテランの教員と組ませています。同じ担当学年の教員同士もペアを組み、定期的に集まります。職員会議は週に一度、授業が始まる前の一時間です。加えて、月に一度、研修日を用意しています。私が初めて教えたプロビデンス市内のホープ・ハイスクールとはかなり違いますね。そこでは、私は教室に放り投げられて、独りぼっちでした。職員会議はすべて教員組合に阻止されていました」（管理職者が教員に放課後の会議のために学校に留まることを要請すると、組合は契約に明記されていないと抗議を申し立てる）

ある生徒の視点――クリスティーナとの会話

最後にメットを訪問したとき、私は11年生と12年生のグループと二時間を過ごした。生徒たちは、メットでの経験や彼らにとって学校とは何かについて力強く話してくれたが、私はとくに12年生のクリスティーナという生徒の話に感銘を受けた。

「どうしてメットに来たのですか」

「私はミドルスクールで、学校をさぼって、ドラッグに走りました。自分の人生をめちゃめちゃにしてしまい、将来も期待できませんでした。一番の親友からメットのことを聞き、『成績評価がない、テストがない、ほとんど勉強しない、いっぱい旅行ができる、大学にも行ける』と教えてもらったんです」

「学校に行ってはいるものの、何をしたらいいのかわかりませんでした。自分には未来がないと思っていました。これから何をすればよいかもわからないし、私は決して成功しないと先生に思われていたので、学校は大嫌いでした。私には、9年生の指導教員に会うまでだれにも打ち明けたことのない秘密がありました。その指導教員に、自分は識字障害があることを打ち明けました。長い間秘密にしていたことです。検査を受けたのは4年生のときで、『これは普通ではありません。あなたは読めないからいつも言い訳ばかりするのですね』と教員は私に言いました。ミドルスクールに入る前、何の理由かわかりませんが、このカウンセラーは私に意地悪をしました。私の指導記録に識字障害があることを書かなかったのです。態度が問題だという理由で、私は特別支援教育のクラスに入れられ、私の問題はまったく理解されませんでした。メットに入学して指導教員との信頼関係ができ、秘密を打ち明けることはとてもつらかったのですが、先生は必要な支援を見つけてくれて、私は新しい学習プランを始めることができました」

「現在の読解力と文章力は8年生のレベルです。将来やりたいこともわかっていて、夢を実現するために、政治学と幼児発達について勉強したいと希望しています。昔は考えもしませんでしたが、私の夢は、識字障害の子どもたちのための学校を設立することなんです。私はドミニカ共和国の出身で、バイリンガルです。12年生でのプロジェクトでは、エルサルバドルに行って医療センターで働き、15歳から18歳の女の子を対象にHIVや性病について教えたいと考えています。私は読書と書くことが好きだということがわかりました。自信と責任とはどういうことかもわかるようになりました」

フランシス・W・パーカー・チャーター・エッセンシャル・スクール

〝過ぎたるは及ばざるがごとし〟〝学習者としての生徒、コーチとしての教員〟

セオドア・サイザーは、アメリカ教育の研究で名高く、ハイスクールを厳しく批判する人物としてよく知られている。彼は、かつて最年少でハーバード大学大学院の教育学研究科長となり、その後、一流進学校のフィリップス・アンドーバー・アカデミーの校長をおよそ一〇年間務めた。アンドーバーを辞めたあとは、五年間にわたるアメリカのハイスクール研究プロジェクトを率い、その経験を生かして著名な『ホレスの妥協 *Horece's Compromise*』を含む三冊の本を出版した。

いまなお大半のハイスクールに存在する多くの問題に初めて切り込んだサイザーの研究の集大成として、一九八四年にエッセンシャル・スクール連盟（CES）が設立された。CESは一一校のハイスクールの連盟として始まり、九つの（現在は一〇）の「共通原理」を掲げてサイザーの研究で確認された多くの教育問題に取り組み、自己改革をめざしている。言いかえれば、これらの原理は、既存

のハイスクールに明らかに欠けているものと、彼の研究で明らかになった問題を示すものである。(6)

①知性の活用方法を学ぶ
②過ぎたるは及ばざるがごとし。深さは広さに勝る
③すべての生徒に同じ知力目標を掲げる（能力別にしない）
④パーソナライゼーション
⑤学習者としての生徒、コーチとしての教員
⑥修得の証明
⑦学校に礼儀と信頼を
⑧学校に対する責任（教員にとって第一に責任を果たすべきは生徒であり学校であって、学問ではない）
⑨指導と学習のための資金（ここに掲げる原理の実践のためにさらなる費用が必要だとしても、通常のハイスクールの費用の10％にすぎない。また、支出は学校経営や費用のかかるスポーツプログラムにではなく、授業に使われるべきである）
⑩民主と公平（非差別的で包括的な教育と、多様性の尊重）

今日、ＣＥＳは全国組織となり、出版物、会議、研修、カリキュラム改善プログラムなどを通じて全土に広がる連盟校の改革を支援し、国内だけではなく、国際支援も行っている。ＣＥＳの成功の象徴であるフランシス・Ｗ・パーカー・チャーター・エッセンシャル・スクール（Francis W. Parker

Charter Essential School）は、ボストン市から少し離れた郊外にある公立チャーター・スクールであり、7学年から12学年までの三六五名の生徒が在籍している。サイザーと、やはり教育者である彼の妻ナンシーが自ら設立した唯一の加盟校で、「一〇の共通原理」に基づく教育を子どもたちに与えたいと願う保護者の協力を得て、一九九五年に設立された。

「私が芸術と人文の教員としてこの学校に赴任したのは一二年前です。当時、この学校の教育理念に惹かれて自分の子どもを入学させる保護者たちは教育の先駆者でした。いまの保護者と生徒は、当時とはまったく違います」とパーカー校で七年間にわたり校長を務めるテリー・シュレーダー校長は言った。「現在は、私たちに成功の実績があるため、純粋に子どもにより良い教育を与えたいという多くの保護者を惹きつけているのです」

実際、パーカー校の実績は素晴らしい。マサチューセッツ州総合評価システムにおける標準テストの結果は常に上位一〇位以内であるが、テストのための教育はまったくしていない。二〇〇〇年、パーカー校の成績優秀な生徒は、希望の大学に一〇〇％入学した。卒業生の95％が大学に進学し、うち96％は四年制大学に進んでいる。大学卒業率は85％であり、私立のエリート校の数字に匹敵する。進学先の大学には、アマースト大学、ブラウン大学、コーネル大学、ダートマス大学、ミドルベリー大学、シカゴ大学、ウェスリアン大学など国内の一流大学が含まれている。[7] しかしながら、パーカー校では、ＡＰクラスも上級クラスも提供せず、生徒の順位づけをせず、文字（A、B、Cなど）による成績評価もしていない。生徒の20％以上は学習障害を持っており、特別支援教育が必要である。この割合は周囲の公立校よりも高く、大半の大規模校よりも生徒一人一人を大切にする学校であると評価されているからと考えられる。

カリキュラムと評価

パーカー校は、学年の構成をⅠ部（7学年と8学年）、Ⅱ部（9学年と10学年）、Ⅲ部（11学年と12学年）の三部門に分けている。Ⅰ部とⅡ部の授業は合科学習で、授業時間は一コマ二時間である。芸術・人文、数学・科学・テクノロジーという二つの分野に分かれており、それぞれ二人の教員がチームで教えている。すべての生徒にとってスペイン語と保健は必修科目である。二つの合科学習分野における学習は、ある一つの「本質的な問い」をめぐって構成されている。今年の「本質的な問い」は、「原因とは何か、結果とは何か」である。

生徒がⅠ部からⅡ部へ、Ⅱ部からⅢ部へと進むためには、習熟度を証明するための「入門展示」と呼ばれる、広範囲にわたるさまざまな研究を行った記録のポートフォリオを提示し、学習成果が一定の基準に達していることが認められなければならない。ポートフォリオは教員の委員会によって評価される。何が「卓越」であるかは、読解力、文章力、聴解力（ヒアリング能力）、口頭による発表、研究、芸術的表現、科学的調査、数的な問題解決能力とコミュニケーション能力、システム思考、テクノロジー、保健、スペイン語の各項目において明確に定義されている。優れた成果物を見れば、すべての生徒は各項における「卓越」とは何かを明確にみてとることができる。成績は、従来の成績表の代わりに、年に二度、生徒一人一人の学習について強みと弱点の双方が記述されたものが各家庭に送られる。これらのレポートを総合的にまとめたものが、生徒の成績証明書と一緒に大学に送られるの

である。(8)

生徒は、学期中と学期末に自分の「展示」の申請ができ、成績の基準を満たさないと次の部門へは進級できない。9学年と11学年の終わりにはスペイン語の入門展示も行われ、生徒は一定のレベルに達していなければならない。学校は生徒が卒業するまでに前述の各項を深く学ぶ体験が必要だと考えているので、限られた選択だが、各項に基づく授業をⅢ部門の段階で履修できる。たとえば、二〇〇七－〇八年度のオンラインコース・カタログには、四つの数学コース、三つの科学コース、一四の英語コースと社会科コースが紹介されている。この学校が人文系の分野を重視していることがわかる。12学年になると、四つのコースを履修するほかに、一年をかけて上級プロジェクトを完成させる必要がある。このプロジェクトは、指導担当教員、学外のプロジェクト指導者、11年生の生徒一名、担当教員以外の教員一名、学外の大人一名（通常は保護者か関心を持つ地域社会のメンバー）から構成される審査員の前で発表し、審査を受けなければならない。これが、いわば学習の勲章であり、好奇心、率先力、論理的思考力、および効果的なコミュニケーション能力を生徒が学習したことを示すものだと考えてよい。

「学習習慣」の実際

生徒が身につける必要のあるスキルは、「パーカー校で、生徒が日常生活において育み発揮することが期待されている習慣」であり、学校によって明確に規定されている。(9) 次の一覧と私たちの「生き残るための七つのスキル」とは重なることをもう一度指摘しておく。

〈探究〉——学校での学習と日常生活において、世界に対する知的な好奇心を持つ。思慮深い疑問を持ち、その答えを見つけ出す。

〈表現〉——学校生活と日常生活において、知っていることと知りたいこと、そして信じることや感じることを率直に伝える。

〈論理的思考力〉——学校生活と日常生活において、分析し、統合し、情報に基づいて結論を下す。創造的かつ理性的な思考力を使い、問題を解決する。広い心を持ち、異なる意見を尊重する。優秀性を追求する。

〈協力〉——学校生活と日常生活において、グループの目標を達成するために貢献する。いかなる環境においても、さまざまな人に対して効果的なコミュニケーション能力（相談し、耳を傾け、話す）を活用し、協力する。

〈計画的な実行力〉——学校生活と日常生活において、意見とデータを識別し、それぞれの意味を理解する。何が自分に必要かを意識して登校する。妥当な目標を設定し、目標に向かって計画を立て実行する。障害を乗り越える。

〈注意力〉——学校生活と日常生活において、自分の取り組みに集中し、必要な情報を注意を払って入手する。

〈参加〉——学校および地域において、率先して学習活動に参加する。グループの議論、活動、プロジェクトにおいて、自分の質問、考え、行動を通じて貢献する。

〈反映〉——学校生活と日常生活において、自分自身と自分の取り組みをより理解するために、自らの行動と学習成果を点検し検討する。

およそ一〇年前、ボストンから四〇マイルも離れた郊外に設立されたばかりのフランシス・パーカー校を初めて訪ねたとき、校舎は、かつてのフォート・デベンズ基地で情報機関の施設として使われていた窓のない建物だった。七年前には、基地のすぐ近くの元小学校の校舎に移転している。パーカー校は、HTHのように企業から支援を受けるほど恵まれてはいない。また、プロビデンス市のメットのように施設設備に対して州からの補助があるわけでもない。パーカー校は、国内の大半のチャーター・スクールと同様に、設備への補助がなく、いまは自分たちが所有するこの建物になんとか生徒たちを収容している。建物には、セオドア・サイザー教職センターが入っており、教員や他のCES連盟校に在籍する技術補助員のための見学や研修を実施している。このセンターは、CES連盟の学校で立派に実習経験を積んだ教員に資格を認定する一年のプログラムを提供している。

一二月のある雪の降る日、道路が凍結した影響で、学校の授業は二時間遅れだった。ほとんどのハイスクールの場合、授業は一コマがおよそ三〇分に短縮され、通常より短い授業になる。だが、ここは違った。Ⅱ部の「数学・科学・テクノロジー」の教室を訪れると、一六人の生徒が長方形のテーブルを囲み、二人ずつペアを組んで勉強していた。生徒たちは、記述、方程式、表、グラフという数の関係を表す四つの形式が計二〇記された二枚のワークシートに取り組んでいる。二〇個の並びはバラバラで、彼らに与えられた課題は、同じ内容を示す記述、方程式、表、グラフを組み合わせることである。さらに、各ペアには二枚のワークシートのどちらか一枚ずつしか渡されないので、解答するには二人が協力し合う必要がある。生徒たちは集中し、ペアで頻繁に話し合っている。

教室の中には二人の教員がおり、私は、生徒を見守る一人の教員と静かに話をした。

「数について、生徒にはいろいろな方法に精通してほしいです。数学は、生徒にとって、自分の周りの世界を認識し、動向を理解する重要な手段です。この授業は、構造と機能の関係に関する『数学・科学・テクノロジー』のある大きな学習単元の一部です。このあとは、人体のデータや臓器の形と機能といった解剖学と生理学を学びます」

続いてスペイン語の授業を見学すると、生徒はコロンビアのコカイン根絶プログラムに反対するアメリカの国務省役人と批評家のスペイン語のビデオを見ていた。生徒の手元にはワークシートが置いてあり、次のような質問が記されている。「⑴根絶プログラムはコカイン市場にどのような影響を与えるか。⑵根絶プログラムはどのようにコロンビアの人々に影響を与えるか。証拠を挙げて説明しなさい」

次に見学したのはⅡ部の「芸術・人文」の授業である。このコースでは一年ごとに「国内」と「グローバル」を交互に扱う。この年度は国内の問題を扱い、「紛争と和解を通じてアメリカ人のアイデンティティを理解する」というテーマだった。カリキュラムの概要によれば、「この学年の『芸術・人文』の授業は、『私たちは何者か』『ここまでどのような歴史を辿ってきたか』という質問を通して、アメリカについて勉強する。アメリカの国民性に持続的な変化をもたらした一つの危機、あるいは連続した危機をアメリカ史における三つの時代に焦点を当て学習する」。生徒が学ぶ三つの時代とは、植民地時代と革命前のアメリカ、南北戦争、一九六〇年代のアメリカである。

この授業では、生徒が二つのグループに分けられていて、一人の教員が一〇人の生徒を担当していた。

「今日は『赤い武功章』の一七章を詳しく読みます」と教員が言う。「皆はまだそこまで読んでいないと思いますが、評論家はこの章がこの本の転換点であると言っており、じっくり読みたいと思います。一緒に読んでみて、もし同意できるならどうして転換点であるのか、その理由を探求したいと思います。比喩に注意を払う練習もしてみましょう。そのためのワークシートを用意してきました」

彼女は四つの空欄が印刷されている一枚の用紙を配る。それぞれの空欄には、動物、自然と空気、信仰と権威、機械という四つの言葉が記され、その下にいくつかの質問がある。「この四つの言葉のイメージから、どんな気持ちや感覚が引き起こされますか。どのようなテーマが示唆されていますか。一連の想像によって提示されるものに矛盾はあるでしょうか。どのように解釈しますか。主人公のヘンリーについて、一五章に述べられていることと一致しますか」

この三つのクラスで生徒に与えられた課題・議論と、第２章でみた授業とを比べてみると、これまで見学した最も優秀なハイスクールのＡＰクラスよりも、パーカー校の授業は大学のセミナーに似ている。しかも、それは授業参観や公開の授業ではないのである。この学校を訪問するのは三回目であるが、プログラムと教員の向上によって指導と学習は常に前回よりも優れたものになっている。

教員の視点

多くの授業を見学したあと、私はデボラ・メリアム教務主任と、インタビューに応じてくれた四名の教員と話すことになった（新しい教育を実践しているモデル校として、毎年この学校には数千名の訪問者が見学に訪れるため、見学者への対応は教員の仕事の一部分だと考えられている）。教員の専門性の向上のためにどのような支援をしていますか、と私はメリアム主任に尋ねた。「新しい教員のための指導書があります」と彼女は答えた。「それに、ほとんどの授業はチームで行われます。毎日、チームには一緒に計画を話し合うための時間が二時間あります。また、毎週水曜日は授業が早く終わり、教員は二時間半の時間を使って、全員で生徒の学習について話し合いをしたり、専門性を向上させるプログラムを受けたり、部門ごとの会議を行ったりします。月に一回、教員は少人数の『評価の友グループ』の会合を開き、互いのクラスの生徒の学習成果を見て、どのような授業が最良の成果を上げるかについて話し合います」

ある教員は、「ここではすべてが公開されています。私が一人で行う授業にも、他の教員がよく出入りします。教員の集まりでは生徒の学習について話し合うことになっています」と教えてくれた。

パーカー校で働いて最も満足していることは何かと質問すると、次のような答えが返ってきた。「子どもの人生にとって大事なことを教えることです。それは単なる情報ではなく、真のスキルを教えるということです」

「教員同士の協力の仕方、教える内容と方法の柔軟性、チームとしての責任の共有といったことです」

「この学校には人間味があります。子どもたちを理解するための時間があります。保護者や学校管理職者の支持があるので、生徒が最大限の力を発揮するようにできます。私たちは生徒を尊重し、生徒も私たちを尊重します」

「最も困難なことは何ですか」と私は知りたくなった。

「自由と柔軟性に難しさを感じている教員はいます」とあるベテラン主任が答えた。「教科書を教えることにしか慣れていない教員もいます。期待に届かない教員がいたら、私は悩みます。ドアを閉めて自分の仕事を続け、見ないふりをすることはできませんからね」

「タフな話し合いはありますね」とある教員が続けた。「この生徒は薬物問題を抱えているのではないか、この教員は専門性に欠けるのではないか、などです」

別の教員は、「学習障害を持つ生徒を含めて、すべての生徒に私たちが期待するレベルを達成させることです」と言った。

生徒の視点

私は、ケルシー、レイチェル、アリエルの三人に、彼らの上級プロジェクトと学校を最も評価する点について話を聞いた。

ケルシーは、上級プロジェクトとしてデジタル写真のポートフォリオに取り組んでおり、大学では獣医の準備コースを履修する計画である。「やっと自分が進みたい道を見つけられるようになりました。以前はテストを受けるのが怖かったのですが、いまはプロジェクトを通じて自分のベストを尽くすことを学びましたし、テストでも良い点数をとることができるようになりました。皆が家族みたいというこの学校の雰囲気も好きなんです」

レイチェルは、上級プロジェクトに向けて宇宙における人間の身体と栄養への影響について調査し、無重力の環境で生活するための食事の献立をつくっている。「この学校ではどんな質問をしても大丈夫なところが好きです。いとこは近くのハイスクールに通っていますが、彼女はどうして宿題を出されるのか理解できていません。それを先生に聞くこともできないそうですが、この学校ではどんな質問でもできます」。レイチェルはジョージ・ワシントン大学から早期入学の許可をもらっており、地理学を専攻する予定である。

アリエルは、3Dアニメーションのオンラインコースを履修しており、アニメーションの歴史について研究している。上級プロジェクトでは三分から五分のビデオを制作する予定である。彼女にとって、この学校には素晴らしいところがたくさんあるという。

「教員をファーストネームで呼ぶことで、私たちは一つのコミュニティであるという感覚を持てるところが好きです。また、あることを学ぶとき、なぜ自分がそれを学ぶのかということもよく理解できます。たとえば模擬裁判とか、実際に世界で起きている多くの課題に取り組んでいます。学期によって取り組む課題が違うところも好きです。新しいことに挑戦できるので、退屈なことはありません」。彼女は、興味のある芸術を大学で専攻するつもりでいる。

学校で身につけたスキルについて尋ねると、三人とも、とくに研究論文に取り組むことで専門家のように書くことに自信がついたという。また、発表もうまくできるようになった。「ここに来たとき、初めは本当に恥ずかしがりやでした」とケルシーは言う。「いまでは、何も考えずにただ立ち上がって、発表するだけです。いつもそうしています」。彼らは効率的に時間を活用することも学んだという。

「学校が改善できることはありますか」と私は尋ねた。

もっといろんな人種の生徒を入れてほしい、とケルシーとレイチェルは言った（この学校の近郊に住む人の多くはミドルクラスの白人であり、それが生徒の構成にも反映している）。アリエルは、参考文献があればいいと言った。「すべてのプリントをバインダーに整理するのは大変です」

もちろん、学校の教育効果を評価するには、卒業生が大学でどう過ごしているか、また大学卒業後はどうか、を調べるのが最も良い方法である。私は、7学年からパーカー校に入学して大学へ進学した卒業生の話を聞くことにした。ケイトリン・ルモアーヌは二〇〇一年にパーカー校を卒業し、二〇〇五年にブラウン大学の文学部を優等な成績で卒業している。現在、彼女はマサチューセッツ州のケンブリッジ市にあるプロスペクト・ヒル・アカデミー・チャーター・スクールに教員兼管理職者として勤めている。

私はケイトリンに、パーカー校でどのようにブラウン大学への入学準備をしたかを尋ねた。

「あらゆる面です」と彼女はきっぱりと答えた。「パーカー校で文章力と発表のスキルに磨きをかけました。自分の考えを表現することと論理的思考力を学び、大学で必要とされる長期のプロジェクトの進め方や時間の管理の仕方についても勉強になりました。自分の学習結果を見直し、他の学生の学習結果にフィードバックすることも学びました。ブラウン大学の1年生はこれに苦労していました」

「また、教員と良い関係を結ぶ方法も学びました。自分が必要とする人をどう見つけ、どう質問し、自分の意見をどう主張して、自分の学びに責任を持つにはどうすればよいか、ということです。リーダーシップも身につけることができました。パーカー校は小規模校なので、自分から物事を率先したり、影響を及ぼしたりできる機会がたくさんあります。私はそれに慣れていたので、ブラウン大学でも続けました」

「パーカー校で学べなかったことはありますか」と私は尋ねた。

「テストの受け方です」とケイトリンは笑いながら答えた。「大学に入学するまで、SAT（大学進学適性試験）以外のテストは受けたことがありませんでした。でも、パーカー校は助言を求める方法を教えてくれたので、大学ではテストが得意な学生とすぐに仲良くなって、テストのコツを教えてもらいました」

教務主任のデボラ・メリアムによると、「パーカー校の初めての卒業生たちへのインタビューからいろいろなことを学びました」という。「卒業生は、この学校ではテストの受け方を習わなかった、と言ったんです。ですからテストの勉強を増やしました」。私はこの学校が、マサチューセッツ州総合評価システム（ＭＣＡＳ）のテストに対する準備を固く拒否したにもかかわらず、卒業生がテストを受けるスキルが必要だったという要望に応えて教育プログラムを調整したことに驚くのである。

ここまで三つの学校モデルをみて、学校は基礎技能と「生き残るための七つのスキル」を同時に教えることができることがわかった。今日、このような教育は国内のあらゆるタイプの学校で高く評価されており、広い範囲の生徒に適用されている。これらの学校では、以前よりも生徒の大学への準備と就職準備がよくできており、市民としても、情報に通じて「考える習慣」を身につけ、積極的に人と関わり、自らの信念を効果的に主張する若い成人として巣立っていると思われる。この三つの学校、およびこれらに似た学校は、論理的思考力、協力的態度、適応能力、率先力、コミュニケーション能力、情報の入手・分析能力を身につけた卒業生を送り出している。彼らは、好奇心を持ち、創造性に富み、懸命に働く意欲を持っている。言いかえれば、二一世紀において、働き、学び、生活する準備ができているのである。この成果は、生徒や保護者に「優秀」と言われる伝統的な学校のそれとは好対照である。

本章でみた三つの学校は、選ばれた小規模な学校であり、その二つはチャーター・スクールである。小規模校、チャーター・スクール、あるいは学校を選ぶことは、多くの人が教育に求める特効薬であろうか。つまり、制度改革だけですべての学校を改善できるのだろうか。残念だが、答えはそれほど簡単ではない。すべての小規模校やチャーター・スクールが成功しているわけではないからである。

伝統的な総合制ハイスクールとあまり変わらない小規模校やチャーター・スクールの例を、私は少なくとも九つは知っている。

三つの学校への密着調査から得た最大の発見は、こうである。大きな成果を上げているこれらの学校は、それぞれ大いに違いがあるように見えるかもしれない。チャーター・スクールの場合もあれば、そうではない場合もある。いずれにしてもそうした学校は、第2章でみた学校や他の小規模校とは著しく対照的な指導と学習に対する共通の原理を持っている。それらの原理の実践と、これまでとは違った展望と教員に対する支援が彼らの成功の不可欠な要素であろう。結論の章では、この三つの学校に共通する原理と信念、そしていくつかの残された課題について探究する。

結論

いくつかの答えとさらなる疑問

教育に関するイデオロギー上の議論では、毎日の授業で生徒と教員に起きていることや、何が最も重要か、ということを見失ってしまうことがよくある。本書では、根拠のある議論をめざして、公立学校に通う子どもたちが良くも悪しくも経験していることを理解するために数多くの授業をみてきた。成績責任システム、教員資格要件、学区のカリキュラム、教員の研修、評価、終身雇用といったことに関する国と州の政策は、効果的な指導と学習を支援することになるか、それとも妨げになるかといった観点から判断する必要がある。

優れた授業と学習につながる実践には、時間と場所を超越した普遍的なものもある。およそ二五〇〇年前、ソクラテスは優れた教師と考えられており、いまの時代でも彼ならきっとそう評価されるであろう。だが、現在のK－12の学校は学習内容の暗記に重点を置いているので、ソクラテス方式の授業を見かけることはめったにない。しかしながら、ソクラテスの問答による教育は、いまでもロースクールやビジネススクールなどの大学院レベルでは優れた教授法と考えられている。適切に実践されれば、学生は優れた質問をする能力、発想力、推論する力、根拠を見きわめる力、明快なコミュニケーション能力を発揮するだろう。これらは、社会の多くのエリートに必要とされるスキルでもある。

指導と学習については、歴史を振り返り、それぞれの時代が必要としたものは何かという観点から考えなければならない。たとえば一八〇〇年代においては、多くの人々の仕事は手仕事が主で、文字を読む必要はほとんどなく、学校には教室が一つしかなく、少人数の子どもを相手に教育が行われていた。しかしながら二〇世紀に入り、都市化と工業化が進行するにつれて、優れた指導と学習は、3Rs（読み・書き・計算）を多くの生徒を対象に組立ラインで「一括処理」することで成り立つようになった。そうすることで、地方の労働者と移民を新しい労働者として、そして市民として同化させたのである。これが今日の大多数の学校である。

近年になって生徒の標準テストへの準備に重点を置くようになった以外、学校教育はほとんど変わっていない。ところがその間、私たちの社会が求めるものは劇的に変化してきている。子どもに3Rsを教えたり、有名人のスピーチの一部、全州の州都名、有名な戦争の指揮官と年代を暗記させたりすることだけではもはや十分ではなくなった。私たちは、多くの子どもが中退したり、最低限のスキルしか身につけないで卒業したりすることをもはや大目に見ることができなくなっている。グローバルな競争により、アメリカでは給料の良い単純労働や半熟練労働の仕事が可能な時代は終わった。どの仕事も機械が代わりをするか、海外に移転されるからである。この国に残されている仕事は、継続的に商品やサービスを改善する仕事、あるいは新しいものを創造する仕事で、いわゆる二一世紀の知識労働者の仕事である。

非常に速いスピードで、世界は三つの点で大きく変化している。指導と学習の方法は、この変化に適応する必要がある。

- すべての生徒には、グローバルな「知識経済」において成功するための新しいスキルが必要である。民主主義社会において、良い仕事に就き、活動的で有能な市民となるために、生徒と明日の労働者は、論理的思考力、問題解決能力、チームワーク力、周囲への影響力によるリーダーシップ、機敏性と適応能力、率先力と起業家精神、明確で簡潔に伝えるコミュニケーション能力、効率的に情報にアクセスし分析する能力、好奇心と想像力、といった能力を身につけなくてはならない。エリートだけではなく、すべての生徒が、ソクラテスが教えたスキルを修得する必要がある。
- インターネットの時代では、古い情報を記憶することよりも、問題を解決するために新しい情報を活用することが重要である。常に学び続ける自立した者にとって、特定の学問内容を機械的に暗記するよりも、増大し変化し続ける情報をどのように入手し分析するかを知っていることのほうがはるかに重要である。今日の生徒は、記憶したものを単に暗唱するのではなく、学んだものを新しい状況に適用することができなければならない。
- 古い世代と比べて、今日の若者は異なる学習動機を持っている。彼らは絶えずネットに接続し、即時の満足と関係性を求め、好奇心にあふれ、複数の仕事を同時にこなしている。彼らは創造性に富み、他人とは異なるものをつくりたいと望む。また、権威ある大人よりも、自分たちの能力と夢を尊重してくれる年長の指導者や相談相手を必要としており、そのありがたみを認めている。

今日の優れた授業と学校をつくるものは?

第6章でみた学校とそこに通う生徒たちは、さまざまな点で違っていたが、ある共通の特徴を持っていた。三つのどの学校でも、教員は、前述の変化に対応する指導と学習のモデルをつくろうと一生懸命に努力していた。これらの学校でみたものは、今日の他の多くの学校でみるものや生徒が経験するものとは大いに異なっている。

①**〈学習と評価中心〉**——三つの学校における教育の主な目的は、常に学び続けるために必要な核となる能力を育成することである。暗記することより、証拠立て、論理的に考えて分析する能力のほうが重要である。多肢選択式問題のテストの成績よりも、研究能力、文章力、口頭による効果的なコミュニケーション能力のほうが重要である（三校の経験によれば、論理的思考力などのスキルを教えれば生徒は標準テストで良い成績がとれるという）。これらの能力は、実社会の期待と明確に結びついており、状況に合わせて形を変える。生徒には、身につけたこれらの核となる能力を定期的に口頭や書面で発表することが求められている。すべての学習において、期待されている習熟レベルに達した生徒だけが進級し、卒業することができる。

②〈**生徒のやる気**〉——三つの学校では、生徒は関連し合う三つの動機づけを与えられて学習する。(1)学内および学外生活において、周囲の大人が生徒と近しい関係を築いている。教員は生徒のことをよく知っているだけでなく、週に何度か話し合いをもつ教員と生徒のグループが構成されており、グループは家族の延長のようである。生徒は学外の大人とともにプロジェクトに取り組むことにもなっている。(2)生徒にとって、疑問や興味を掘り下げる機会が学習への動機づけとなっている。(3)一人一人に合わせた実践的な学習により、生徒は現実社会が抱える課題に関わって、自分自身がどんな人間か、そして何を信じ、何を気にかけているか、ということを反映した学習成果を生み出す。議論やプロジェクト、実習（インターン）、論文には、一人一人の生徒の明確な声が反映されている。

③〈**学校の責任と教員の向上**〉——三つの学校は、生徒の学習成果、大学での成功、およびその後の成功に対する責任を自ら進んで負っている。どの学校も生徒の標準テストの結果ではなく、現実社会で生徒たちが成し遂げることを学校の究極の成果とみなしている。学校は、生徒の学習と実習（インターン）の成果に対して学外からも評価を集め、どれだけの生徒が中等後教育に進み、そこでどのように過ごしているか、その後の経過を追う。最も重要なことは、学校がその情報を教育プログラムの改善に役立てていることである。

この三校では、学校の体制と仕事のやりがいが教員の継続的な向上につながっている。小規模な学校であるため（毎年の卒業生は一〇〇人以下）、教員は生徒と数年にも及ぶ関わりがある。学校に関わる大人が、生徒の成功を期待し、生徒のその後の様子を知って気にかける環境ができ上がっている。このすべての生徒の成功に対する責任を、教員はチームの同僚教員と分かち合っている。また、三つの学校では、授業は公開されており、だれでも見学することができる。教員は互いの教室に普通に出入りし、チームで教えることも多いが、他クラスの生徒の学習の質の検討もしっかり行われる。知ってのとおり、すぐれた学習成果は優れた教育の顕著な現れである。

重要なことは、この三校が教員の職務を整備する新しい方法を開発し実践していることである。三校の教員の給料は、同じ学区の公立学校の教員と同じ程度であるにもかかわらず、勤務時間は彼らのほうが長い。さらに、彼らは終身雇用ではなく、一年契約である。しかしながら、私が見学したかぎりでは、従来の公立学校の教員よりも、彼らのほうが仕事に対する満足度ははるかに高い。これは、彼らが尊敬されていることと、彼らの仕事のあり方によるものと考えられる。他校の教員と比較して、彼らの毎日の仕事はより知的でやりがいがある。事実、この三校の教員たちは、新しい学習単元を構成したり、生徒の学習成果を一緒に評価したりする際に、「生き残るための七つのスキル」を多用することを求められている。第4章で紹介したアンドレア・シュライヒャーの言葉を思い出そう。彼は、フィンランドがテストで最高の成績を収めているのは、「教員は教育制度を発展させる担い手であるという考えに立っている」からだと言った。まさにこの三つの学校が行っていることである。

同様に重要なのは、三校の教員は、一人で仕事をしたりたまにチームで教えたりするというのではなく、常にチームで働くように編成されており、担当するグループの生徒の学習結果に対して明確な責任を負っていることである。大半の公立学校の教員よりも、彼らは授業計画と教員研修に多くの時間を費やしている。こうした職務環境の違いは教員のきわめて低い離職率につながっており、たまに教員の空きがあると、三校には志願者が殺到する。

さらに、三校のうち、ＨＴＨとフランシス・パーカー校は、一般大学における従来の教職プログラムとは異なる新しい教員研修プログラムの開発を手がけている。たしかに、三校の教員研修は、医学分野における臨床管理と実践的なインターンシップによく似ている。三校は教育に先見の明のある人たちによって設立されたが、現在では新しい世代の指導者たちがうまく運営しており、さらに学校数を増やしたり、同じような学校をつくろうとする人々に手を差し伸べている。少数のカリスマ的な指導者の成功物語ではないのである。最後に、これらの学校の生徒一人当たりの予算は、同じ学区の公立学校とあまり変わらないことを述べておこう。三校のような学校を設立することは可能である。私たちが望むならば、こうした学校をより多くつくることができるのである。

保護者、教員、学区の指導者からの問いかけ

二年にわたって本書の執筆に取り組む間、本書の鍵となる考えをさまざまな人たちに話す多くの機会があった。そのやりとりには、本書を最後まで読んだ読者が思い浮かべるような重要な問いかけと意見が含まれていた。もちろん、私はすべての質問に対する答えを用意できるわけではない。しかし、これらのやりとりは読者の問いかけに答えることにもなるだろう。

Q　「教科」とその内容を詳しく探求しないのはなぜでしょう?

A　ある種の教科内容は暗記すべきです。その科目の核となる知識や、作家でリテラシー評論家のE・D・ハーシュが提唱する「文化的教養」も重要だと考えます。生徒は自分の時間割を覚える必要があるか。地理の基本的知識や、アメリカ史と世界史の流れを覚える必要はあるか。シェイクスピアに親しむ必要はあるか。第二外国語を話す必要はあるか。もちろん、あります。

このような基礎事項の場合は判断がしやすいのですが、より具体的な時と場所がからむものになると少し難しくなります。たとえば、E・D・ハーシュはスンニ派とシーア派の文化と紛争の長い歴史を重要な「文化的教養」のリストに含めていませんが、これを理解できないと、今日の中東で起きていることを把握することができません。同様に、シェイクスピアの作品をハイスクールの古典文学のリストに入れることは同意を得やすいと思いますが、イランのアーザル・ナフィーシー教授の著書『テヘランでロリータを読む』や、二〇〇三年にノーベル賞を受賞した南アフリカの小説家のJ・M・クッツェーのような文芸作品、あるいは移民の経験を力強く描いたハイチ系アメリカ人の若手作家エドウィージ・ダンティカはどうでしょうか。

核となる学問知識の選定と定義には、いくつかの危険が潜んでいます。まず、その知識内容は莫大であり、さらに急増しているという事実があります。近年、惑星の定義が変わったように、科学の分野では常に真実を更新する必要が出てきますし、人文科学分野の内容も増加し続けています。たとえば、いま挙げた作家たちを生徒に紹介するかどうか。とくに、その分野の研究者が「必読」リストに含めていない場合はどうでしょうか。地域社会においても、最優先事項の決定には常に問題がつきまといます。この数年、いくつかの州では進化論や天地創造説を教えるかどうかということが大きな問題になっており、何を教え、何を教えるべきではないかをめぐる地域社会の分断を示す一例と言えます。

私はこのような難問に対して簡単な解決方法を考えつきませんが、数学教員協議会、科学教育者協会、社会科協会などの教育者団体がそれぞれの学問分野の主要文献を決める必要があると考えます。テストについて取り上げた章で検討したように、研究者や教育者の組織は、必須の学習内容と核となる能力を決定するという難しい判断を避けてきています。しかし、彼らは数学者、科学者、歴史家のように考えることの意義を説明する必要があり、それぞれの学問分野において常に学び続けるために必要な基礎知識を定める必要があります。もちろん、この重要な知識の詳細は、定期的に更新されなければなりません。

学問的な知識を抜きにして、論理的思考力、問題解決能力、効果的なコミュニケーション能力、情報を入手し分析する能力などを教えることは不可能です。教科内容は私たちが考えたり書いたりする中身そのものですし、問題を解決することは数学、科学、社会科の一部と理解され、訓練されます。しかしながら、今日の世界においては、学問的知識は、暗記する（そしてその後忘れる）ものではなく、核となる能力を教えるための手段でなければなりません。生徒はゲティスバーグの戦いが起きた年代や、シャーマン将軍についていつでも調べることができますが、南北戦争の原因をグーグルの検索結果だけで理解するのは難しいでしょう。このような問題を理解するには論理的に考える力を持っていなければなりませんし、アメリカ史や経済に関する広範囲の概念的理解が必要です。これまでみてきたように、これらのスキルと知識はほとんど教えられることがなく、テストされることもありません。

Q　アメリカの小学校や大学でも似たような問題がありますが、どうしてハイスクールに焦点を当てているのですか？

A　生徒が何を学び、いかによりよく学ぶかということは、すべての教育段階において見直す必要があります。しかしながら、小学校レベルでは、児童全員が基礎的な読み・書き・計算のスキルを学ばなければならないという合意が少なくとも私たちの間にはあります。第２章で取り上げたように、小学校の授業を数多く見学すると改善すべき点も多く見受けられますが、大半の小学校では頻繁にこの基礎的スキルのテストが行われています。同様に、大学の場合も、果たして十分に機能しているかという点については疑問が出されてきていますが、「教えるべき」問題解決能力、コミュニケーション能力、論理的思考力、情報を入手し分析する能力についての一般的な合意があるでしょう。第３章で述べたように、二五〇校以上の大学が学生のこれらのスキルの学習を評価するためにＣＬＡ（大学学習評価）を採用しています。

しかしながら、今日の大多数のハイスクールで教えられ、テストされていることと、社会が卒業生に成人として要求するもの、および彼らの意欲を引き出すものとの間には深刻なずれがあります。ハイスクールのカリキュラムと教育方法の多くは、一世紀前とあまり変わらないぐらい時代遅れですし、州のテストは今日の世界で大切と考えられるスキルを評価しようとしません。主たる教育段階として初等教育、中等教育、大学教育がありますが、教えられ、テストされていることと、社会に貢献するために生徒に必要とされているものとの間の大きなギャップは、どこよりも中等教育に存在すると私は思っています。

Q　あなたは生徒が「大学への準備が十分である」ことの重要性を説き、それをハイスクール評価の指標としています。すべての生徒が大学に進学する必要があると考えていますか?

A　実りのある生活をし、成功を収めるために、すべての生徒が大学に行く必要はありません。大学に進学せずに自らの手を使って働く生徒もいます。しかしながら、私はすべての生徒が大学に進学することを「選択する」権利はあると思っています。この選択は教員や学校によってなされるべきではないと考えるのですが、今日、生徒たちは低いレベルの数学や英語のクラスに振り分けられたり、大学に進学するという道があることを低い年齢の段階で教えられていなかったり、あるいは志願する大学への受験手続きの指導を受けていなかったりして、実際にはそういうことが起こっています。

私が「大学への準備」を重視するもう一つの理由は、大学で成功するためのスキルと今日の職場で成功するスキルとは同じであるからです。ハイスクールの卒業者を雇う雇用主が、採用後の数年間に最も注目するスキルは論理的思考力であるという調査がありましたね。ビジネスリーダーを対象に行った調査やインタビューでは、コミュニケーション能力の乏しい新入社員が最たる問題であることもわかっています。論理的思考力とコミュニケーション能力は、中等後教育で成功するために重要であると大学の教員たちも言います。民主主義社会における情報に通じた活動的な市民にとっても、それらは必要不可欠な能力です。

主に手や身体を使って働くブルーカラーの職業に対する敬意が欠けていることを私は心配しています。グループインタビューを行った学生の一人はこう言いました。「今日の社会は、より競争的で実利主義的です。大学はもはや裕福な家の子どもたちだけのためのものではありません。工場で働きたくなかったら、大学に行かなくてはなりません」。同じテーブルにいた他の学生も相づちを打ちました。また、ここ数年、自分の子どもが大工や船の船長になると言って大学を中退した、と私に打ち明けてくれた人たちがいました。彼らは自分の子どもたちの自分探しをサポートする一方、子どもたちが経験を積み、最終的に大学に戻って「本当の」仕事に就くことを期待していました。

ジョン・W・ガードナーは、このような考えについて言いたいことがたくさんあるでしょう。彼はリンドン・ジョンソン大統領の政権下で保健教育福祉省の長官を務め、〈コモンコーズ〉(Common Cause)という名のアメリカで最初の非営利団体を設立しました。有名な著書『優越 *Excellence*』の中で、彼はこう書いています。「どんなに小さな営みであっても、社会的に受け入れられている活動にはすべて敬意を払い、立派だと言われる活動でも見かけ倒しのものは評価しないということを学ばなければならない。無能な哲学者より優秀な配管工のほうが大いに賞賛に値する。配管工事は目立たない活動だからと優秀な配管工事を軽蔑し、哲学は高尚だからと哲学者の偽物に寛容な社会には、優れた配管工事も存在しないし、優れた哲学も存在しない。そのような社会には、不完全な配管と不完全な哲学しか存在しない[(1)]」。配管工、大工、電気工、自動車整備士などはどれも価値ある職業であり、今日では給料もよく、中等後教育がますます必要とされています。ホワイトカラーの仕事に必要な問題解決能力、チームワーク能力と同じスキルが求められています。

この問題で頻繁に尋ねられる質問がもう一つあります。

Q　あなたが掲げるスキルは、特定の仕事だけに必要でしょうか?

A　とんでもありません。成功している企業は、能力を身につけることが競争社会を勝ち抜く鍵になることをよく理解しており、そういったスキルを持つ人をできるだけ多く雇いたいと望んでいます。ユニリーバ社の人事部長は組立ラインの現場で問題解決のできる人材がほしいと語っていましたし、「トヨタ生産方式」の成功の鍵を握っているのはそういう人材です。グローバルな競争に勝つため、優れた企業は製品の改良に絶えず努力していますが、それには現場で働く従業員の支援が必要なのです。

私は、改善に取り組み続けるもう一つの実例をサービス業界で見つけました。ホテルチェーンのリッツ・カールトンは、素晴らしいサービスを提供することで世界的に有名です。『エキスパート』誌の記事に、リッツ・カールトンの成功の秘密の一つが紹介されていました。ハウスキーパーからドアマン、フロント係まで、すべての従業員は、お客の問題を解決するために事前承認なく自分の権限で、最高二〇〇〇ドルまでを使うことができるそうです。リッツ・カールトン・ホテルのすべての従業員は、すべての客に満足してもらうために、率先して問題を解決する権限が与えられているのです。

Q　今日の世界で成功するために「生き残るための七つのスキル」が重要だと言いますが、それらのスキルは一〇年後には時代遅れになりませんか?　そのときには若者にとってまったく異なるスキルが必要になるのでは？

Ａ　若者が成功するための「生き残るための七つのスキル」は、社会的、技術的、経済的変化が急激な時代にあって必要な基本的道具であり、知的基盤であると理解するのが最も適切です。この変化は、世界中の国々で起きており、今後いっそう加速していくでしょう。この核となる能力は、若者を新しい知識と新しい技術に適応させ、獲得することを可能にするものです。それにより、彼らはだれも予測できない未来によりうまく対応することができます。

Ｑ　道徳教育についてはどう思いますか？　つまり、価値を教えるということについては？

Ａ　以前に書いた『評価する *Making the Grade*』という本で、価値観に基づく教育の重要性について述べました。その中で、生徒への価値観の教育に失敗したことを反省し、他人を尊重し受け入れるといった民主主義社会の市民として必要な態度を育む方法を再考している複数の学校を紹介しました。私の初めての著書『変革する学校 *How Schools Change*』では、保護者と教員が生徒の望ましい行動について話し合うことに成功したブリマー・アンド・メイという学校のエピソードを紹介しています。がんばること、耐えること、他人を尊重すること、他人の行動に気を払うこと、自分とは違う人々を理解すること、いわゆるダニエル・ゴールマンが「感情の知性」と呼ぶＥＱ〔感情指数〕を育てることは、個人の成功と幸せのために、また、社会に暮らす市民としての対話ができるためにも必要不可欠です。十分に発達したＥＱがなければ、優れたＩＱと「生き残るための七つのスキル」の学習は期待できません。

私は、「生き残るための七つのスキル」をいくらか身につけることと感情指数の発達との間には強い相関があると考えています。他者と協力し、批判的に考え、自分の考えに自信を持つ生徒は、より良い道徳上の判断ができます。私の好きな教育目的の定義の一つは、スイスの心理学者のジャン・ピアジェによるもので、教育の究極の目的はＥＱとＩＱの両方の領域において自己中心主義を克服することである、と彼は述べています。自己中心主義を知的に克服するということは、無知な意見や偏見を持つことなく、同調への圧力に支配されることなく、論理的に考え、根拠を十分に検討するということです。また、ピアジェが指摘する相互依存（あるいは共感）の感覚を発達させるということでもあります(2)。

強固な道徳基盤を持つことの重要性は、すべての子どもの教育にとって親あるいは大人の存在が欠かせない理由の一つです。教員がすべてを教えることはできません。保護者や地域社会の協力がなければ、教員の仕事はいっそう困難になるでしょう。保護者と教員が一緒になってすべての生徒に対する道徳上および知育上の期待を明確にする必要があります。

子どもたちの未来のための新しい対話

教育の変革は、管理運営組織を取り替え、新しい法律をつくるだけでは成し遂げられない。より良い評価制度を設けることは、未来に向けて、私たちがなしうる最も影響力のある重要な改革である。しかしながら、一連の新たな政策提言を考える前に、まずは長年の懸案となっている対話から始めなければならない。その対話とは、ある簡単な事実認識と問いかけをもって始めるのが適当だと思われる。

「生徒にとって必要な学習とは何か、良い学校とはどんな学校か、という疑問への答えはわかっているつもりでした。私も生徒の一人として学校に通い、自分のためになったからです。しかし、時代は変わりました。今日の生徒には昔とは違うものが必要なのかもしれません。それは何でしょうか?」

二一世紀において成功するための新しいスキルを生徒が学ぶ必要があるとすれば、私の言う変革は、単に一部の変化ではなく、個人の家の居間、教室、PTA、職員会議、および学区の教育委員会といったあらゆる面での改革を必要とするであろう。それは頭と心を変えることから始まるが、そのためには大人もともに学ばなくてはならない。何にも増して、これまでの研究によって私が理解したことは、真の質問が真の学習意欲を引き起こし、そのような学習が持続的な変化をもたらすための必須条件であるということである。以下の問いかけは、すべての学校、地域社会、州議会、教育省、連邦議会、各種の教育組織がともに検討する必要のある根本的な課題の一部である。

- この二五年間に社会で起きた根本的な変化を考えたとき、二一世紀に生きる教育を受けた大人とは何を意味するのか。すべてのハイスクールの卒業生には、大学への準備、労働への準備、そして民主主義社会における市民としての準備が必要だということをどう考えればよいか。すべてを教えることができないならば、最も重要なことは何か。

- 情報爆発時代に、「学問の『厳格さ』」という言葉の定義をどう変える必要があるか。
- 生徒が必要なスキルを身につけたかどうかを知る最良の方法は何か。すべての生徒が必要なスキルを学びつつあることを確かめるためのより良い評価システムをどのようにして構築するか。
- 生徒の好奇心と想像力をかき立て、楽しく学習し続けるために学校は何をすればよいか。すべての学校のすべての生徒に対して、彼らをよく理解する大人の支援者をどのように確保すればよいか。
- 教員をサポートするには、また結果に対してより責任を持ってもらうにはどうしたらよいか。教員養成のあり方、学校での協働のあり方、継続的な職能成長を可能にする管理と評価のあり方、といった点にどのような改革が必要か。
- 生徒が最も重要なスキルを学べる優れた学校とはどのような学校か。既存の学校と何が違うのか。そのような学校から学べることとは何か。

本書で述べてきたことに納得してもらえるならば、私は新たな課題をあなたに提案したい。あなたの課題は、二一世紀の子どもたちが知らなければならないこと、彼らがしなければならないこと、そして子どもたちの学ぶ意欲を最も高める方法について、思慮深い話し合いを持つことである。友人との食事会、読書会、教会の集会、ＰＴＡや職員会議、学校管理職者や教育委員会との話し合い、州議会議員や連邦議会議員との対話などが考えられ、そこでのあなたの役割は、これまでとは違う新しい会話をスタートさせ、継続させることである。

ここで挙げた問いかけや本書の各章で取り上げた課題は、あなたの対話の概略づくりに役に立つかもしれない。ロバート・コンプトンが製作したドキュメンタリー・フィルム『２００万分 *Two Million Minutes*』を皆で見るのもよいだろう。アメリカ、中国、インドからのそれぞれ二人の若者の学校経験を記録したものである。[3] どのような会話をもって始めたとしても、話し合いは、安易な答えではなく重要な問いかけが導く対話によって、つまりイデオロギー（空理空論）ではなく思慮深い議論によってのみ成功する。異なる意見を尊重し、「どうしてそれを知っているのですか？」「根拠は何でしょう」といった質問ができる論理的思考を求める対話でなくてはならないだろう。そして、二一世紀に生きる子どもたちがいますぐ必要としている学校をつくるべく他者と協働するならば、自ら「生き残るための七つのスキル」の実践を始めることを勧めたい。

本書に取り組み始めた頃に話を聞いたクレー・パーカー社長は、職場で最も重要なスキルとは、的を射た質問をし、人を生き生きとした会話に引き込む力であると語っている。当時、私は疑問に思った。一人の教員として、私が長い間大切にしてきたそのようなスキルが、役員室にいるビジネスリーダーにとっても等しく重要だとは思えなかったからである。それから数年にわたる発見の旅を経て、いま私には、彼が正しかったことがわかる。しかしながら、これらのスキルは、若者が仕事で成功するために必要なだけではない。活気に満ちた民主主義社会に貢献できる市民の形成のために、そして私たちの子どもたちがより良い未来へ挑戦し、変革を成し遂げるためにも必要である。

最後に、先人ラビ・ヒレルの名言を借りよう。「あなた以外にだれがやる？　いまやらなかったら、いつやる？」

ペーパーバック版へのあとがき

本書のハードカバー版が出版されてから、私は全国をまわり、州の教育長、公立・私立学校の教員や保護者、地域社会、慈善団体、ビジネスおよび軍のリーダーたちに話をしてきた。同様に、バーレーンから台湾といった中東や極東の国で、あるいはウォール街のビジネスリーダーやウェスト・ポイントの軍人のリーダーたちとも話す機会があったが、その反響は驚くほど一致していた。多様な人たちであったにもかかわらず、ほぼ全員が「生き残るための七つのスキル」の重要性に賛同してくれたのである。彼らは私と同様に、アドバンスト・プレースメント（ＡＰ）のテストと州の標準テストで優秀な成績を収めている学区のハイスクールを含め、大多数のハイスクール卒業生が最も大切なスキルを学習しないまま卒業することへの懸念を持っていた。

私が最もよく聞かれる質問は、「この問題はどうすればいいでしょう？」である。幸いに、この数年いくつかの調査を行ってきたので、この質問に対して新しい答えの用意がある。このあとがきでは、「グローバルな学力ギャップ」を是正するために必要不可欠な手順について述べる。私は、標準テストの点数を上げるといったことを超えて、学校と学区がよりレベルの高い教育を提供できる責任システムをつくり出すために、地域社会は何ができるかを考え始めた。まずはバージニア・ビーチ・シティ学区の公立学校が教育と学習をどのように変革したかを説明しよう。そして、アメリカ国内外の多くの教育専門家が指導の改善と学習の向上のためにどのようなことをしているかについても述べる。このような新たな取り組みや事例を総合すると、私たち、すなわち教育関係者、保護者、ビジネスと地域社会のリーダーたちが、州や連邦国会議員と協力して、二一世紀の教育のために、州、学区、学校の教育責任を求めている「アカウンタビリティー2・0」〔Accountability 2.0、関係当事者〔学校教育の場合、学校、教員、指導者など〕が相互に協力し、合意を求めて責任を果たす法的措置〕システムの重要な要因として何を推進する必要があるかがわかってくる。

最も重要な成果への責任を負う——ハイスクール卒業生のすべてが大学生、職業人、市民としての準備ができるように

学生の成功にとって最も重要なスキルに地域社会の目を向けさせるための最初のステップは、これまでとまったく異なる新しい戦略計画を立てることである。一般的に、学区の教育委員会は数年に一度新たな戦略計画を立てるが、地域社会の関与はきわめて少ない。通常の戦略計画は、五年間の目標（たとえば、テストの結果を何パーセント上げる）といったリストを含む分厚い書類が作成されるだけで、実際の授業には変化がほとんどみられないことがあまりにも多い。きわめてまれなケースだが、戦略計画を、地域の参加と成人教育の好機と考えた教育長がいる。私が一緒に働いたことのあるジム・メ

リルは、そのような指導者の一人で、バージニア州のバージニア・ビーチ・シティ学区の教育長を務めて四年になる。

バージニア州で三番目に大きな学区のバージニア・ビーチ・シティには、七万人の生徒がおり、さまざまなマイノリティの生徒が全体の45％を占めている。(1) ジムが教育長として選ばれた二〇〇六年には、この学区は高く評価されており、州テストの成績に「一年間の適切な向上」が認められるという評価を受け、他の認証基準も満たしているとされていた。しかしながら、基本スキルのレベルが低くても、(大半の他の州と同じように)バージニア州の州テストをパスできる。したがって、テストで良い点数をとっても、就職や大学進学の準備が十分とは言えないのではないかと、ジムは心配したのである。就任して二年目に、彼と上級管理職者は私に会い、一日をかけて、これまでとは異なる戦略計画を立てて取り組むことを決めた。それは、時代の変化を踏まえ、学区が責任を持つべき生徒の最も重要な学習成果とは何かということについて、地域全体で話し合うことを含む計画であった。

バージニア・ビーチ・シティのスタッフは、教育委員会の強い指導と支援の下で、より有意義な戦略計画を提供するためにさまざまなデータを集めることに着手した。(1)生徒が成功するために必要なスキルについて、地元の雇用主と大学の教員を対象に調査を行った。(2)ハイスクールの最高学年の生徒を対象に、(第3章で述べた)「大学と労働への準備度評価」を実施した結果、成績上位50％は、同じテストを受けた大学1年生の下位25％のレベルであることがわかった。(3)州によって義務づけられている学区のハイスクールの卒業率の算出式をよく調べたところ、正確ではないことがわかった。すなわち、大半の州でも同じだが、学区のハイスクール卒業率は、あまりにも楽観的であることがわかったのである。[2] 学区の卒業率は82％で、全国の平均より10％も高いことがわかったが、ジムはこの数字は受け入れられないと明言した。(4)「全国学生情報機構」に登録し、学区の生徒の学籍と高等教育での学位の獲得状況についてのデータを入手した。[3] そして、この量的データをさらに掘り下げるために、近年のバージニア・ビーチ・シティのハイスクール卒業生を対象に、在学中、学校が提供した彼らの未来のための準備教育の最も良かった点と悪かった点について調査を行ったのである。

この努力の成果は、地域全体で学区と他学区のデータについて話し合い、常に変化する世界の中でバージニア・ビーチ・シティの卒業生にとって最も重要な学習成果を検証する会議が開催されたことである。二〇〇八年の夏のある暑い夕方、およそ一〇〇〇人の教員、保護者、地域の人々が話し合いのためバージニア・ビーチ・シティのコンベンションセンターに集まり、一〇人がけの多くのテーブルを囲んだ。一時間にわたり各種データや参考ビデオを見てもらったあと、各テーブルでは学区の学習の優先順位について話し合い、最も重要な項目をリストから選ぶように求められた。投票結果がすばやくコンピュータで一覧表にされると、驚いたことに、ほぼすべてのリストの上位に論理的思考力と問題解決能力が選ばれていた。これから数年、これらが学区にとっての最優先事項であると皆の意見が一致したのである。

ジムと彼のスタッフ、および教育委員会は、この結果を検討し、それまでのものとは大きく異なる戦略計画を立てた。大多数の学区にみられるような目標、優先事項、構想を詰め込んだ長いリストを掲げるのではなく、バージニア・ビーチ・シティの戦略は、「二〇一五年に向けての指針——生徒が成功する戦略計画」となった。計画には一つの戦略目標、四つの学習成果、五つの戦略的方策が掲げられており、それぞれにいくつかの鍵となる戦略と対応策が併記され、一枚の紙の両面に集約されたものとなった。鍵となる戦略と対応策を除いた計画は、次のようなものである。

〈戦略目標〉

バージニア・ビーチ・シティ学区の公立学校（Virginia Beach City Public Schools, VBCPS）の長期目標は、すべての生徒が十分な準備をして卒業することである。当座の目標は、二〇一五年までに同学区の生徒の95％、あるいはそれ以上が二一世紀の学習者、労働者、および市民として成功するためのスキルを修得して卒業することである。

〈生徒の成功に向けての学習成果〉

二一世紀の学習者、労働者、および市民として成功するためのスキルを教育し評価することに焦点を当てる。以下は、ＶＢＣＰＳの卒業生のあるべき姿である。

- 十分な学力を備える
- 効果的なコミュニケーション能力と協力し合う能力を持つ
- 国際的、自立的、および責任感のある学習者であり市民である
- 論理的かつ創造的な思考力を持ち、革新者でかつ問題解決者である

〈戦略的方策〉

①すべての教員は、意欲的で自主的な学習を促す新しい指導法とそれを支援するテクノロジーにより、すべての生徒を有意義で本格的かつ厳格な取り組みへと導く。
②VBCPSは、生徒の学習成果と熟達度を正確に反映するバランスのとれた評価システムを開発し導入する。
③各学校は、とくにアフリカ系アメリカ人の男子生徒をはじめとする特定のグループの生徒に焦点を当て、学力差を縮小しつつ、生徒全体の学力を向上させる。
④VBCPSは、保護者、地域およびビジネスリーダーたちが生徒の成功という成果の達成を積極的にサポートするための機会をつくる。
⑤VBCPSは、各学校の戦略目標と生徒の成功という成果を達成するために、教育指導者、教員、学校職員の能力を向上させ、すべての資源を最大限に活用する責任を持つ。

次に、学区の指導者たちは、生徒にとって必要不可欠であると確認された前述の四つの学習成果を達成するための教育と評価システムの構築に着手した。彼らがまず取り組んだことは、「論理的思考力」とは何かを定義することであり、さらに重要なことは、それを授業の中にどう位置づけるかということであった。学区の教育委員会と各学校の管理職者は、授業における論理的思考力とはどのようなものかをより明確に理解するために、第2章で取り上げた「学習の旅」を行うことにした。彼らの努力の結果をまとめたものをホームページから引用しよう。

昨年度は、生徒の論理的思考力が学習への取り組み、質問、学習成果にどのように表れるかを探ることに集中した。今年度は、引き続き「学習の旅」を通じて論理的思考力の表徴を探るとともに、各校の校長に、「二〇一五年に向けての指針」を受けて重点を置いている事柄の聞き取りを行う。それぞれの学校のニーズに対する取り組みを支援することが目的である。すべての「学習の旅」の終了後、校長や学区の指導者たちの話し合いを開く。

一方で、生徒の論理的思考力をどう認識できるのか、という問いへの答えを用意しておく必要がある。以下は、VBCPSの校長たちが認める論理的思考力の一覧である。

・生徒が教員の高度な質問に賢明に取り組む
・生徒が、「それで？　もしそうなら？　それはなぜ？」という問いかけに対して明確で意味のある答えを返す
・生徒がより高度な質問をする
・生徒が真剣に学習に取り組む。あるいは確かな学習成果を上げる
・生徒が事実に基づく根拠とデータを使い、自分の立場を正当化し主張する
・生徒がいろいろな考えと解決策を使って、新たな問題を分析し解決する
・生徒が、与えられた状況に内在する問題を認識し、提起する
・生徒が、より複雑な、あるいはあいまいな状況に対して学習した知識を適用する
・生徒が、適切な思考法（論理的に思考する、意思決定をする、問題を解決する、判断を下す）を正し

く使用する
・生徒が自分の考えを検証し、他者に伝える
・生徒が予備知識を活用して物事を関連づけ、予測する
・生徒が、図形ソフトや方眼紙などさまざまな道具を選択し、あるいは創造し、活用して効果的に意思疎通をする

教育とは、もはや生徒が文字を読めるようにすることではない。読んだ内容を論理的に考え、解釈し、実生活に結びつけるように教えることである。生徒に論理的検討と省察を求めるならば、私たちも自ら進んで同じことをしなければならない。この「学習の旅」は、子どもたちのニーズをより深く理解し、指導方法を改善し、私たちが生徒と我々自らに対して期待するものをより明確に定義するための共同の旅である。

「これまでの仕事の中で、最も難しい仕事です」とジム・メリルは近ごろ私に語った。「私たちは大きな変革を実行しようとしており、同時に二つの分野で仕事をしなければなりません。一つは、いまでも私たちは『一年間の適切な向上』と州の成績責任の基準によって評価されています。その一方で、私たちははるかに高い基準を維持しようとしています。両方で成功しなければなりません。難しいことですが、そうするのが正しいと思っています」

生徒の核となる能力修得の評価

この数年、テストの点数を上げた教員に報酬を与えるシステムをつくり、教員評価の点数としてプラスすることについての議論がある。私は、教員の評価システムを強化し、すべての学校レベルにおける終身雇用制度を徐々に廃止する考えを強く支持しているが、いわゆる能力給方式には、教員が互いに競争相手になり、生徒の学習内容ではなくテストの点数をごまかす方法をこっそり考えるようになるという危険性がある。これまでみてきたように、テストの点数が伸びたとしても、それだけでは生徒が何を身につけ、何ができるかということを知ることはできない。バージニア・ビーチ・シティの指導者がつくった授業に表される論理的思考力の一覧をもう一度見てみれば、面白いことに気づくだろう。「教員」と「テスト」という語は一度も出てこない。「論理的思考力の証拠を探すために『学習の旅』を始めて、最初、私たちは教員の言動に集中しました。しかし、まもなく授業での論理的思考力の証拠は生徒たちの言動にあることを発見しました」とジムは言う。

教室における授業の質を評価し、職場や大学で、また市民として必要なスキルを生徒に身につけさせるための最も効果的な方法は、生徒の学習成果を系統的に検討し、生徒が学習成果を発表する機会を定期的に設けることである。第6章で、私がＨＴＨ（ハイ・テック・ハイスクール）のベン・デイリー校長に有能な教員をどのように評価するかと尋ねたことを憶えているだろうか。彼は端的に、「生徒の学習成果の質で評価します」と答えている。同様に、第6章で紹介した三つの学校では、生徒が身につけた核となる能力をプロジェクトの遂行と学習ポートフォリオの作成という形で提示することを課していた。運動競技や芸術の分野ではパフォーマンス〔実演〕が能力を評価する唯一のテストであるように、生徒には自らの知識をもってできることを示す「パフォーマンス」が求められる。

論理的思考力とコミュニケーション能力を評価する方法として、12年生に上級プロジェクトへの参加を課すという案に関心が高まっている。ロードアイランド州の公立学校では、二〇〇八年度から卒業要件として12年生の生徒はパフォーマンスに基づく評価を受けることになった。同州教育庁のホームページによると、この新しい卒業要件は「授業やテストで優れた結果を出す生徒が、必ずしも大学や就職に向けた準備が十分であるとはかぎらないという大学と雇用主のハイスクール卒業者に対する懸念に応えたものである」という。「ハイスクールを卒業後に成功するためには、創造的に考え、問題を解決し、グループで協働し、公の場で発言し、そして学んだことを実社会で応用できることが必要である。卒業資格制度は、卒業するすべての生徒が大学あるいは職場の環境で力を発揮できることを保証するものでなくてはならない」。パフォーマンスには生徒の学習成果〔プロジェクトや実習の成果〕や最終ポートフォリオが含まれ、「生徒の関心あるいは情熱に焦点を当てて評価する」という〔詳しい要件は各々のハイスクールが決める〕。

エッセンシャル・スクール連盟の加盟校をはじめ、何年も前から生徒に上級プロジェクトを課している学校もある。近ごろ見聞きした中で目を引いたのは、テキサス州ハンブル市のクエスト・ハイスクールの事例だ。この学校では、最高学年〔12学年〕の第二学期は三つのチーム学習に充てられ、生徒は二〇ページの小論文、地域奉仕プロジェクト、および審査員、保護者、教員、生徒、地域の人たちに向けたチーム学習の成果発表に取り組むという。エッセンシャル・スクール連盟は、あるチームの活動をまとめた三〇分の優れたビデオを制作しており、個々の生徒を評価するための評価項目が記された七ページにわたる表も紹介されている（同様のプロジェクトは、バージニア・ビーチ・シティの私立専門校や上級学力プログラムを提供するハイスクールでも必修となっている）。

12年生のプロジェクトとポートフォリオをハイスクール卒業の条件にすることは一つの重要な改革であるが、これを小学校からミドルスクール、ミドルスクールからハイスクールへ進学する「卒業要件」として、すべての卒業レベルに導入できればはるかに効果的だろう。教育者のデボラ・マイヤーがボストンに設立したK－8［幼稚園から8年生まで］の公立学校のミッション・ヒル・スクールは、8年生を修了する条件として詳細なポートフォリオと学習成果の発表を課している。生徒は6年生からポートフォリオと発表の準備に取り組み始めるのである。

生徒の学習成果の公開にまつわるもう一つの優れた事例に、国際バカロレア・プログラムと呼ばれる国際プログラムがある（本書のための研究調査時にもっと詳しく調べるべきだったと後悔しているが）。世界中のあらゆる学校のコースとカリキュラムを標準化するものとして開発された初めてのプログラムで、徐々に「生き残るための七つのスキル」の多くを含むようになり、K－12における一貫性のあるプログラムに発展してきた。IBを実施するハイスクールに在籍する生徒は、少なくとも六つのコースを履修し、最後に厳格な試験を受けて学習成果の応用力を証明しなければならない。さらに重要なことに、生徒は次の追加要件を満たす必要がある。(4)

〈知識の理論〉

知識の理論は、ディプロマ・プログラム（Diploma Programme, DP〔国際バカロレアのディプロマ課程。16歳から19歳までを対象とした二年間のカリキュラムで、最終試験を経て所定の成績を収めると国際的に認められる大学入学資格「国際バカロレア資格」が取得できる〕）における最も重要な要素の一つである。自分が事実や真実と考える事柄の見つけ方を批判的に振り返り、知識の基盤を厳しく問い直すものである。種々の知識の源泉（認知、言語、感情、理性）と種々の知識内容（科学的、芸術的、数学的、歴史的）をめぐる、次のような問いかけである。

・私たちは現実を構築するのか、それとも認識するのか

・知識は常にある種の合理的な根拠を必要とするか。感情だけで獲得できる知識はあるか

・科学的な知識は常に成長し進歩するか。科学的観点から、すべての重要なことがわかるといったレベルに到達することはできるか

〈創造性・行動・奉仕〉

ディプロマ・プログラムのもう一つの重要な要素は、「創造性・行動・奉仕（ＣＡＳ）」である。この要件を満たすため、生徒は芸術的活動（創造性）、スポーツ、研究旅行、地域的あるいは国際的なプロジェクト（行動）、地域あるいは社会奉仕プロジェクト（奉仕）に積極的に参加する必要がある。参加は生徒にとって、地域のニーズを理解し、授業で学習したことを応用する機会となり、彼らは身につけた能力に対する自信を得る。プロジェクトの結果は実質的でなければならな

いし、他者の役に立つものでなければならない。生徒が自分の参加経験を振り返ることも重要である。

〈課題論文〉

課題論文の長さは多くて四〇〇〇語で、生徒が自分の興味のあるトピックについて深く研究する機会となる。調査し、系統立った実のある論文を作成することで得た経験とスキルは、大学レベルの個人研究の良い準備になる。

これらの追加要件があることから、私はＩＢプログラムのほうがアドバンスト・プレースメント・コース（ＡＰコース）よりもその厳格さにおいてはるかに優れた基準であると考えている。なぜならば、ＡＰコースは知識をもってできることの提示を求めるのではなく、広範囲の内容をカバーし、最終試験で事実を思い出すことを求めるものだからである。ＩＢプログラムでは課題論文を提出する必要があるのに対して、ＡＰコースの場合は規定としてＡＰのカリキュラムを丸ごと履修して多くの内容をカバーしなければならないため、一人で研究論文を書く時間がない。私は、両方のプログラムを履修する12年生の生徒にグループインタビューを行った。二つのプログラムの違いについて聞いたところ、「ＡＰコースは考える内容を教えますが、ＩＢは考え方を教えます」と一人の生徒が答えた。他の生徒たちも相づちを打った。

学校と学区が展開している他の取り組みにも注目したい。すなわち、通常の学習成果の発表と個人研究に加えて、生徒が毎年更新していくことのできるデジタル・ポートフォリオの作成についてである。デジタル・ポートフォリオによって、生徒は自分の学習と毎年の進展をしっかり見て立証してくれる「観衆」を得ることができる。私の同僚のエヴァンジェリン・ステファナキスの調査によれば、時間の制限があるテストで良い点数がとれない生徒にとって、デジタル・ポートフォリオは能力の習熟度を証明する重要な手段である。[5]

個々の生徒と教員は、他の生徒が学期中に作成した学習成果にも触れているだろうが、デジタル・ポートフォリオがあれば、保護者も教員も、生徒が「公表」した論文やレポート、発表を将来いつでも閲覧することができる。各々の生徒とその家族にとって、学習ポートフォリオは財産であり、他の学校や学区に転校する場合に活用されたり、あるいは大学の入学申請の際のデータの一部にもなるということも想像してみてほしい。

第6章で紹介した三つの学校は、いずれも生徒にデジタル・ポートフォリオの作成を課し、HTHでは優れた実例をホームページで公開している。近年、カナダのいくつかの州では多くの学校でデジタル・ポートフォリオの導入が進んでおり、作成支援ソフトが無料で使用できるという。[6]カナダでは多くの学校が共同でソフトを開発し、また、デジタル・ポートフォリオの使用による授業への影響を調査している。無償のソフト、安価なデジタルカメラ、ファイルを保存する「クラウド」の提供など、生徒の上質なデジタル・ポートフォリオの開発と保持に必要なテクノロジーは、手頃な価格で入手できるようになってきた。クレイトン・クリステンセンの挑発的な著書『教育×破壊的イノベーション――教育現場を抜本的に変革する』（翔泳社、二〇〇八年）に倣えば、デジタル・ポートフォリオは教

育の「破壊的テクノロジー」となる可能性がある。(7)

協力して働き、成果を公表する

通常、教員は標準テストの点数の向上をめざして隔離された教室で一人で仕事を行い、その結果が出るまで数カ月も待たなくてはならない。これとは対照的に、ＩＢプログラムの生徒は学習の成果を最終プロジェクトで示すことから、また、デジタル・ポートフォリオを作成するには教員の協力を必要とすることから、結果は時間をおかずに知ることができる。生徒に学習成果の発表とデジタル・ポートフォリオの作成を課す優れたプログラムを実施している学校では、教員は定期的に生徒の学習成果の質を評価している。保護者と地域社会の人々は夜間に行われる特別発表会に招待されるほか、外部の人間（大学教員、雇用主、地域の人々）に無作為に選ばれたポートフォリオの『査定』を依頼することも多い。ＩＢプログラムでは、最終テストとレポートの採点を他校の教員チームに依頼している。加えて、視察チームの訪問を含む厳しい審査に合格した学校だけがＩＢプログラムを導入することができる。

こうしたことにより、これまでにはなかった「対面」が生む責任というものがつくられ、教員の仕事はより透明性を持ち検討しやすいものになる。教員の仕事（と生徒の学習）はしっかりと公表され、もしも生徒が出来の良くないプロジェクトとポートフォリオばかりつくり続けていても、それを隠すことは難しい。

段階的なポートフォリオの導入に加えて、学区は教員にも彼らの仕事のポートフォリオをつくることを奨励すべきである。たとえば、ある生徒のポートフォリオに素晴らしいレポートやプロジェクトがあり、その背後にある教員の仕事、つまりプロジェクトや学習単元の設計を知りたくなったとする。そのとき、生徒のポートフォリオに張られたリンクから教員のポートフォリオが閲覧できれば理想的ではないだろうか。そこでは次のようなものが見られるのである。

・学習単元やプロジェクトの設計の概要。目標、成果、課題、資料などを含む
・プロジェクトや学習単元を生徒に説明する教員のビデオ
・クラス全体、あるいは小グループでの討議の録画ビデオの一部
・生徒が取り組んだレポートやプロジェクトの実例が添付された学習評価の手引き（教員同士のディスカッションに使えるようにすべてダウンロード可能）
・生徒が最も熱心に取り組んだことは何か、やる気を引き出す方法は何か、何を学んだか、といった生徒の学習体験についての討議のビデオ

第4章で、全米専門教育基準協会が自主的に教員の上級免許を提供していることを紹介した。教員の上級免許の認定は、授業計画のサンプルと授業ビデオを含むポートフォリオを他の教員が評価することによって行われる。さらに、同協会は、校長資格の認定も同様の方法によって行おうとしている。(8)第4章では、校長のポートフォリオに含むべきと考えられるものについても述べた。

「パフォーマンスの基準」という概念とパフォーマンスに基づく評価は、生徒、教員、教育管理職者のいずれのポートフォリオにも共通するものである。全国共通のカリキュラム基準を採用することについては多く議論されているが、パフォーマンスの基準という考えにもっと注目したい。口頭発表の中身（内容基準）を理解しているとしても、問題はそれを効果的な文章で表すことができるかどうかである。これがパフォーマンス基準であり、実社会で最も重要である。「動名詞」（私が文法を教えていた際にいつも悩んだことなのだが）の定義はすぐにインターネットで検索できるが、いくら時間をかけてもインターネットはより良い小論文の書き方を教えてはくれない。近年、州教育長協議会は全国共通のカリキュラム基準を推進しており、多くの注目を集めている。それほど知られていないが、潜在的により重要なことはパフォーマンス基準の開発であり、まずは文章のパフォーマンス基準の開発が始められている。

実際のところ、教育責任を目的としたパフォーマンスに基づく評価の開発に関して、アメリカはかなり遅れている。リンダ・ダーリング・ハモンドは、世界の優れた教育システムや、なかには国家試験の一部において、パフォーマンスに基づく評価がどのように使われているかを調査している。(9) また、シスコシステムズ、インテル、マイクロソフトの三社は、二一世紀のスキルを評価するオンラインプログラムの共同開発を手がけており、二〇一二年に国際学習到達度調査（ＰＩＳＡ）で試験的に使われることになっている。

研究開発への支援

教育システムの検証においては、研究開発という基本的な前提条件を見逃しがちである。研究開発なしに新しい製品やサービスをつくり出すことはできない。学校、学区、州には、「教育研究開発」の予算がないが、どうやって彼らは教育、学習、学校組織の新しいモデルをつくり出せるというのだろうか。命令を遵守するようなトップダウン方式は、私がこれまで述べてきた変革を生み出す効果的な戦略ではない。近ごろ、アメリカ連邦政府教育省が一連の「革新への助成金」を公表したが、悪いテストの点数を向上させること以外にどのような種類の改革を考えているのかは明確ではない。

すべての学区が、大多数の大人にはお馴染みの一〇〇年近くも前から続く学校教育のモデルを、多くの人にとってあまりにも抽象的で茫洋とした二一世紀の新しい学習モデルへと変革することは期待しづらい。全国に、二一世紀の学校のモデルと実験校をより多く創設する必要があろう。この一〇年間、チャーター・スクールの運動は、中等学校の見直し（ビル&メリンダ・ゲイツ財団などが重要な支援を行った）に多くの研究開発をもたらした。第6章で紹介した一連の学校は、これまでとは大きく異なるハイスクールを創設しようとする努力から生まれたものである。しかし、チャーター・スクールだけが革新的なのではない。ニュー・テック・ハイ（New Tech High）は、急成長し全国的に展開するハイスクールのネットワークであるが、この新しい学校のほとんどはチャーター・スクールではない。むしろ、ニュー・テック・ハイは、新しい教育モデルの成果を証明するための学校として学区から依頼されて設立されることが多い。インディアナ州では、ミッチ・ダニエルズ州知事の明確なビジョンにあふれたリーダーシップと、ノリッジ・ワークス財団（Knowledge Works Foundation）およびリーダーシップ・学習卓越性センター（Center of Excellence in Leadership and Learning, CELL）の強力な支援によって、全学区に最低一校のニュー・テック・ハイを設立すべく取り組んでいる。[10]

私は、ニュー・テック・ハイや第6章で紹介した三つのハイスクールに類似する実験校がすべての大規模学区に、あるいは小さな学区の集合体に、設立されることを望んでいる。それらは、学区の補助を受けるチャーター・スクール方式の学校になるだろう。一九九四年に〈ボストン・パブリックスクールと教員組合〉が設立した、ボストンの公立学校生の10％が在籍する一連のパイロット学校のような学校である。[11]親や教員が生徒を入学させたくても、生徒の構成が他の学校と同じになるようにくじ引き制になるだろう。また、学校の生徒一人当たりの経費は、学区の他校と同じ額が支出されるだろう。しかし、これらの学校には、これまで述べてきたような教育、学習、評価に関わる新しいモデルを開発するという明確な目標があり、それは時間の経過とともに学区の他校にも波及していく。そのような学校の設立は、教職を去ろうとしていた「教育起業家教員」（edupreneurs）の意欲を駆り立て、地域のチャーター・スクールの良きライバルとなるという利点も期待できる。

研究開発を超えて――革新の文化をつくる

私が多くの教員からよく尋ねられる質問に、「自分が学習したことのない『生き残るための七つのスキル』をどうやって生徒に教えることができますか」というものがある。重要な問いかけであり、こう聞かれると私の頭にはさらにいくつもの問いが浮かぶ。七つのスキルを、大人が、大人のために、向上させるにはどうすればよいか。大人と生徒のための新しい学びにとって、革新の文化はどの程度まで必要なのか。革新的な企業の各部署では、社員を革新者として育てるためにどのようなことを行っているか、教育者は彼らから何を学べるか。どれも、いま求められている新たなイノベーション・エコノミーを生み出すという挑戦の核心に関わる疑問である。次の自著では、このテーマに専念するつもりである。

一方で、私は、テストのための授業というプレッシャーを受けているにもかかわらず、生徒が最も必要とする能力を教えようと必死に努力する教員に敬意を払い続ける。時代遅れの教育システムの完全な変革を辛抱強く主張する多くの保護者や、ビジネス、軍隊、地域社会のリーダーに感謝し続ける。本書の完成からこれまでの二年間に見聞した事柄から、私たちがこの変革の仕事を一緒に成し遂げることに対して、私は希望を抱くとともに問題は切迫していると感じている。

五年後——最悪の時代と最良の時代

本書の原稿を書き終えてから五年が経った。この間、多くの教育改革が急速に進行する一方で、アメリカ経済は根底からの変化と混乱を経験してきた。さまざまな改革が行われたにもかかわらず、驚いたことに公立学校や私立学校で生徒に教えられ、テストされていることと、すべての生徒にこれまで以上に必要とされているスキルとの間のギャップを狭めることは何もされてきていない。けれども、過去五年間に、学習と指導の真の革新につながる新しい学校と学区のネットワークが構築されてきていることは認められる。単に改革するというだけではなく、二一世紀の学校を、学校と学区が一緒になって見直そうとしているのである。チャールズ・ディケンズの言葉を借りれば、いまの時代は、教育にとって最悪の時代であるとともに、最良の時代でもある。

急速に展開する経済

二〇〇八年に始まったグローバル経済の崩壊によって、さまざまな種類の仕事が急激に減ってきている。ビジネス界は、利益を増やしつつ人員を減らすため、オートメーション（自動化）を最大限に活用する方法を見つけようとしている。マサチューセッツ工科大学（MIT）の経済学者エリク・ブリニョルフソンとアンドリュー・マカフィーは、著書『機械との競争』（日経BP社、二〇一三年）の中で、高度なスキルが必要な仕事さえも危機に直面していると説得力のある主張を展開している。五、六年前は、コンピュータ制御の車に渋滞の道路を走るといった複雑なことができるとはだれも想像できなかった。運転手を必要としないグーグル社の車はその例を証明してくれた。同様に、コンピュータは複雑な財務報告をまとめることもできる。チェスで人間と対戦したり、テレビのクイズ番組『ジェパディ』にも参加できるようになった。

マスコミが報じる失業率の低下には、仕事探しをあきらめた人やパートの仕事をしながらフルタイムの仕事を探す人はカウントされていない。この原稿を書いている二〇一三年の秋の終わりの段階で、アメリカの就業者と求職者を合わせた割合は63％である。一九七〇年代末に多くの女性が職場に進出し始めて以来最低の数字である。

失業率は仕事の質について何も語ってはくれない。近年提供されてきている仕事の多くは、最低賃金のサービス業や販売業といった仕事である。このような傾向の結果として、一九二九年以来、貧富の差がアメリカ史上最も拡大していると経済の専門家が指摘している。

歴史を振り返ってみると、大学の卒業生は、ハイスクールの卒業生よりもいつも簡単に仕事を見つけることができ、生涯にわたってより多くの収入を得ることができた。就職難を避けるため、より多くの若者が大学に入学しようとすることは理解できる。多くの政策立案者や教育関係者も、すべてのハイスクールの卒業生は「大学への準備が十分である」べきだと主張する。その結果、学生が大学に通う割合はこれまでにないほど高くなっている。しかしながら、大学進学は、昔と比べて投資としては有効ではないという証拠が増えてきている。

二一世紀に入って、世帯の平均所得が減少してきているにもかかわらず、大学の学費は大幅に上昇し続けている。二〇〇〇年以降、世帯の所得が10％減る一方で、大学の学費は72％も増加した。この差を埋めるために、学生と彼らの家族はこれまでよりも多額のローンを抱えることになる。現在、アメリカの学生ローンの負債はクレジットカードローンのそれを超えて、1兆ドルに達している。今日の大学の卒業生は、世帯のローンを含めて平均3万ドル以上のローンを抱えているという。

しかし、これはうまく大学を卒業すればの話である。大学側は学生の高い退学率を食い止めようとしない。大学に入った学生で卒業する学生は半分しかいない。経済的に恵まれない多くの生徒が入学するコミュニティ・カレッジの卒業率も、30％に満たない。

近年の大学新卒者は、就職の問題を抱えている。調査によって異なるが、大学の新卒者で就職できない者、および不本意な職に就いている者の割合はおよそ27％から54％にのぼる。あまりにも多くの大卒者が学士号を必要としない仕事に就いており、したがって大卒者としての給料を得ていない。多くの人々はアメリカの国債についてよく話をするが、私が最も心配するのは大卒者の学生ローンである。なぜならば、この種のローンは破産申請をしても破棄できない唯一の個人債務だからである。

大卒者が憂慮するこの最悪の状況は、高度な技能労働者としてあなたを採用することはできません、という雇用主のひと言から発生する。大学で学生が学習することと雇用主が必要とすることとの間には大きなずれがある。それは学生が大学の専攻分野を間違えたというレベルの話ではない。雇用主は就職希望者が何を専攻したかではなく、どのようなスキルを持っているかに関心がある。全米大学協会の依頼で実施された最近の調査によると、「調査を受けた雇用主の93％は、就職希望学生の専攻分野よりも、論理的思考力、明快なコミュニケーション能力、複雑な問題を解決する能力を重要視していると答えている」[1]。雇用主にとって、「生き残るための七つのスキル」はこれまで以上に重要なものとなっている。

また、私は今日の雇用主が新規採用者にあることを求めていることを知った。ビジネスリーダーは、優れた問題解決者を、あるいは革新者を、求めている。「自ら考える」社員がほしい、と彼らは繰り返し私に語っている。近著『未来のイノベーターはどう育つのか——子供の可能性を伸ばすもの・つぶすもの』（英治出版、二〇一四年）で、私は保護者と教員がこのような能力を開発するために何ができるのかを検討した。優れた問題解決能力を持つ20代の若者へのインタビューからわかった驚きの事実は、彼らは優秀な大学に進んだ「から」ではなく、優秀な大学に進んだ「にもかかわらず」革新者になった、というものである。ハーバード大学、マサチューセッツ工科大学（ＭＩＴ）、スタンフォード大学、カーネギー・メロン大学を出ている彼らは、能力の向上に大きな影響を与えてくれたのはごく少数の「変わった教員」だった、と口を揃えて言った。

残念ながら、大学の新卒者の多くは仕事に最も大切なスキルについて何も学んでいない。リチャード・アルムとジョシパ・ロクサが実施した、二四校の大学生二三〇〇人を対象に行った調査では、本書の第3章で述べたCLA（大学学習評価）のテストデータの分析を行っている。それによれば、大学に二年間在籍すると、45％の大学生は、大学入学時に比べて論理的に考えたり効果的なコミュニケーションをとることができなくなることがわかったという。彼らの著書『漂流する大学教育 *Academically Adrift*』は、大学教育の性格とその責任を根本的に見直す必要があることを伝えている。

雇用主は、採用しようとする学生の学業成績表、成績平均点（GPA）、および採用試験の成績は、労働者としての価値を予測する指標としては頼りにならないことに気づき始めている。グーグル社は、かつてはGPAとテスト成績が上位の一流大学の新卒者しか採用しないことで有名であった。しかし、同社の上級人事副部長のラズロ・ボックによれば、グーグル社にとって、そうした成績などのデータは有能な社員の指標としてまったく「役に立たない」ことがわかったという。現在、同社は使命感と自律性のある人材を求めており、大卒ではない人を採用する傾向を強めている。彼らは面接での質問も変えて、かつては「ボーイング747には卓球のボールをいくつ入れられますか」「カナダには牛が何頭いますか」といったひねりの効いた質問をしていたが、現在では、志願者が最近取り組んだ分析を必要とするような複雑な問題について話してもらうようにしているという。(2)

教育改革ではない改革

経済が混乱していた時期、教育「改革」には勢いがあった。チャーター・スクールは急激に増加した。けれども、一般の公立学校と比較して、とくに効果が上がっているとはいえないことが近年の調査でわかった。[3] 一方で、サルマン・カーンは別の形の教育改革のきっかけをつくり、その改革の人気は急上昇しているという。現在、カーン・アカデミー（Khan Academy）は四三〇〇本の短い動画を作成しており、ユーチューブでの再生回数は二八億三千万回にのぼる。これらのビデオ授業は、教員がビデオで学習することを宿題にして、授業の時間をほかの活動に使う、いわゆる「逆転授業」として広く取り入れられている。ムークス（Massively Open Online Courses, MOOCs）と呼ばれる大規模なオンライン講座も急激に増えた。さまざまな大学が連携して無償で講座を提供しており、わずかな費用で修了者には証明書が発行される。

さまざまなオンライン学習の動きは、学校と大学に多大な混乱をもたらすと思われる。インターネットさえあれば、知識はどこでもだれにでも無償で提供されつつある。ムークスの受講者の増加は、とくに大学の市場に混乱をもたらすと思われる。近ごろ、かの有名なジョージア・テック大学は、オンラインで取得可能なコンピュータサイエンスの修士プログラムを六六〇〇ドルで開講すると発表した。ハーバード大学の経営学教授であるクレイトン・クリステンセンは、安価なオンラインの学習プログラムと競争できない大学が出てくるため、一〇年以内に4分の1の大学は破綻すると指摘している。

この五年間において最も重要な教育改革は、すべてのK－12の公立学校を対象にした「共通カリキュラム基準」の開発だろう。「教育予算獲得競争」の中で、アメリカ連邦政府教育省はこの共通基準の導入を条件に各州に補助金を交付している。現在、四六州がこの基準の導入を決めており、教育省は、基準に対応した学力評価をめざす二つの州連合に対しても資金を提供した。

州が共通カリキュラム基準にしたがって教え、テストするようになって、この新基準はますます議論を呼んでいる。保守派は、連邦政府がカリキュラムの開発に力を入れていることの表れだと主張する。一方で、教育界の指導者は、教員はレベルの高い教育基準に合わせて教える準備ができておらず、トレーニングも受けていない。必要な新しい教材も不十分であると懸念する。新基準の導入とともに、より難しいテストが実施される恐れがあるため、導入の延期を主張する声もある。しかし私は、全米共通カリキュラム基準についてそれとは違った懸念を持っている。

ミネソタ州、マサチューセッツ州、そしてミシシッピー州は、共通の教育基準を設定すべきだろうか。もちろん、必要だと思う。フィンランドのような学力の高い国でさえ、三〇〇年以上も前に国が定めたカリキュラムのガイドラインがある。しかし、その前に問うべきは、それらは「正しい基準であるか」ということであろう。

「共通カリキュラム基準」がとりわけ大学入学の条件に合わせて設計されていることは疑うまでもない。大学が履修を求めるからという理由で、上級数学の「代数Ⅱ」はすべてのハイスクール生が満たすべき数学の基準となっている。ところが、生活の中で二次方程式や多項式の因数分解の問題を解く必要のある生徒はほとんどいない。一方、すべての生徒は統計、確率、コンピュータ計算、推定、金銭計算の基礎といった力を持っていなければならない。残念ながら、このような能力は全米共通カリキュラム基準の重要な部分とはなっていない。大学の入学条件ではないからである。私が懸念するのは、多くの生徒の興味とニーズに合わない大学準備のための「最大公約数的な」カリキュラムを編成しているのではないかということである。

本書を刊行したあと、私は世界で最も学力の高い国の一つであるフィンランドの教育システムを研究する機会を得た。私が興味を持ったものの一つは、10年生の始めに、大学進学のためのアカデミックコースか、ビジネス界との緊密な協力の下に開発された就職につながる技術・職業コースかを選ぶという制度である。この技術・職業コースは専門学校のような中等後教育の準備もする。フィンランドのハイスクールの生徒のほぼ半分はこのコースを選ぶという。

二〇一〇年に、私は映画監督のロバート・コンプトンと共同で、フィンランドの教育システムについてのドキュメンタリー映画を製作した（本章の末尾にＱＲコードを表示した）。近年、私はコロラド州内でも有数の成績を誇る学区の一つであり、上流中産階級が暮らすダグラス郡にあるハイスクールを訪問した。私たちの映画を見た五〇名の12年生を対象に講演を依頼されていたからである。講演の始めに、大学に進学する人はどのくらいいるかと尋ねると、教室にいる生徒の全員が手を挙げた。しかし、もしもフィンランドのような技術・職業カリキュラムがあるとしたら、それを選びますかと尋ねると、半分の生徒が手を挙げた。みてきたように、学費が高騰する一方で、高賃金の仕事に就く保証もないのに大学に行くのは危険な賭けであると心配する生徒が増えている。生徒は、大学への準備を目的とする学力重視のカリキュラムに対して、他の有意義な選択肢を必要としている。多くの生徒が四年制大学に進学したいと思っていないとしても、彼らは他に選択肢がないと思っているのだ。

ここで述べてきた教育改革のうち、教える内容の性質を変えようとする改革は一つもない。チャーター・スクール、オンライン学習コース、共通カリキュラム基準のいずれにおいても、二〇世紀以来の教育内容の大部分は変わっていない。教育を改善しようとする努力の中に、二一世紀の教育目標について、また急変する就職市場への準備と社会に貢献できる活動的な市民としての準備に関わる教育について、真の議論は見当たらない。大半の大人が想定する教育問題は、どうすればすべての生徒がより多く学べるか、である。しかし、これまでみてきたように、今日しっかりした仕事に就き、その仕事を維持するために最も大切なのは、何を知っているではなく、知っていることをもって何ができるかである。

教育界の指導者たちによって「共通カリキュラム基準」が推し進められた頃、より高度な基準に対応した適切なテストの開発が予定されていた。論理的思考力がより求められ、文章力も求められるテストであると言われた。しかし、前述の二つの州教育連合は、生徒の学習成果が反映されるようなパフォーマンスによる評価を排除し、より簡単に評価する多肢選択式テストを開発しているという。それでも、州の教育指導者たちは財政面から新しいテストを提供できるかどうかを不安視している。サンプルとなる一部の生徒を対象に数年に一度テストを行うのではなく、毎年、全生徒にテストを実施するのであれば、最も必要なスキルを評価する「大学と労働への準備度評価」などは実施できなくなる。

教育省が実施する「頂点への競争」という教育改革では、州が生徒のテスト成績に基づいて教員の教育効果を評価する。現在、テストの成績を教員評価の一部として取り入れている州は三五州もある。教員はテストのために教えることやテストの成績を上げることに大きなプレッシャーを感じていたが、いまでは経済的なプレッシャーも加わった。教員は、生徒のテスト結果が悪いと仕事を失うのではないかと心配しなければならない。私は、この「改革」がテストのための教育という傾向を強くし、たとえ「共通カリキュラム基準」が優れたものであっても、テスト準備を中心とするカリキュラムが強化されることによって、有効には作用しないと考えている。さらに、「共通カリキュラム基準」は言語と数学の科目だけに基準を設けているので、とくに芸術関係の科目など、他の科目を教える時間は減少し続けるだろう。

私は教員の終身雇用制度の廃止に賛成しており、私たち教員は教育結果に責任があると考えている。しかし、その結果を一度のみのテストだけで判断できると考えるのはばかげている。このために辞職しなければならなくなった優秀な教員も多くいる。第4章で述べたように、教員と教育管理職者に対する教員免許の交付と更新は、デジタル・ポートフォリオといった能力を立証できるものに基づいて行われる必要がある。生徒の学習成果の向上こそ、教員の教育効果を示す最も優れた証拠であろう。教員を対象とした講演で、生徒の一年間の学習成果の向上に責任はあると思うかと尋ねたところ、出席者のほとんどが手を挙げた。教員は、より高度で専門的な教員評価基準を望んでいる。専門職として、市民から尊敬されたいと望んでいるのである。

本書が出版されて以降、標準テストを用いて学校と教員の有効性を評価することが広がってきているが、重要な社員の採用や昇進にテストの点数を利用する企業はない。異端児と言われたグーグル社さえ、そのやり方を放棄した。企業は、複数の人間による根拠に基づいた判断によって決断する。それが優れた企業に有効だとするならば、なぜそれを学校に役立てることができないのだろうか。

最終的に、共通カリキュラム基準の採用により生徒はより多くを勉強する（より頻繁にテストを受ける）ことになるだけなのか、あるいは生徒のやる気をより引き出すことにつながるのか、という問題がある。新しい教育基準の実施によって、生徒はより積極的な学習者になれるだろうか。私は、テスト準備のためのカリキュラムが教員の動機づけにマイナスの影響を与えるということだけでなく、生徒のやる気に及ぼす影響も懸念している。近年のギャラップ社の調査によると、学校での学習に積極的な生徒は5年生では一〇人に八人だったのが、ハイスクールに入学すると一〇人に四人と少なくなることがわかった。ギャラップ・エデュケーション社の最高責任者であるブランドン・バスティードは次のように述べている。「学年が進むにつれて学校に積極的に通う生徒の数が減っていることは深刻な問題であり、国としても失敗です。どうしてこのようなことが起きているのか、いくつか原因が考えられるでしょう。たとえば、標準テストと共通カリキュラム基準に重点を置くあまり、体験学習やプロジェクト学習といったことが不足しています。大学への進学を希望しない生徒の進路が用意されていないことは言うまでもありません[4]」

生徒の学習意欲は重要な教育問題の一つだが、ほとんど無視されてきている。現在、私の友人たちが全国に展開する学校ネットワークの〈探検学習〉（Expeditionary Learning）は、ＫＩＰＰ（Knowledge Is Power Program）のネットワークを生徒数では上回っており、「やりがいのある学習」を生徒に提供することに焦点を当てている。あめとムチの学習法を採用しているＫＩＰＰとは対照的に、〈探検学習〉の教員はより質の高い学習成果を上げるべく、生徒の興味に基づいた探究型の授業やプロジェクトを考案している。私が行った「イノベーターの育成」（Creating Innovators）という研究では、若者の内発的動機づけとして、遊び、熱意、目標が重要であることがわかっている。

最良の時代

真の改革

ここまで述べてきたいわゆる「教育改革」は、メディアから大いに注目されるようになった。あまり知られていないが、より重要なのは、いくつかの学校や学区が新しく連携して活動していることである。本書で取り上げたハイ・テック・ハイスクール（ＨＴＨ）やニュー・テック・ハイスクールと同様に、〈探検学習〉の学校は、国中のＫ－12の学校・学区がつながるネットワークのメンバーとして、真の教育改革を追求し続けている。

〈探検学習〉は、一〇を数えるネットワークに五〇〇校以上が参加し、ウィリアム＆フローラ・ヒューレット財団（William and Flora Hewlett Foundation）をはじめとする財団が支援する〈深層学習の取り組み〉（Deeper Learning Initiative）の一翼を担っている。ヒューレット財団のホームページには、「深層学習に取り組んだ生徒は、知識とスキルを実生活に活用する。生徒は、読解力、文章力、数学、科学といった核となる科目内容を学習するとともに、論理的思考力や協力的態度、効果的なコミュニケーション能力、自律的な学習能力、自己を信ずる力も身につける」とある。[5]

また、〈エドリーダー21〉（EdLeader 21）は、論理的思考力、コミュニケーション能力、協力する能力、想像力のいわゆる4Csと呼ばれる能力の教育、学習、評価に関わる活動を支援している。創立者のケン・ケイは、二〇〇二年に設立されたパートナーシップ・フォー・21stセンチュリー・スキルの共同設立者でもある。エドリーダー21は「二一世紀の教育に傾注する教育指導者たちの専門学習共同体」であり、メンバーとして加盟している三二州の一三〇の学区とともに、学区の改革、4Csの評価、そして授業改革のために必要な戦略を開発している。(6)

多くのビジネスリーダーは、教育研究と教育開発に補助を受けている学校や学区、州がいかに少数であるかを知らずに、教育にはイノベーションが少ないと非難する。シスコシステムズ社の「研究開発」予算は13%、マイクロソフト社は17%、グーグル社は20%である。3Mのような製造会社でさえ6%であるという。一方で、校長や教育指導者に「研究開発」の予算について尋ねたら、私は笑われる始末であった。私は、ヒューレット財団の〈深層学習の取り組み〉と〈エドリーダー21〉のアドバイザー（ボランティア）として働くことを誇らしく思う。なぜならば、この二つの活動は、二一世紀の教育を改革するために必要な「研究開発」を行っていると確信しているからである。彼らは、学校と学区が、二一世紀の労働、生涯学習、市民生活のための素晴らしい準備を生徒に与えられることを実証しようとしている。彼らの勇気ある活動は、アメリカの教育改革の今後に希望を抱くことができるという根拠を与えてくれる。

性格について

本書をよく知るさまざまな人と話すと、どうして生き残るための根本的なスキルとして「性格」について書かなかったのか、とよく質問される。とても良い質問なので、ここで説明したい。

本書の目的は、二一世紀を生きる学習者、市民、労働者としてすべての生徒が必要とする「新しいスキル」を理解することにあった。性格や価値観の重要性は、教育にとって、あるいは人間の発達にとって、新しいものではない。一九三〇年代、スイスの発達心理学者のジャン・ピアジェは、「自己中心性」を二つの領域において克服することが、教育にとって最も重要であると述べている。知的な領域における自己中心性の克服とは、根拠と理性を通じて迷信や無知を克服することを意味する。また、感情面において「自己中心性」を乗り越えるとは、多くの人が「共感」と呼ぶ「相互依存」を伸展させることを意味する。私は、ここに教育の最高の目的が要約されていると考える。

価値観も学級と学校文化の必要不可欠な要素として重要な問題である。信頼と尊敬がなければ、生徒も教員も知的な探究をしたり、新しいことを試みたりはしないだろう。生徒たちの間に、生徒と教員の間に、また大人たちの間に信頼と尊敬がなければ、真の学習も変化も生まれない。フィンランドの教育制度のモットーは、「専門職への信頼」である。現在、アメリカ国内で実施されている教育改革の努力があまり実らない理由の一つは、それらの努力が、従属的で、懲罰的で、根底に教員に対する根深い不信感を抱えているからではないかと私には思われる。

本書を執筆することで、私はこれまで理解していた「性格」にもう一つ重要な意味があることに気づいた。マッカーサー財団奨学金を受賞したアンジェラ・リー・ダックワースによる近年の研究と、ポール・タフの著書『成功する子 失敗する子――何が「その後の人生」を決めるのか』（英治出版、二〇一三年）では、「気概」という一語にまとめられる一連の性格特性の重要性が指摘されている。研究によると、大人として成功するには、才能やＩＱよりも、忍耐力、粘り強さ、挫折から立ち直る能力、自己制御といった特性が大切であるという。

タフの著書では、幼児・幼年時代のストレスはこれらの特性の発達に関わる脳の機能に大きな破壊的作用を及ぼすことが報告されている。幼年時代の貧困は、何よりも一番大きなストレスであるという。

ミドルクラスと貧困層の子どもたちの学力格差を本気で縮めようとするならば、アメリカにおける子どもの貧困に目を向けなければならない。フィンランドでは、素晴らしい教育システムがあるにもかかわらず、子どもの貧困率を４％以下にしようという取り組みが行われている。一方、アメリカの子どもの貧困率は22％である。教育界の指導者は、より難しいテストをより頻繁に与え、テストのために教えるように教員に圧力をかけさえすれば経済的に恵まれない生徒の学力格差は改善される、などとどうして信じ続けることができるのか。私には理解できない。

私が教師としての経歴をスタートさせたのは、ある学校に設置されたオルターナティブ・スクールにおいてであった。生徒が中退しないために私にできる最も重要なことは、生徒が学習する理由に自ら気づくように支援することであった。当時、私が教えていた生徒は、自分の未来に対して希望も信念も持っていなかった。私は、彼らの興味と熱意を未来の可能性につなぐ手助けをしなければならないことに気づいた。幼児期の脳の発達に影響を与える諸要素のさらなる究明に加えて、今後は「気概」の発達における内発的な動機づけの重要性についても研究が進むだろう。私は、最初は教員として、のちに研究者として、遊び、熱意、目的という内発的な動機は幼児とエリートの子どもたちだけにあるのではないことを知った。経済的に恵まれない生徒にとっても、学習と生活において気概を持ち持続させるために、内発的な動機は等しく重要である。

愚かなテスト準備のためのカリキュラムに代わるものとして、「生き残るための七つのスキル」は重要だが、それだけに注目するのではない。たしかに私たちは生徒に重要なスキルを教えなければならないが、それは、豊かで魅力的な学習内容への取り組みと、遊びや情熱、学ぶ目的による動機づけを通して授けるべきである。毎日、しかもすべての授業において。

学校を見直す新しい動き

数年前、一九九〇年代に最も成功したベンチャーの投資家であるテッド・ディンタースミスから私にメールが届いた。本書を読んで、話をしたいとのことであった。以来、彼との対話が続いている。アメリカの教育システムは時代遅れになっており、改革ではなく、再構築する必要があるという点で私たちの意見は一致している。

私たちは、仲間とともにアメリカの教育を再考する活動として、〈学習の刷新連盟〉(Coalition for Learning Innovation)を設立した。まず取り組んだのは、教育における『不都合な真実 *Inconvenient Truth*』という感動的な長編ドキュメンタリー映画の製作である。過去一五カ月にわたり、受賞歴のある映画製作者のグレッグ・ホワイトリーと彼のスタッフは、国中の優れた学校や大学をフィルムに収めてきた。私がこれを書いているいま、彼らは編集の最終段階に入っている。トーマス・フリードマンとケン・ロビンソンといった指導者へのインタビューや、ＨＴＨなどの新しい学校の授業など、変化をめざす力強い事例を紹介している。協力者の大規模なネットワークを通じて、このドキュメンタリーは二〇一四年の春に公開されることになった。アメリカの教育目標を、国民が再検討する契機となることを信じている。この作品のねらいは、生徒の熱意とスキルと気概を育み、地域と職場で意義のある貢献ができる自己実現された大人へとつながる子どもたちを育成する学校の役割を、地域社会に再考してもらうことにある。私たちは、この作品が国中に届けられ、さまざまな人々が我々のウェブサイトを通じてアイデアを分かち合えるよう、支援していく。

読者諸氏の参加を期待している。

＊ＱＲコード

①ドキュメンタリー映画『フィンランドの奇跡、世界で最も素晴らしい学校システムの秘密 *The Finland Phenomenon, Inside the World's Most Surprising School System*』の予告編

②ロバート・コンプトン監督が制作した私の著書『未来のイノベーターはどう育つのか——子供の可能性を伸ばすもの・つぶすもの』の宣伝動画

③私たちの新作ドキュメンタリー映画の情報

①

②

③

解説

髙橋靖直

アメリカの公立ハイスクールが最初にボストンに設立されたのは、今からほぼ二〇〇年前のことである。このハイスクールは男子生徒のみの授業料を徴収する中等学校であった。以後公立ハイスクールは時代とともに発展し、男女共学で無償制の総合制中等教育学校としてその制度的基盤を確立した。日本が七〇年前にこのアメリカのハイスクールをモデルとして新制高等学校をスタートさせたことは周知のとおりである。

本書では、ハイスクール教育の現状を報告する前に、先ず今日のアメリカ社会において求められている能力が変化していることについて述べている。著者は新しい能力を「生き残るための七つのスキル」として提示する。製造、流通、金融、情報といった分野で「グローバル化」、「ネットワーク化」、「デジタル化」が急速に進行するアメリカ社会において、七つのスキルは必要不可欠な能力だと著者は述べている。そのようなスキルとは、単に知識や情報を記憶してテストのために思い出す力ではない。ハイスクール卒業生が大学進学や就職した後に必要とするスキルであり、かつアメリカ市民として生きていくためにも大切なスキルである。ところが、ハイスクールの教育は「時代遅れ」になっており、社会と学校教育の間には大きな「ギャップ」が生じているという。

では、ハイスクールの教育の現状はどうか。地方分権の学校制度を保持してきたアメリカのハイスクールではあっても、知識を伝授する講義型の教育スタイルとその知識をテストのために暗記する学習スタイルは、州、学区、学校を問わず脈々と受け継がれてきたと著者は言う。この伝統的なハイスクールの教育が生徒に求める学力とは、「生徒がどれだけ暗記し、与えられた時間にどれだけ思い出せるか」というものである。したがって、「今日の大多数のハイスクールで教えられ、テストされていることと、社会が卒業生に要求しているもの」との間には「深刻なずれがある」こととなる。本書では実際に行われているテストの問題を例示しながらこの「ずれ」を具体的に説明している。

ある一人の教師が作成したテストや、ある学校だけでのテストであれば、それは単にテストの一例にすぎない。ところが、同じ内容のテストが州全体で、また全国規模で実施されるとなると、そこには看過できない大きな問題が生じると著者は憂慮する。アメリカでは二〇〇二年の「落ちこぼれ防止法」施行以後、各州は統一学力テストを導入し、その結果を公開し、それによって学校や教師が評価される政策が拡がっている。さらに近年になって、全国の幼稚園からハイスクールまでの数学と英語のための「共通カリキュラム基準」(Common Core State Standards) が民間の教科研究組織から提案された。連邦政府が財政支援と引き替えに各州に求めていた州内統一テストに、この共通基準が連動するようになったのは当然の成り行きである。テストの結果次第では、学校の設置形態を変えたり、学校や教師の責任が問われたりする状況が生まれている。要するに、「共通カリキュラム基準」と「州テスト」がアメリカの学校教育の内容を管理する状況になっている。

著者は「学習の旅」と呼ぶ学校見学を通じてテスト指向の強い授業の様子を紹介し、このような教育とそれによる教師のストレスが公立学校と教師への信頼を損ない、学校と「教師に対する根深い不信感」を助長していると指摘する。本書ではハイスクールの教師がいかに孤立しているかを浮きだたせているが、そのことは、個々の教師のあり方だけではなく、校長を含むリーダーのあり方をも問題にする。教師の教師として、相談者として、さらに教育革新のリーダーとして校長は期待されているが、その姿が見当たらない。校長を中心としたリーダーシップ養成の必要性を著者は強く訴えている。

学校教育の問題を語るとき、何よりも忘れてならないのは、その場に学ぶ児童生徒についてである。本書では、今日のハイスクールの生徒は二〇年前や三〇年前の生徒とは根本的に大きな違いがあるという。いわゆる「ネット世代」「デジタル世代」の生徒たちは、コミュニケーション・ツール、ゲーム、マスメディア等を通じて、一世代前の大人たちとは異なる情報環境のなかで育ち、異なる人間関係と行動様式を形成している。そのような生徒がそのままで良いというのではないが、彼らのやる気を引き出すためには彼らの特性を知り、適切に対応をする必要があることを本書は力説する。

このような社会とのギャップ、および生徒たちとのギャップを埋めるために参考となる新しいタイプのハイスクールの事例が紹介されている。それらのハイスクールには、新しい管理運営組織の下に展開されているものや、既存の学区の下にイノベーションとして着手されたものも含まれている。著者がそれらの学校で注目するのは、学習者としての生徒の疑問や質問を重視し、生徒自らがその疑問に答える過程と結果を発表する学習、そして、それを指導し支援する教師および教師集団の姿である。

生徒の学習と教師の指導過程を示すポートフォリオの作成といった方法も紹介し、テストに代わる学習評価の必要性を提言している。生徒の自主性と自律性を重視したいわゆるアクティブラーニングの教育や国際バカロレア・プログラム等の新しい教育を展開する学校を紹介することを通して、教師たちが協働して意欲的に課題に挑戦することを著者は期待しているのである。紹介されている事例は、いずれも、これまでの学校教育の環境、活動、あるいは授業形態の概念とは大きく異なっており、アメリカ全体から見れば、極めて少ない事例と言えるかもしれない。しかし、単に批判し希望を語るだけではなく、著者が自ら関わるなかで、実際にそのような教育を実践しているハイスクールを紹介していることは、多くの示唆を与えてくれる。

それでは、本書が述べているアメリカのハイスクールの状況は、日本の高等学校の教育にも当てはまるのだろうか。全てとは言わずとも多くが類似した状況にあると筆者は考えている。日本においても、グローバル化、IT化、デジタル化といった言葉に代表される経済・技術・情報の変革が進行してきている。また、「ネット世代」と言われる子どもたちが学校の児童生徒を構成していることもアメリカと大きな違いはない。

中学校や高等学校の教育はどうか。高校入学者選抜試験を行う日本では、高等学校のみならず中学校においても入学試験のための試験準備教育が当然と考えられてきた。高校進学率が100%に近く、大学への進学率も54%を超え、70%以上が中等後学校に進学する現状においては、試験（テスト）の内容と方法は中学や高校の教育に極めて大きな影響を及ぼしている。さらに、入学者選抜試験だけではなく、全国学力テストの都道府県別ランキングをメディアが大きく取り上げたり、国際的な「国際学習到達度調査」(PISA)、および「国際数学・理科教育調査」(TIMSS)の結果の国別ランキングにも関心が高まってきている。そのような意味において、テストが中高の教育に大きな影響を与えているのはアメリカだけではない。

都道府県の高等学校入学者選抜試験、大学入試センター試験、および各大学が実施する二次試験が全国規模で定着し、中高の教育に多大の影響を及ぼしてきた。近年になってセンター試験の内容の見直し、全国学力テストに対する準備教育への批判、および「高等学校基礎学力テスト(仮称)」新設といったテストを巡る動きが活発になってきて、そのテストの内容と方法に対して一層の関心が払われるようになった。一方、文部科学省もアクティブラーニングや国際バカロレア・プログラムを推進する政策をスタートさせており、このような改革の動きが、知識の記憶を重視するこれまでの教育の見直しを求めることは疑いない。重要なことは、これらの改革の動きが生徒の学力評価の内容や方法の検討を促し、それが高校や大学の入学者選抜試験の学力評価に生かされることである。そのためには、中学、高校、大学の教師が授業スタイルの改善に取り組む一方、関係者が入学者選抜試験の内容と方法を根本から見直す必要があると考える。

訳者の陳玉玲さんは、玉川大学で英米文学(学士)を、オックスフォード・ブルックス大学院で社会人類学(修士)を、その後、玉川大学大学院で教育学(修士)を修得した。彼女の出身と教育経験から、国際教育・異文化間教育に関心が高く、日本語教員としての経験も豊富である。同様に、台湾の稲江職業高校の校長および中山社区大学の校長といった管理職の経験を有し、日台の教育交流事業にも参加し貢献している。また、玉川学園において、国際バカロレアのプログラムにも関係し、本書との出会いの一因にもなった。

訳者あとがき

今日、台湾と日本は共に少子化問題を抱える一方、グローバル化する社会にふさわしい人材の育成に焦点を当てたさまざまな教育政策を実施している。このような流れは、地域を問わず、また公立私立を問わず学校教育全体に大きな影響を及ぼしてきている。このような関心を持つなかで、私が二〇一三年の暮れにたまたま訪ねたニューヨークの書店（老舗のStrand Book Storeという）で出会ったのがトニー・ワグナー著 *The Global Achievement Gap* である。本書はその全訳である。

著者のワグナーは、アメリカのハイスクールで英語と社会科を教え、また校長の経験を持っている。その後、非営利団体に勤務、さらに、ハーバード大学大学院で博士号を取得し、教員と変革リーダーシップ・グループ研究所所長の経験を持っている。本書の土台となっているのは、著者の私立ハイスクールと公立ハイスクールでの授業経験と観察、またビジネス界の最高経営責任者、ＮＰＯや軍隊のリーダー、大学教授、州の教育委員会教育長、現場の校長や教員などとの会話やインタビュー、さらにハイスクールの生徒や大学生といった若者たちとのインタビューなどである。そのような経験から、ハイスクールに求められているものと、ハイスクールが生み出しているものとのギャップに本書の焦点が当てられ、またそれが書名の由来ともなっている。テスト準備教育とも呼べる現在の教育から、「生き残るための七つのスキル」の教育への転換を著者は主張しているが、その教育の必要は台湾においても日本においても共通するように思われた。

日本語版の書名は『未来の学校』とした。原題を直訳すれば「グローバルな学力格差」もしくは「世界における学力格差」となるが、これでは各国間での学力の差を示しているようにとれる。しかし、本書でいう「ギャップ」とは、上でも述べたように、グローバルな知識経済社会が求めている力と、ハイスクールでのテスト準備教育がもたらす力との「ギャップ」である。一方で、その「ギャップ」を埋めるべく、ハイスクールを中心に学校教育の新しい可能性を探り、示しているのが本書である。そこで日本語版では『未来の学校』とし、将来の可能性のほうに光を当てることにした。

また、本書は二〇〇八年に刊行され、二〇一〇年にはペーパーバック版、さらに二〇一四年に「五年後――最悪の時代と最良の時代」が加えられて再び出版された。初版から第二版が刊行される間の二〇一二年には、本書の続編ともいえる *Creating Innovators* が書かれたが、これは二〇一四年に『未来のイノベーターはどう育つのか――子供の可能性を伸ばすもの・つぶすもの』（藤原朝子訳、英治出版）という書名で邦訳されている。

かつて、訳者は横浜にあるインターナショナルスクールの幼稚園で二週間の調査を行ったことがある。そこでは、毎朝、園児に前日の夜は家で何をしたか、どうだったかと意見を聞いて、放園前もその日の出来事について園児の感想を聞いていた。活動を始める際も園児の意見を尊重していたのをよく覚えている。トラブルの際は、園児全員を集めて、問題や解決法についてディスカッションしていたことも印象的であった。アメリカの教育は早期からそういったスキルを重んじるものだと思っていた。しかし、本書のハイスクールの授業ではそのような活発な学習はまれで、生徒たちがいわゆる「お客さま」状態にあることが述べられており、驚いた。

日本でもグローバル化が進む中、二一世紀の人材育成に向けて、文部科学省は大学入試改革やアクティブラーニングの導入などを提唱している。論理的思考力、問題解決能力、コミュニケーション能力などを学校教育で育成するように求めている。その意味で、本書は、アメリカの教育の現状を理解するのに役立つとともに、日本の教育のあり方を考えるための手がかりを与えてくれるのではないかと考えている。本書がそのような教育の改善に、そして改革に関心のある読者に届くことを願っている。

本書の翻訳出版にあたって、原書の内容に共鳴していただいた玉川大学学長の小原芳明先生、また、森貴志編集長や相馬さやかさんを含めた出版部の方々に心から御礼を申し上げたい。翻訳にあたって、数々の貴重なアドバイスをいただいた玉川大学名誉教授の髙橋靖直先生にも厚く感謝したい。この方々の協力がなければ、本書の翻訳は完成できなかった(世に出ることもない)。そして、調査などに多大な時間と努力を費やし、原著を書いたワグナー教授には特にお礼を申し上げる次第である。

本書が日本やアジアの中等・高等教育のあり方を考える一助になることを祈念する。

二〇一七年　早春

陳玉玲

事項索引

か行

さ行

た行

な行

は行

ま行

や行

ら行

わ行

人名索引

あ行

アベール、ジョン Abele, John ・・・・・・・・・・・・・・・・・・・・ 195, 240
アルバラド、アンソニー Alvarado, Anthony ・・・・・・・・ 181
アルム、リチャード Arum, Richard ・・・・・・・・・・・・・・・・ 343
ウィット、ロバート Witt, Robert ・・・・・・・・・・・・・・・・・・ 182, 185-186
ウィルソン、チャールズ Wilson, Charles ・・・・・・・・・・ 33
ウィンダム、キャリー Windham, Carie ・・・・・・・・・・・・ 200, 206, 207, 214, 218, 221, 228
ウェイド、ミッチェル Wade, Mitchell ・・・・・・・・・・・・・・ 209, 216
ウォーウィック、コリーン Warwick, Colleen ・・・・・・・・ 257-261
エルモア、リチャード Elmore, Richard ・・・・・・・・・・・・ 178, 180
オーグルビ、フェイ Ogilvie, Faye ・・・・・・・・・・・・・・・・・・ 184, 187-188
オバノン、フランク O'Bannon, Frank ・・・・・・・・・・・・・・ 69
オブリンガー、ダイアナ＆ジェームズ Oblinger, Diana and James
・・ 199, 203, 206, 212

か行

ガードナー、ジョン・W Gardner, John W. ・・・・・・・・・・ 310
カーメン、ディーン Kamen, Dean ・・・・・・・・・・・・・・・・ 240
カーン、サルマン Khan, Salman ・・・・・・・・・・・・・・・・・・ 344
カーンズ、デイビッド Kearns, David ・・・・・・・・・・・・・・ 11
ガルシア、ルース Garcia, Ruth ・・・・・・・・・・・・・・・・・・・・ 263-267
ギブソン、スチュアート Gibson, Stuart ・・・・・・・・・・・・ 109
ギャラガー、クリス Gallagher, Chris ・・・・・・・・・・・・・・ 140
キング、ジョナサン King, Jonathan ・・・・・・・・・・・・・・・・ 7-8, 51
グッドステイン、アナスタシア Goodstein, Anastasia ・・ 205
グッドマン、ポール Goodman, Paul ・・・・・・・・・・・・・・・・ 12
クマタ、エレン Kumata, Ellen ・・・・・・・・・・・・・・・・・・・・ 23-24, 36, 38, 195, 226
クライン、スティーブン Kline, Steven ・・・・・・・・・・・・・・ 134
グリーン、ジェイ Greene, Jay ・・・・・・・・・・・・・・・・・・・・ 132
クリステンセン、クレイトン Christensen, Clayton ・・ 332, 344
クリステンセン、ダグ Christensen, Doug ・・・・・・・・・・ 140
クリック、マット Kulick, Matt ・・・・・・・・・・・・・・・・・・・・ 221, 225, 230
クルプニック、キャサリン Krupnick, Catherine ・・・・ 165
ケイ、ケン Kay, Ken ・・・・・・・・・・・・・・・・・・・・・・・・・・・・ 351
ゴードン、ロブ Gordon, Rob ・・・・・・・・・・・・・・・・・・・・・・ 24-25, 27, 36, 40, 42, 195, 239
ゴールドシュタイン、スタンリー Goldstein, Stanley ・・ 270-271

ゴールマン、ダニエル Goleman, Daniel …… 312
コゾル、ジョナサン Kozol, Jonathan …… 12, 52, 155
コンプトン、ロバート Compton, Robert …… 316, 346
コンリー、デビッド Conley, David …… 120-121

さ行

サイザー、セオドア Sizer, Theodore R. …… 271, 282, 284
サイザー、ナンシー Sizer, Nancy …… 284
ザオ、ヨング Zhao, Yong …… 87
サマーズ、マイク Summers, Mike …… 30, 41, 42, 45
ジー、ジェームズ・P Gee, James Paul …… 209
シャンカラン、ニルマラ Sankaran, Nirmala …… 87
シャンムガラトナム、ターマン Shanmugaratnam, Tharman …… 88
スタンバーグ、ロバート Sternberg, Robert …… 138-139
シュライヒャー、アンドレア Schleicher, Andreas …… 108-110, 176, 304
シュレーダー、テリー Schrader, Teri …… 284
スーザ、アート Souza, Art …… 183, 186, 188
ステファナキス、エヴァンジェリン Stefanakis, Evangeline …… 332
ストーン、リンダ Stone, Linda …… 203, 211
セーデルベリ、ナンシー Soderberg, Nancy …… 184
センゲ、ピーター Senge, Peter …… 18
ソクラテス Socrates …… 299, 301
ソロー、ヘンリー・デイヴィッド Thoreau, Henry David …… 219

た行

ダーリング・ハモンド、リンダ Darling-Hammond, Linda …… 335
タオサカ、サンドラ Taosaka, Sandra …… 187
タッカー、アダム Tucker, Adam …… 268
ダックワース、アンジェラ・リー Duckworth, Angela Lee …… 352
ダニエルズ、ミッチ Daniels, Mitch …… 337
タフ、ポール Tough, Paul …… 353
チャップリン、チャールズ Chaplin, Charlie …… 47
チャンドラー、マーク Chandler, Mark …… 31, 38
デイリー、ベン Daley, Ben …… 261-262, 327
ディンタースミス、テッド Dintersmith, Ted …… 354
デル・バレ、ガブリエル Del Valle, Gabriel …… 263-267
ドイル、デニス Doyle, Denis …… 11
トバイアス、ロバート Tobias, Robert …… 144-145
ドラッカー、ピーター Drucker, Peter …… 39, 42
ドリエル、ミッチ D'Olier, Mitch …… 185-186

な行

ニール、アンマリー Neal, Annmarie ……………… 17-20, 27, 29-30, 35, 40, 42, 45, 195

は行

パーカー、クレー Parker, Clay ……………………… 1-4, 35, 45, 195, 316
ハーシュ、E・D Hirsch, E. D. ……………………… 306
ハーシュ、リチャード Hersh, Richard ……………… 134-137
バスティード、ブランドン Busteed, Brandon ……… 349
ハマモト、パトリシア Hamamoto, Patricia ………… 167, 182, 185
ピアジェ、ジャン Piaget, Jean ……………………… 313, 352
ピンク、ダニエル Pink, Daniel ……………………… xxviii, 45, 46
ブーハー・ジェニングズ、ジェニファー Booher-Jennings, Jennifer
……………………………………………… 82-83
フェザーストン、ジェイ Featherstone, Jay ………… 155
ブッシュ、ジョージ・W Bush, George W. ………… 89
フライド、ロブ Fried, Rob ………………………… 196
ブラウン、ジョン・シーリー Brown, John Seely
——親と子の世代差 ……………………… 218
——ゲーマー ……………………………… 216
——情報ナビゲーション ………………… 207
——シンガポールの教育 ………………… 223
——デジタルで育つ ……………………… 197
——トヨタの組立ライン ………………… 231
——発見学習 ……………………………… 208
——マルチタスクをする若者の観察 ………… 202
——若者と尊厳 …………………………… 228-229
ブラウン、ルイザ Brown, Louisa ………………… 218
ブランケンホーン、PJ Blankenhorn, PJ ………… 209
フランド、ジェイソン Frand, Jason ……………… 207
フリードマン、トーマス Friedman, Thomas ……… xvi, xxviii, 10, 86, 354
ブリニョルフソン、エリク Brynjolfsson, Erik …… 340
ブルエット、カレン Bruett, Karen ……………… 16-17, 35, 37
ブルック、アンドルー Bruck, Andrew …………… 219, 222, 225, 227, 229
プレムジ、アジム Premji, Azim ………………… 86
ブロック、ジェラルド・J Block, Jerald J. ………… 217
ベック、ジョン Beck, John ……………………… 209, 216
ペドラ、クリスティ Pedra, Christy ……………… 5-7, 26, 39
ベンジャミン、ロジャー Benjamin, Roger ………… 134
ヘンペル、クリス Hempel, Chris ………………… 275-276, 280
ポールドラック、ラッセル Poldrack, Russell ……… 211
ホルト、ジョン Holt, John ……………………… 12, 155

ホワイト、ウィリアム Whyte, William ・・・・・・・・・・・・・・ 11, 12

ま行

マイヤー、デボラ Meier, Deborah ・・・・・・・・・・・・・・・・ 180, 250, 329
マウントジョイ、ヘレン Mountjoy, Helen ・・・・・・・・・・ 141-144
マカードル、ダイナ McArdle, Dina ・・・・・・・・・・・・・・・・ 126-127
マカフィー、アンドリュー McAfee, Andrew ・・・・・・・・ 340
マクニーリィ、ベン McNeely, Ben ・・・・・・・・・・・・・・・・ 219, 222, 224, 227
マックウォルターズ、ピーター McWalters, Peter ・・・・ 271
マドックス、マーク Maddox, Mark ・・・・・・・・・・・・・・・・ 20-22, 36, 37, 194
ミットラノ、トレーシー Mitrano, Tracy ・・・・・・・・・・・・ 213, 216, 219, 226
箕浦輝幸 Minoura, Teruyuki ・・・・・・・・・・・・・・・・・・・・・・ 231
ムーア、ランディ Moore, Randy ・・・・・・・・・・・・・・・・・・ 166-168
メトロズ、スーザン Metros, Susan ・・・・・・・・・・・・・・・・ 213, 214, 220, 226
メリアム、デボラ Merriam, Deborah ・・・・・・・・・・・・・・ 291, 295
メリル、ジム Merrill, Jim ・・・・・・・・・・・・・・・・・・・・・・・・ 320-322, 326, 327

や行

ヤコブ、アーウィン Jacobs, Irwin ・・・・・・・・・・・・・・・・・・ 249
ヤコブ、ゲーリー Jacobs, Gary ・・・・・・・・・・・・・・・・・・・・ 248-249
ユング、マイケル Jung, Michael ・・・・・・・・・・・・・・・・・・ 46-47, 239

ら行

ラトガーズ、ヘンリー Rutgers, Henry ・・・・・・・・・・・・・・ 223
リッキー、デニス Littky, Dennis ・・・・・・・・・・・・・・・・・・ 196, 269-270, 273
リノ、ティム Lino, Tim ・・・・・・・・・・・・・・・・・・・・・・・・・・ 184
ルーデンスタイン、ニール Rudenstine, Neil ・・・・・・・・ 43
ルモアーヌ、ケイトリン LeMoine, Kaitlin ・・・・・・・・・・ 294-295
レイヒ、リサ Lahey, Lisa ・・・・・・・・・・・・・・・・・・・・・・・・ 177
レズニック、アレック Resnick, Alec ・・・・・・・・・・・・・・ 124-126
レビン、アーサー Levine, Arthur ・・・・・・・・・・・・・・・・・・ 168-170, 171
ローゼン、ラリー Rosen, Larry ・・・・・・・・・・・・・・・・・・・・ 197, 202, 204-205, 210
ローゼンストック、ラリー Rosenstock, Larry ・・・・・・ 245-252
ロクサ、ジョシパ Roksa, Josipa ・・・・・・・・・・・・・・・・・・ 343

わ行

ワッシャー、エリオット Washor, Elliot ・・・・・・・・・・・・ 269-270, 273

参考情報

・原書に掲載されているウェブサイトのURLについて、2017年1月10日の時点で確認できなかったものは、可能な範囲で新しいURLを掲載した。リンクが切れていたものは割愛した。また、原書にURLが掲載されていない情報も、可能な範囲で掲載した。
・邦訳書が出版されている書籍については書誌情報を補った。
・掲載したURLのアクセス確認日はすべて2017年1月10日である。

Quote on page viii is from Alice Calaprice, ed., *The Expanded Quotable Einstein* (Princeton, NJ: Princeton University Press, 2000).

序文

(1) Public Agenda Foundation, "Reality Check 2006," Issue no. 3, available online at http://www.publicagenda.org/media/reality-check-2006-issue-number-three.
(2) See my article, "Rigor on Trial," in *Education Week*, January 11, 2006, available online at http://www.edweek.org/ew/articles/2006/01/11/18wagner.h25.html.

まえがき

(1) From the report "Education at a Glance 2003," Organisation for Economic Co-operation and Development (OECD), available online at http://www.oecd.org/site/worldforum/33703760.pdf.
(2) These data are in a report prepared by David Conley for the Bill & Melinda Gates Foundation, "Toward a More Comprehensive Conception of College Readiness," available online at https://docs.gatesfoundation.org/documents/collegereadinesspaper.pdf.
(3) From the Alliance for Excellent Education September 2007 Issue Brief, "High School Teaching for the Twenty-First Century: Preparing Students for College," available online at http://all4ed.org/reports-factsheets/high-school-teaching-for-the-twenty-first-century-preparing-students-for-college.
(4) 同上.
(5) From the executive summary of "America's Perfect Storm," Educational Testing Service (Princeton, 2007), available online at http://www.ets.org/Media/Education_Topics/pdf/AmericasPerfectStorm.pdf.
(6) From the report "Education at a Glance 2004," Organisation for Economic Co-operation and Development (OECD), available online at http://www.oecd-ilibrary.org/education/education-at-a-glance-2004_eag-2004-en.
(7) From the report "Are They Really Ready to Work?" sponsored by The Conference Board, Corporate Voices for Working Families, the Partnership for 21st Century Skills, and the

Society for Human Resource Management, available online at http://www.p21.org/storage/documents/FINAL_REPORT_PDF09-29-06.pdf.

(8) U.S. Census report, "Voting and Registration in the Election of November 2004," available online at http://www.census.gov/prod/2006pubs/p20-556.pdf.

(9) See, for example, Thomas Friedman, *The World Is Flat: A Brief History of the Twenty-first Century* (New York: Farrar, Straus and Giroux, 2005)（トーマス・フリードマン『フラット化する世界』伏見威蕃訳、日本経済新聞出版社、2008年）; and Daniel Pink, *A Whole New Mind* (New York: Riverhead Books, 2005)（ダニエル・ピンク『ハイ・コンセプト――「新しいこと」を考え出す人の時代』大前研一訳、三笠書房、2006年）.

第1章

(1) See "Education at a Glance 2003," Organisation for Economic Co-operation and Development (OECD), available online at http://www.oecd.org/site/worldforum/33703760.pdf; and Alliance for Excellent Education September 2007 Issue Brief, "High School Teaching for the Twenty-First Century: Preparing Students for College," available online at http://all4ed.org/reports-factsheets/high-school-teaching-for-the-twenty-first-century-preparing-students-for-college.

(2) These data were provided by the National Assessments of Educational Progress (NAEP), a series of assessments and resulting "Report Cards" on education, sponsored by the National Center for Education Statistics, a division of the U.S. Department of Education, available online at http://nces.ed.gov/index.asp.

(3) Robert Pianta et al., "Opportunities to Learn in America's Elementary Classrooms," *Science*, vol. 315 (March 30, 2007), pp.1795-1796, available online at https://www.ncbi.nlm.nih.gov/pmc/articles/PMC2137172/.

(4) まえがき（7）に同じ.

(5) "At I.B.M., a Smarter Way to Outsource," *New York Times*, July 5, 2007, available online at http://www.nytimes.com/2007/07/05/business/05outsource.html.

(6) Quoted from the Partnership for 21st Century Skills, "Core Subjects and 21st Century Themes," available online at http://www.p21.org/storage/documents/P21_Framework_Definitions.pdf.

(7) まえがき（7）に同じ.

(8) Daniel Pink, *A Whole New Mind: Moving from the Information Age to the Conceptual Age* (New York: Riverhead Books, 2005), pp.32-33（ダニエル・ピンク『ハイ・コンセプト――「新しいこと」を考え出す人の時代』大前研一訳、三笠書房、2006年）. 本文中の訳は本書の訳者によるもの.

(9) 同上, pp.2-3. 本文中の訳は本書の訳者によるもの.

第2章

(1) These data are in a report prepared by David Conley for the Bill & Melinda Gates Foundation, "Toward a More Comprehensive Conception of College Readiness," available

online at https://docs.gatesfoundation.org/documents/collegereadinesspaper.pdf.

(2)　The data on DoDEA schools come from an Education World online article dated September 26, 2002, "Department of Defense Schools, Their Secret Weapon of Success," which is available online at http://www.education-world.com/a_issues/issues349.shtml. The article summarizes a research study titled "March Toward Excellence: School Success and Minority Student Achievement in Department of Defense Schools. A Report to the National Education Goals Panel. Lessons from the States," by Claire Smrekar et al. (Washington, DC: National Education Goals Panel, 2001), available online at http://eric.ed.gov/?id=ED459218.

(3)　National Education Goals Panel press release (no date given), available online at http://govinfo.library.unt.edu/negp/datasystemlinks.html.

(4)　「国防省教育活動（DoDEA)」および附属機関は本書の内容と調査結果に関知していない。本書の意見、調査結果、結論、および提案は著者の見解であり、「国防省教育活動」および附属機関のものではない。

(5)　Robert Pianta et al., "Opportunities to Learn in America's Elementary Class-rooms," *Science*, vol. 315 (March 30, 2007), pp.1795-1796, available online at https://www.ncbi.nlm.nih.gov/pmc/articles/PMC2137172/.

(6)　同上.

(7)　"Choices, Changes, and Challenges: Curriculum and Instruction in the NCLB Era," Center on Education Policy (Washington, DC: CEP, July 2007), available online at http://www.cep-dc.org/displayDocument.cfm?DocumentID=312.

(8)　Jennifer Booher-Jennings, "Rationing Education in an Era of Accountability," *Phi Delta Kappan*, vol. 87, no. 10 (June 2007).

(9)　Derek Neal and Diane Whitmore Schanzenbach, "Left Behind by Design: Proficiency Counts and Test-Based Accountability," unpublished but available online at http://www.nber.org/papers/w13293.pdf.

(10)　See, for example, Bruce Fuller, Joseph Wright, Kathryn Gesicki, and Erin Kang, "Gauging Growth: How to Judge No Child Left Behind?" *Educational Researcher*, vol. 36, no. 5 (June/July 2007), pp.268-278.

(11)　This summary is from a report prepared for the New Commission on the Skills of the American Workforce titled "International Education Tests: An Overview, 2005," by Betsy Brown Ruzzi (Washington, DC: NCEE, 2005), available online at http://www.skillscommission.org/wp-content/uploads/2010/05/InternationalTests.pdf.

(12)　"Problem Solving for Tomorrow's World: First Measures of Cross-Curricular Competencies from PISA 2003," Programme for International Student Assessment (Paris: OECD, 2004), available online at https://www.oecd.org/edu/school/programmeforinternationalstudentassessmentpisa/34009000.pdf.

(13)　M. Lemke et al., "International Outcomes of Learning in Mathematics Literacy and Problem Solving: PISA 2003 Results from the U.S. Perspective," Washington, DC: U.S. Department of Education, National Center for Education Statistics (2004), available online at https://nces.ed.gov/pubs2005/2005003.pdf.

(14)　同上.

(15)　Thomas Friedman, "Worried About India's and China's Booms? So Are They," *New York*

Times, March 24, 2006, available online at http://www.nytimes.com/2006/03/24/opinion/worried-about-indias-and-chinas-booms-so-are-they.html.
(16) Yong Zhao, "A Pause Before Plunging through the China Looking Glass: Why the U.S. Race to Reform and Catch Up Can Wait," *Education Week*, May 10, 2006, available online at http://www.edweek.org/ew/articles/2006/05/10/36zhao.h25.html.
(17) From the Ministry of Education website, available online at https://www.moe.gov.sg/about.
(18) Quoted in Rhea R. Borja, "Singapore's Digital Path," *Education Week, Technology Counts 2004*, May 6, 2004, p.30.

第3章

(1) These questions came from the Texas Education Agency website, available online at http://tea.texas.gov/student.assessment/taks/, and they are used with permission.
(2) 同上.
(3) 同上.
(4) 『フォーダムの調査報告——各州はどのように勉強のできない子どもを教育するか』から引用(https://edexcellence.net/publications/fordhamreport2016.html)。州の成績責任システムについて評価に主観が含まれるのは避け難い。全体は複雑でかつ政治的性格を帯びている。多くのテストとテストの価値について比較するには以下のウェブページを参照。http://www.centerforpubliceducation.org/Main-Menu/Evaluating-performance/A-guide-to-standardized-testing-The-nature-of-assessment.
(5) パブリック・ドメイン.
(6) "Diplomas Count: Ready for What?" *Education Week*, June 12, 2007, available online at http://www.edweek.org/media/ew/dc/2007/DC07_PressPacket_FINAL.pdf.
(7) "State Report Shows Many Students Are Not Ready for College," *Boston Globe*, February 28, 2008, available online at http://www.ivyrun.com/inanotherplace/?p=177.
(8) より良いテストを推進しようとする人にとって、「フェア・テスト(Fair Test)」という全国的組織は参考になる(www.fairtest.org)。
(9) まえがき(7)に同じ.
(10) "Assessing Scientific, Reading and Mathematical Literacy: A Framework for PISA 2006," Programme for International Student Assessment, available online at http://www.oecdbookshop.org/en/browse/title-detail/?ISB=9789264026407(『PISA 2006年調査評価の枠組み——OECD生徒の学習到達度調査』国立教育政策研究所監訳、ぎょうせい、2007年).
(11) PISA 2006 Results, Executive Summary, available online at https://www.oecd.org/edu/school/programmeforinternationalstudentassessmentpisa/pisa2006results.htm.
(12) (10)に同じ.
(13) (11)に同じ.
(14) Andreas Schleicher, "Losing Our Edge: Are American Students Unprepared for the Global Economy?" National Press Club, December 4, 2007, available online at http://all4ed.org/webinar-event/losing-our-edge-are-american-students-unprepared-for-the-global-economy.
(15) 同上.

(16) "Sarah Lawrence College Drops SAT Requirement, Saying a New Writing Test Misses the Point," *New York Times*, November 13, 2003, available online at http://www.nytimes.com/2003/11/13/nyregion/sarah-lawrence-college-drops-sat-requirement-saying-new-writing-test-misses.html.

(17) "Many Colleges Ignore SAT Writing Test," *Boston Globe*, September 20, 2007, available online at http://www.boston.com/news/local/articles/2007/09/20/many_colleges_ignore_sat_writing_test.

(18) 良き市民に育てるために、生徒はアメリカの歴史について何を知っていなければならないかについての検討は本書の範疇を超えているが、広く議論されている。この話題に興味のある方は全米学力調査（National Assessment of Educational Progress, NAEP）に掲載のアメリカ史と公民のテストを参照（http://nationsreportCard.gov/）。

(19) "New Tests Ask: What Does It Mean to Be an American?" *New York Times*, September 28, 2007, available online at http://www.nytimes.com/2007/09/28/washington/28citizen.html.

(20) "Rising to The Challenge: Are High School Graduates Prepared for College and Work?" *Achieve* (2005), available online at http://www.achieve.org/files/pollreport_0.pdf.

(21) David Conley, "Towards a More Comprehensive Conception of College Readiness" (p.12), a study funded by the Bill & Melinda Gates Foundation and published by the Education Policy Improvement Center, Eugene, OR; available online at https://docs.gatesfoundation.org/documents/collegereadinesspaper.pdf.

(22) 同上, pp.13-14.

(23) This information was obtained from the College Board website: see https://student.collegeboard.org.

(24) Mary Beth Marklein, "Advanced Placement: A Detour for College Fast Track?" *USA Today*, March 20, 2006, available online at http://www.usatoday.com/news/education/2006-03-20-ap-main_x.htm.

(25) これはランド研究所（Rand Corporation）よる研究で、その結果は、州の「教育課程と指導方法」のディレクターであるキャシー・カワグチとの個人的な会話の際に知らされたものである。

(26) See the Alliance for Excellent Education 2006 report "Who's Counted, Who's Counting? Understanding High School Graduation Rates," available online at http://dropoutprevention.org/wp-content/uploads/2015/05/Understanding_High_School_Graduation_Rates.pdf.

(27) These data were obtained from "The Silent Epidemic: Perspectives of High School Dropouts," available online at https://docs.gatesfoundation.org/documents/thesilentepidemic3-06final.pdf.

(28) 同上.

(29) For more information about the Collegiate Learning Assessment, you can go to the website of the Council for Aid to Education, which sponsors the CLA: http://www.cae.org/.

(30) この評価は、共同研究を行うある大学の学部長が教えてくれたもので、Council for Aid to Education（CAE）のウェブページに掲載（http://www.cae.org/）。

(31) The reader can learn more about the National Assessment of Educational Progress here: http://nationsreportcard.gov/.

(32) More information on the "ISkills" Test can be found here: https://www.ets.org/iskills/about.

(33) For more information on the Consortium, please consult their website: http://performanceassessment.org/index.html.
(34) Chris Gallagher, *Reclaiming Assessment* (Portsmouth, NH: Heinemann, 2007).
(35) Sonia Steptoe, "How Nebraska Leaves No Child Behind," *Time*, May 30, 2007, available online at http://content.time.com/time/nation/article/0,8599,1626423,00.html.
(36) Partnership for 21st Century Skills, "Beyond the Three R's: Voter Attitudes Towards 21st Century Skills," available online at http://www.p21.org/storage/documents/P21_pollreport_singlepg.pdf.

第4章

(1) These findings and the quotes that follow are from the Executive Summary of Levine's *Educating School Teachers* (Washington, DC: The Education Schools Project, 2006), available online at http://www.edschools.org/pdf/Educating_Teachers_Exec_Summ.pdf.
(2) 同上。レビン博士の研究には、「教員養成プログラムの質を評価する九つの基準」が含まれており、彼が考える教員養成プログラムの四つのモデルについても述べられている。
(3) See "The High Cost of Teacher Turnover" (Washington, DC: NCTAF, 2007), available online at http://nctaf.org/wp-content/uploads/2012/01/NCTAF-Cost-of-Teacher-Turnover-2007-policy-brief.pdf.
(4) (1) に同じ.
(5) (1) を参照. Levine, *Educating School Teachers*, pp.27–28. See also The Education Schools Project website, available online at http://www.edschools.org/pdf/Final313.pdf.
(6) Readers wanting more information about the National Board and its certification process should consult its website: http://www.nbpts.org/.
(7) From the Executive Summary of "How The World's Best-Performing School Systems Come Out on Top," McKinsey & Company, September 2007, available online at http://www.mckinsey.com/industries/social-sector/our-insights/how-the-worlds-best-performing-school-systems-come-out-on-top.
(8) See my article "Secondary School Change: Meeting the Challenge with the '3 R's' of Reinvention" in *Education Week*, Commentary, November 27, 2002.
(9) For a description of the "lesson study" process, see James Steigler and James Hiebert, *The Teaching Gap* (New York: Free Press, 1999) (J・W・スティグラー、J・ヒーバート『日本の算数・数学教育に学べ——米国が注目する jugyou kenkyuu』湊三郎訳、教育出版、2002年).

第5章

(1) See "New Grads Are Impatient for Promotions," *Wall Street Journal*, June 20, 2007, available online at http://www.wsj.com/articles/SB118229562734041231; and "The Most-Praised Generation Goes to Work," *Wall Street Journal*, April 20, 2007, available online at http://www.wsj.com/articles/SB117702894815776259.
(2) Robert L. Fried, *The Game of School* (San Francisco: Jossey-Bass, 2005).
(3) John Seely Brown, "Growing Up Digital," first published in *Change* magazine (March/

April 2000) and currently available on Brown's website: http://www.johnseelybrown.com/Growing_up_digital.pdf.

(4) Adapted from Larry D. Rosen, *Me, MySpace, and I: Parenting the Net Generation* (New York: Palgrave Macmillan, 2007), p. 7.

(5) "Generation M: Media in the Lives of 8–18 Year-olds," Henry J. Kaiser Foundation (March 2005), available online at https://kaiserfamilyfoundation.files.wordpress.com/2013/01/generation-m-media-in-the-lives-of-8-18-year-olds-report.pdf.

(6) Diana Oblinger and James Oblinger, "Is It Age or IT: First Steps Toward Understanding the Net Generation," in *Educating the Net Generation*, edited by Diana and James Oblinger and published online by Educause; available online at https://www.educause.edu/research-and-publications/books/educating-net-generation/it-age-or-it-first-steps-toward-understanding-net-generation.

(7) As reported by Wikipedia, available online at https://en.wikipedia.org/wiki/Myspace.

(8) Nielson/NetRatings available online at http://www.nielsen-netratings.com/pr/pr_060721_2.pdf.

(9) リンダ・ストーンのウェブページからの引用である。リンダ・ストーンに直接インタビューができたことは大いに勉強になった。

(10) (6) に同じ.

(11) (4) に同じ, p.14.

(12) (4) に同じ, p.36.

(13) (6) に同じ.

(14) (6) に同じ.

(15) Carie Windham, "The Student's Perspective," in *Educating the Net Generation*, edited by Diana and James Oblinger and published online by Educause; available online at https://www.educause.edu/research-and-publications/books/educating-net-generation/students-perspective.

(16) (3) に同じ.

(17) Quoted in "The Information-Age Mindset," *Educause* magazine (September–October 2000), available online at https://net.educause.edu/ir/library/pdf/ERM0051.pdf.

(18) (3) に同じ.

(19) As quoted from John Beck and Mitchell Wade, *The Kids Are Alright: How the Gamer Generation Is Changing the Workplace* (Cambridge, MA: Harvard Business School Press, 2006), p.177.

(20) Quoted from James Paul Gee, *What Video Games Have to Teach Us About Learning and Literacy*, 2nd ed. (New York: Palgrave Macmillan, 2007), Conclusion, p.2.

(21) (3) に同じ.

(22) (4) に同じ, p.78.

(23) Lori Aratani, "Teens Can Multitask, But What Are Costs?" *Washington Post*, February 26, 2007; available online at http://www.washingtonpost.com/wp-dyn/content/article/2007/02/25/AR2007022501600.html.

(24) Quoted from Linda Stone's website, www.lindastone.net.

(25) The best summary of this research can be found in *How People Learn: Brain, Mind,*

Experience, and School, by the Committee on Developments in the Science of Learning (Washington, DC: National Academy Press, 2000).

(26)　“Cracking the Code of Teens’ IM Slang,” *CNET News*, November 14, 2006, available online at https://www.cnet.com/news/cracking-the-code-of-teens-im-slang.

(27)　(19) に同じ, p.53.

(28)　Quoted in “In Korea, a Boot Camp Cure for Web Obsession,” *New York Times*, November 18, 2007, available online at http://www.nytimes.com/2007/11/18/technology/18rehab.html.

(29)　“Google Receives 1,000,000 Applications a Year,” *Search Engine Journal*, January 24, 2007, available online at http://www.searchenginejournal.com/google-receives-1000000-job-applications-a-year/4308.

(30)　Readers can learn more about FIRST at www.usfirst.org, and about City Year at http://cityyear.org/.

第6章

(1)　This information and the profile of Larry Rosenstock and the founding of High Tech High are based on information from the High Tech High website at www.hightechhigh.org; on interviews with Larry Rosenstock and Gary Jacobs; and on Victoria Murphy’s article about Rosenstock in *Forbes* (October 11, 2004), “Where Everyone Can Overachieve,” available online at http://www.forbes.com/forbes/2004/1011/080.html.

(2)　(1) を参照. As quoted in Murphy, “Where Everyone Can Overachieve.”

(3)　For a fuller description of the five Habits of Mind and their evolution, see Deborah Meier’s book, *The Power of Their Ideas* (Boston: Beacon Press, 1996)（デボラ・マイヤー『学校を変える力――イースト・ハーレムの小さな挑戦』北田佳子訳、岩波書店、2011年).

(4)　私の著書『評価する *Making the Grade*』(New York: RoutledgeFalmer, 2002) では、学校選択の保証と危険について述べている。学校選択については、示唆に富みバランスのとれたポール・ヒル (Paul T. Hill) の研究も参考になる。

(5)　From the Big Picture website at http://www.bigpicture.org/.

(6)　This history of the Coalition of Essential Schools and the list of its ten Common Principles are based on material from the CES’s website: http://essentialschools.org.

(7)　これらのデータは、パーカー校が大学に提出する生徒の成績証明書と一緒に提出される「学校プロファイル」から引用した。

(8)　この部分も、「学校プロファイル」と、パーカー校のウェブサイトからの情報、および同校のテリ・シュレーダー校長とデボラ・メリアム教務主任へのインタビューに基づくものである。

(9)　As quoted from the school’s website: http://www.theparkerschool.org/about/learn-more-about-parker/habits-learning.

結論

(1)　From the revised paperback edition of John W. Gardner’s *Excellence: Can We Be Equal and Excellent Too?* (New York: W. W. Norton & Company, 1995).

(2) Jean Piaget, *The Moral Judgment of the Child* (New York: Free Press, 1965).
(3) The film can be ordered here: http://www.2mminutes.com/.

ペーパーバック版へのあとがき

(1) General information in this Afterword about Virginia Beach City Public Schools is quoted from the district's website: http://www.vbschools.com/.
(2) 本書の冒頭にも書いた通り、アメリカのハイスクールの中退者、特にマイノリティの中退者については、教育危機における核心の問題であるにもかかわらず、教員や保護者はもちろんのこと、学区の管理職にある者も、本当の卒業率を知っている者はほとんどいない。これには理由が存在する。2005年、全米50州は、学区の卒業率を計算する際に標準の方式を用いると約束したにもかかわらず、いまでも卒業率の共通の基準はなく、卒業率を評価したり改善するための要求もない。2008年、当時のマーガレット・スペリングス教育省長官はすべての州が同じ評価方式を採用すべきと発表したが、2011年まで実施されなかった。2009年の11月には、アメリカ教育省が「頂点への競争」のための連邦政府の補助金交付基準を公表し、各州のハイスクールの中退者の減少と平均を上回るハイスクールの改善を求めた。どのような影響があるかはいまだ不明である。
(3) 全国学生情報機構では、全米の92%以上の大学に在籍する学生の現在および過去の記録から、学区の卒業生がどの大学に進学し、卒業したか、また卒業するまで何年かかったかを調査できる（http://studentClearinghouse.org/）。
(4) Quoted from "Diploma Program Assessment, Principles and Practice," a paper downloaded from the International Baccalaureate Organization website: http://www.ibo.org/contentassets/1cdf850e366447e99b5a862aab622883/dpassessmentprinciplespractice2004en.pdf.
(5) See Evangeline Harris Stefanakis's *Multiple Intelligences and Portfolios: A Window into the Learner's Mind* (New Hampshire: Heinemann, 2002) and *Differentiated Assessment: Finding Every Learner's Potential* (with a DVD of Portfolio tools) (San Francisco: Jossey Bass Wiley, forthcoming in 2010).
(6) The free digital software for student portfolios can be found at http://grover.concordia.ca/epearl/en/index.php.
(7) Clayton Christensen, Michael B. Horn, and Curtis W. Johnson, *Disrupting Class: How Disruptive Innovation Will Change the Way the World Learns* (New York: McGraw-Hill, 2008)（クレイトン・クリステンセン、マイケル・ホーン、カーティス・ジョンソン『教育×破壊的イノベーション――教育現場を抜本的に改革する』櫻井祐子訳、翔泳社、2008年）.
(8) Consult the National Board's website for additional information: http://www.nbpts.org/.
(9) See Linda Darling-Hammond's new book, *The Flat World and Education: How America's Commitment to Equity Will Determine Our Future* (New York: Teacher's College Press, 2010).
(10) Additional information on New Tech High and the Indiana effort can be found on the CELL website: http://cell.uindy.edu/.
(11) A brief history and description of the Boston Pilot Schools can be found here: http://cce.org/.

五年後

(1)　Quoted from the Association of American Colleges and Universities survey conducted by Hart Research Associates, "It Takes More Than a Major: Employer Priorities for College Learning and Student Success," Washington, D.C., 2007, available online at http://www.aacu.org/leap/documents/2013_EmployerSurvey.pdf.

(2)　See the June 19, 2013, *New York Times* interview with Lazlo Bock, http://www.nytimes.com/2013/06/20/business/in-head-hunting-big-data-may-not-be-such-a-big-deal.html?pagewanted=all&_r=0, as well as the April 20, 2013, article by Steve Lohr, "Big Data, Trying to Build Better Workers," also in the *New York Times*, http://www.nytimes.com/2013/04/21/technology/big-data-trying-to-build-better-workers.html.

(3)　National Charter School Study 2013, CREDO, Stanford University, http://credo.stanford.edu/research-reports.html.

(4)　Brandon Busteed "The School Cliff: Student Engagement Drops with Each School Year," *Gallup Blog*, January 7, 2013, available online at http://www.gallup.com/opinion/gallup/170525/school-cliff-student-engagement-drops-school-year.aspx.

(5)　The William and Flora Hewlett Foundation, http://www.hewlett.org/programs/education-program/deeper-learning. See also http://www.deeper-learning.org/ for additional resources.

(6)　http://edleader21.com/.

著者

トニー・ワグナー｜Tony Wagner

ハーバード大学イノベーション研究所研究員。ハーバード大学テクノロジー・起業家精神センターの第1号イノベーション教育フェロー、およびハーバード大学変革リーダーシップ・グループ研究所の創設者・共同ディレクターを歴任。おもな著書に『リーダーシップの変革 *Change Leadership*』『評価する *Making the Grade*』『変革する学校 *How Schools Change*』（以上、未邦訳）、『未来のイノベーターはどう育つのか——子供の可能性を伸ばすもの・つぶすもの』（英治出版、2014年）。米国マサチューセッツ州ケンブリッジ在住。

訳者

陳玉玲｜ちぇん・ゆーりん

オックスフォード・ブルックス大学大学院社会人類学修士、玉川大学大学院文学研究科教育学修士。稲江職業高校教員（台湾）、玉川学園職員、稲江職業高校校長兼中山社区大学校長（台湾）を経て、玉川大学非常勤語学学習指導員兼玉川学園国際バカロレア・プログラム（IBDP）非常勤教員。専門は外国語教育、比較教育。学術論文に「台湾における国際バカロレア導入の現状——海外大学への進学と教育方法に着目して」（共著、奈良教育大学次世代教員養成センター研究紀要、2016年）など。

解説

髙橋靖直｜たかはし・やすただ

1942年岩手県生まれ。東北大学大学院教育学研究科博士課程退学。米国オハイオ州立マイアミ大学大学院教育学研究科博士課程修了（教育行政学 Ph.D.）。玉川大学教育学部教授、同教職大学院教授を経て、現在、玉川大学名誉教授。編著書に『教育行政と学校・教師』（初版1986年、第3版2004年）『学校制度と社会』（初版2001年、第2版2007年）、訳書に『アメリカ社会と高等教育』（1998年）『ベストプロフェッサー』（2008年、以上すべて玉川大学出版部）ほか。

未来《みらい》の学校《がっこう》
テスト教育《きょういく》は限界《げんかい》か

2017年5月25日　初版第1刷発行
2017年8月25日　初版第3刷発行

著者　トニー・ワグナー
訳者　陳玉玲
発行者　小原芳明
発行所　玉川大学出版部
〒194-8610 東京都町田市玉川学園6-1-1
TEL 042-739-8935　FAX 042-739-8940
http://www.tamagawa.jp/up/
振替 00180-7-26665

装幀　松田洋一
印刷・製本　港北出版印刷株式会社

乱丁・落丁本はお取り替えいたします。

ISBN978-4-472-30310-4 C0037 / NDC372